바울 이해의 관점들과

로마서 설교

바울 이해의 관점들과
로마서 설교

김디모데 김명윤 김상윤 김선종 김필균 김혜자 박형국 안유경 안윤기 윤철호 전경보 전근호 정재상 천세종 하경택

| **윤철호** 엮음

대한기독교서회

바울 이해의 관점들과
로마서 설교

2024년 9월 25일 초판 1쇄

엮은이 윤철호
펴낸이 서진한
펴낸곳 대한기독교서회

등록 1967년 8월 26일 제1967-000002호
주소 서울시 강남구 테헤란로103길 14(삼성동)
전화 편집부 (02) 553-0873~4 영업부 (02) 553-3343
팩스 편집부 (02) 3453-1639 영업부 (02) 555-7721
e-mail editor@clsk.org
http://www.clsk.org
facebook.com/clskbooks
instagram.com/clsk1890

책번호 2389
ISBN 978-89-511-2159-3 93230

The Christian Literature Society of Korea, Seoul
Printed in Korea

* 책값은 뒤표지에 있습니다.

| 머리말 |

이 책은 미래신학연구소에서 주관하는 목회자를 위한 성서연구 모임인 BTS(Bible-Theology-Sermon: 성서-신학-설교)에서 1년 4개월 동안 진행한 로마서 공부를 마무리하며 맺어진 결실입니다. BTS는 목회현장에서 매주 설교해야 하는 목회자들, 특히 젊은 세대 목회자들의 설교 준비에 도움을 주려는 목적으로 만들어진 모임입니다. 로마서 공부는 전통적인 관점을 보여주는 더글러스 무의 주석과 새 관점을 보여주는 톰 라이트의 주석을 텍스트로 하여 진행되었습니다.

제1부에서는 바울을 이해하는 다양한 관점과 로마서를 전체적으로 개관하는 두 편의 논문을 실었습니다. 제2부에서는 로마서를 공부하면서 각자 자신이 발제한 로마서 본문에 대한 해설과 그 본문에 기초한 19편의 설교를 실었습니다. 논문과 설교를 작성한 15명의 집필자는 모두 BTS에 참여하는 신학자이자 목회자로서 신학대학교에서 가르치고 있거나, 교회에서 훌륭하게 목회하고 있는 분들입니다. 바울에 대한 관점은 대체로 전통적 관점, 새 관점, 묵시적 종말론 관점 등으로 구별됩니다. 이 책에 실린 설교들 가운데에는 어느 한 관점을 분명히 보여주는 설교도 있지만 여러 관점을 함께 아우르는 설교도 있습니다.

이 책은 무엇보다 교회에서 설교하는 목회자들이 로마서를 본문으로 어떻게 설교해야 하는지를 안내해주고 있습니다. 또한 바울의 사상과 로마서에 나타나는 바울의 구원론을 더욱 깊이 있게 이해하기 원하는 모든 그리스도인을 위한 책이기도 합니다. 이 책을 읽는 모든 독자가 바울의 사상에 대한 다양한 관점의 로마서 설교를 통해 하나님의 음성을 들을 수 있기를 소망합니다.

귀한 글을 기고해주신 사랑하는 동료 신학자와 목회자에게 깊은 감사를 드리며, 편집을 위해 수고해준 김혜자 목사님, 이 책의 출판을 허락해준 대한기독교서회 서진한 사장님과 편집부에 고마운 마음을 표합니다.

2024년 8월

윤철호

| 차례 |

1부

제1장 바울에 관한 오늘날의 새 관점들_ 윤철호 15

1. 서론 15
2. 바울에 관한 루터교의 전통적 관점: 스티븐 웨스터홀름 16
3. E. P. 샌더스 18
4. 제임스 D. G. 던 22
5. N. T. 라이트 26
6. 존 바클레이 30
7. 묵시적 종말론의 관점 33
8. 평가 및 결론 36

제2장 로마서를 읽는 세 가지 관점_ 천세종 45

1. 간략한 로마서 서론 45
2. 로마서를 읽는 세 가지 관점 50

2부

제1장 의인과 믿음_ 하경택 73

본문 해설 73

설교 본문(롬 1:16-17) 77

제2장 자연신학의 가능성_ 김선종 85

본문 해설: 옛 관점과 새 관점 85

설교 본문: 하나님을 알 만한 것(롬 1:18-23) 90

제3장 더 좋은 사람이 되고 싶은 이유_ 정재상 96

본문 해설 97

설교 본문(롬 1:1-7, 16-17, 28-32) 99

제4장 은밀한 것을 심판하는 그날_ 김디모데 106

본문 해설: 새 관점 106

설교 본문(롬 2:12-16) 108

제5장 최후 심판의 정죄냐, 이신칭의의 축복이냐_ 전근호 115

본문 해설: 전통적 관점, 새 관점, 종말론적 관점에 따른 통전적 이해 116

설교 본문(롬 3:9-31) 123

제6장 복음의 세 초점_ 윤철호 130

본문 해설: 새 관점 130

설교 본문(롬 4:17-25) 135

제7장 믿음으로 의롭다 함을 받았으니_ 박형국 142

본문 해설 143

설교 본문(롬 5:1-21) 148

제8장 누구의 종으로 사시렵니까_ 안윤기 155

본문 해설 155

설교 본문(롬 6:20-22) 158

제9장 율법으로부터의 자유_ 안유경 165

본문 해설 166

설교 본문(롬 7:1-13) 170

제10장 생명의 성령_ 김상윤 177

본문 해설: 노모스에 대한 세 관점의 해석을 중심으로 178

설교 본문(롬 8:1-11) 182

제11장 고난 중의 탄식과 소망_ 김상윤 190

본문 해설 191

설교 본문(롬 8:18-27) 195

제12장 동족 유대인의 구원_ 김선종 204

본문 해설: 옛 관점과 새 관점 205

설교 본문: 감히 하나님께 반문하느냐(롬 9:19-29) 210

제13장 우리가 전파하는 믿음의 말씀_ 김혜자 216

본문 해설 217

설교 본문(롬 10:1-17) 221

제14장 하나님의 윈윈 게임_ 김명윤 226

본문 해설: 더글라스 무의 관점을 기본으로 227

설교 본문(롬 11:11-36) 232

제15장 은혜와 응답_ 윤철호 239

본문 해설: 옛 관점과 새 관점 239

설교 본문(롬 12:1-2) 244

제16장 예수로 물들다_ 김필균 252

본문 해설: 새 관점 252

설교 본문(롬 13:11-14) 255

제17장 우리가 소망해야 할 하나님의 나라_ 하경택 264

본문 해설 264

설교 본문(롬 14:17-18) 267

제18장 복음의 삼자 관계_ 정재상 277

본문 해설 278

설교 본문(롬 15:5-7, 14-16, 22-29) 279

제19장 문안하라_ 전경보 286

본문 해설 287

설교 본문(롬 16:1-27) 290

1부

제1장

바울에 관한 오늘날의 새 관점들

1. 서론

이 글의 목적은 바울에 관한 오늘날의 새로운 관점들을 고찰하는 데 있다. 20세기 후반기에 등장하여 현재까지 신학 논쟁의 뜨거운 주제로 다루어지는 '바울에 관한 새 관점'이란 용어는 제임스 던(James D. G. Dunn)이 1983년의 강연에서 처음 사용한 것으로 알려져 있다. 그러나 실제로 '새 관점'은 샌더스(E. P. Sanders)의 『바울과 팔레스타인 유대교』(1977)[1]에서 시작되었다고 할 수 있다. 최근에는 톰 라이트(N. T. Wright)가 새 관점을 보여주는 많은 저서를 내놓고 있다. 이들의 새 관점은 칭의론을 중심으로 유대적 관점에서 바울의 사상을 새롭게 해석하려는 시도이다. 그러나 이들이 하나의 통일된 새 관점을 보여주는 것은 아니다.

오늘날에는 이들의 관점 외에도 묵시적 관점, 참여적 관점 등 다른 여러 새로운 관점이 있다. 이 여러 관점은 모두 전통적인 관점과 구별된다는 점에서 새 관점이라는 범주 안에 포함될 수 있다. 이 글에서는 샌더스, 제임스 던, 톰 라이트, 존 바클레이(John M. G. Barclay), 그리고 묵시적 종말

1) E. P. Sanders, *Paul and Palestinian Judaism*(Philadelphia: Fortress, 1977).

론의 관점을 차례대로 살펴보고, 결론으로 이들 각각의 공헌과 문제점에 대해 정당하게 평가하고자 한다. 이들 새 관점을 살펴보기 전에 먼저 바울에 관한 루터교의 전통적 관점의 주요 특징을 간략히 상기하면 도움이 될 것이다.

2. 바울에 관한 루터교의 전통적 관점: 스티븐 웨스터홀름

스티븐 웨스터홀름(Stephen Westerholm)은 바울에 관한 루터교의 전통적 이해의 핵심적 특징을 몇 가지로 제시한다.[2] 무엇보다 바울에 따르면 모든 사람은 죄인이다. 로마서 3:23은 모든 사람이 죄인이라고 선언한다. 유대인과 이방인은 모두 죄인이라는 점에서 같다. 동일한 심판의 원리가 유대인과 이방인에게 똑같이 적용된다. 율법을 가졌느냐, 가지지 않았느냐는 아무런 차이를 만들어내지 못한다. 모세 율법은 하나님이 모든 사람에게 요구하시는 선을 분명하게 제시한다. 율법을 가진 유대인은 율법이 명하는 선을 행해야 하는 요구에서 제외되지 않는다. "네가 율법을 행하면 할례가 유익하나 만일 율법을 범하면 네 할례는 무할례가 되느니라."(롬 2:25) 그리고 율법이 없는 이방인도 하나님이 요구하시는 것을 아는 인지능력이 있다. 그러므로 유대인과 이방인은 모두 선을 행했느냐, 악을 행했느냐에 따라 심판을 받는다.(롬 2:6-11) 의로운 행위라는 동일한 기준에 따라 양쪽 모두 하나님의 심판을 받는다. 모든 사람이 죄를 범하였기 때문에 모든 사람이 죄인이다.[3] 따라서 예수 그리스도의 복음 안에 계시된 하나님의 의가 필요하다.(롬 1:18-30)

루터(M. Luther)는 선행으로는 하나님의 호의를 얻을 수 없다고 강조

2) 스티븐 웨스터홀름, "로마서와 '루터교가 보는' 바울," 스캇 맥나이트, 조지프 B. 모디카 편/전의우 역, 『로마서 설교: 네 관점』(서울: 비아토르, 2022), 15-43.

3) *Ibid.*, 23-25.

한다. 웨스터홀름에 따르면 바울이 "율법의 행위"로는 의롭다 함을 얻을 수 없다고 했을 때 그것은 율법의 행위로 의로움을 얻고자 하는 유대인의 율법주의를 비판한 것도 아니고, 이방인도 유대인의 율법을 지켜야 한다고 주장하는 유대 민족중심주의를 비판한 것도 아니다. 바울은 "모세가 기록하되 율법으로 말미암는 의를 행하는 사람은 그 의로 살리라 하였거니와"(롬 10:5)라고 말한다. 그는 "오직 율법을 행하는 자라야 의롭다 하심을 얻으리니"(롬 2:13)라고 말한다. 그러나 율법은 또한 불순종하는 사람에게 저주와 죽음을 경고한다. 바울이, 율법이 죽음과 정죄의 율법으로 주어졌다고 말할 때(고후 3:7, 9) 이 말의 의미는 율법의 요구가 충족되지 않았다는 것이다.(갈 3:10) 웨스터홀름에 따르면 바울은 갈라디아서에서 이방인 신자들이 할례를 받고 유대의 음식법과 절기법을 지켜야 한다는 주장을 반박하는 것이 분명하다. 그러나 바울이 "율법의 행위로써는 의롭다 함을 얻을 육체가 없느니라"(갈 2:16)라고 할 때, 그 핵심은 이방인이 할례를 받는다면 율법 전체에 순종하라고 요구하는 언약, 죄인들에게 저주와 죽음을 가져다줄 뿐인 언약 안에 들어가게 되기 때문에 할례를 받을 필요가 없다는 것이다.[4)]

율법은 죽은 사람에게 생명을 줄 수 없고, 의롭지 못한 사람에게 의에 이르는 길이 될 수 없다. 그렇다면 하나님은 왜 율법을 주셨는가? 웨스터홀름에 따르면 율법은 있는 그대로 말할 뿐이다. 율법이 살인, 간음, 도둑질을 나쁜 것으로 만드는 것이 아니다. 율법은 본래 옳은 것과 나쁜 것, 선한 것과 악한 것을 분명하게 말할 뿐이다. 그런데 아무도 자신의 행위로는 하나님 보시기에 의로울 수 없다는 사실이 문제인 것이다.[5)]

이러한 상황에서 하나님이 비상한 방식으로 개입하셨다. 즉 하나님은

4) *Ibid.*, 32-33.
5) *Ibid.*, 34-35.

예수를 화목제물로 세우심으로써 인간의 죄를 대속하셨다.(롬 3:25) 예수의 죽음은 하나님의 의로우심을 나타내며 또한 예수 믿는 자를 의롭게 한다.(롬 3:26) 누구라도 의롭게 되기 위해서는 하나님의 은혜로 값없이 의롭다 하심을 얻어야 한다.(롬 3:24) 죄인이 의롭게 된 이유는 오직 그리스도의 대속을 통해 "의의 선물"(롬 5:17)을 받았기 때문이다.

'의의 선물'은 오직 믿음으로만 받을 수 있다. 믿음만이 칭의에 이르는 유일한 길이다. "이제는 율법 외에 하나님의 한 의가 나타났으니… 곧 예수 그리스도를 믿음으로 말미암아 모든 믿는 자에게 미치는 하나님의 의니 차별이 없느니라."(롬 3:21-22) 바울은 자신이 말하는 의를 "믿음의 의"(롬 4:13), "믿음에서 난 의"(롬 9:30), "믿음으로 말미암는 의"(롬 10:6)라고 부르며, 이를 "율법으로 말미암는 의"와 대비시킨다.(롬 10:5, 갈 3:11-12, 빌 3:9)[6] 믿음은 하나님의 약속을 듣거나 복음을 통해 그리스도의 부르심을 들음으로써 촉발되는 하나님에 대한 신뢰이다.(롬 10:17) 하나님은 복음에 믿음으로 응답하는 죄인들을 은혜로 의롭다고 선언하신다.

3. E. P. 샌더스

바울에 관한 새 관점을 말할 때 가장 먼저 언급되는 신학자가 샌더스이다. 샌더스는 『바울과 팔레스타인 유대교』에서 그리스도인들이 유대교를 행위 지향적인 종교로 부정적으로 이해한 것은 1세기 유대교 텍스트와 후기 랍비 문헌을 올바로 이해하지 못했기 때문이라고 주장한다. 샌더스는 포로기 이후의 유대교가 하나님의 은혜에 의한 언약 개념을 상실하고 그것을 공로주의적 율법주의로 대체했다는 견해를 거부한다. 그는 제2성전기 자료들이 은혜에 기초한 언약 구조를 증명한다고 주장한다. 여기서 순종은

6) *Ibid.*, 41.

언약 안에서 자신의 지위를 유지하게 해주는 것이지 하나님의 은혜를 얻어내는 것이 아니다.[7] 다시 말하면 순종은 언약 안으로 '들어가는' 수단이 아니라 언약 안에 '머무는' 수단이다.

샌더스는 유대교의 특징을 '언약적 율법주의'(covenantal nomism)라는 개념으로 표현한다. 그 주요 내용은 다음과 같다.[8] (1) 하나님은 이스라엘을 선택하셨다. (2) 그리고 율법을 주셨다. (3) 율법은 선택을 유지하신다는 하나님의 약속과 (4) 순종에 대한 요구사항이다. (5) 하나님은 순종에는 보상하시고 불순종에는 벌을 내리신다. (6) 율법은 속죄의 수단을 제공하며 (7) 속죄는 언약적 관계의 유지 또는 재수립을 가져온다. (8) 순종, 속죄, 그리고 하나님의 자비로 언약 안에 머무는 모든 자는 구원을 받는다. 여기서 하나님의 선택과 최종적 구원은 인간의 성취가 아닌 하나님의 은혜에 의한 것이다. 샌더스는 은혜와 행위가 잘 균형 잡힌 이러한 언약적 율법주의가 예수와 바울 시대의 유대교의 참모습이며, 따라서 초기 유대교를 율법적인 행위의 의를 추구하는 종교로 이해하는 루터적 관점은 잘못된 것이라고 본다.

샌더스는 바울 신학의 중심에는 종말론적 구원론이 있다고 본다. 바울은 인간의 죄로부터가 아니라 그리스도의 죽음과 부활 안에 나타난 하나님의 행위로부터 출발한다. 바울의 구원론은 보편적 죄에 대한 이해에서 생겨난 것이 아니다. 바울에게는 보편적 해결이 보편적 곤경보다 앞선다. 샌더스에 따르면 바울의 구원론은 두 가지 신념으로 이루어진다. 하나는 임박한 미래에 예수의 다시 오심과 함께, 믿는 자들의 구원과 불신자들에 대한 심판이 있으리라는 것이다. 다른 하나는, 성령은 믿는 자들의 구원을 보증하는 현재적 표징이라는 것이다.[9]

---

7) Sanders, *Paul and Palestinian Judaism*, 420.

8) *Ibid.*, 422.

9) *Ibid.*, 447.

샌더스는 칭의가 유대교에서는 '머무는 것', 즉 하나님의 백성으로 선택함을 받은 이스라엘의 순종을 의미하는 반면 바울에게는 '들어가는 것', 즉 하나님의 백성이 되는 것을 의미했다고 본다. 유대교 문헌에서는 '의'가 토라에 대한 순종과 지위 유지를 함축하는 용어인 반면 바울에게서 '의'는 '이전'(transfer) 용어이다.[10] 샌더스에 따르면 유대교와 바울의 이러한 근본적인 차이점은 바울의 유대교 비판이 유대교에 대한 오해로 말미암은 것이라는 사실을 함축한다. 샌더스는 바울이 유대교 체제 안에 있는 언약적 측면을 사실상 부정했다고 본다.

샌더스는 『바울, 율법, 유대인』에서 더욱 발전된 사고를 보여준다. 여기서 그는 '들어가는 것'과 '머무는 것'과 관련한 바울의 율법 이해가 그가 논쟁하는 대상의 범주에 의해 결정된다고 말한다. 즉 '들어가는 것'을 논할 때, 바울은 "율법의 행위로 말미암음이 아니요"라는 표현에서 보듯이 율법에 대한 부정적인 진술을 보여준다. 그러나 '머무는 것'을 논의할 때, 바울은 율법을 행하고 지키라고 말한다.[11] 한편 '들어가는 것'과 관련하여 갈라디아서에서 바울은 선택과 언약에 대한 전통적인 이해를 공격하는데 이 공격은 잘못된 것이다.[12] 왜냐하면 유대교의 언약적 율법주의에서 '들어가는 것'은 하나님의 은혜의 선택과 언약에 의한 것이지 율법을 행함에 의한 것이 아니기 때문이다. 다른 한편 '머무는 것'과 관련하여 바울은 올바른 행위와 거룩한 삶을 강조한다. 샌더스에 따르면 '머무는 것'과 관련하여 바울이 반대하던 것은 율법 자체가 아니라 할례, 안식일, 음식법과 같이 유대인을 이방인과 구별시켜 주는 법이다.

샌더스는 『바울: 사도의 생애, 편지, 그리고 사상』에서 갈라디아서에

---

10) *Ibid*., 543-44.

11) E. P. Sanders, *Paul, the Law, and the Jewish People*(Minneapolis: Fortress, 1983), 10.

12) *Ibid*., 46.

나타난 바울의 율법 이해를 분석한다. 갈라디아서 3:19에서 바울은 율법이 "범법하므로 더하여진 것"이며 "약속하신 자손이 오시기까지 있을 것"이라고 말한다. 샌더스에 따르면 바울에게 율법의 목적은 그리스도 이전까지 백성을 속박하기 위함이다. 바울은 율법의 '저주'를 말한다. 바울이 율법을 거부하는 이유는 하나님이 백성을 다른 방식으로 구원하시고자 하기 때문이다. 즉 샌더스에 따르면 바울은 하나님이 인간을 구원하는 방법을 새로운 방법으로 대체했다고 보았기 때문에 율법을 거부했다.[13)]

샌더스는 로마서 7장에 대한 루터의 해석을 비판한다. 즉 샌더스는 로마서 7:14-25를 그리스도인의 삶에 대한 묘사가 아니라 그리스도인이 되기 이전의 실존에 대한 묘사라고 본다. 왜냐하면 바울은, 그리스도인은 죄의 속박에서 해방되었다고 선언하기 때문이다. 샌더스는 바울이 말하는 믿음에 의한 의가 단지 '전가된 의'라는 루터와 개혁교회의 해석도 잘못된 것으로 본다. 그는 바울이 단지 법정적 선언이 아니라 진정한 변화, 단순한 지위의 변화만이 아니라 회심에서의 상태의 변화를 말한다고 본다. 아브라함의 의로 여겨진 것은 하나님을 신뢰하는 그의 믿음이었다.

샌더스는 로마서 7장을 다루면서, '선택/율법'과 '그리스도를 믿는 믿음'이라는 두 경륜에 대한 논의로 돌아간다. 샌더스는 바울이 이 두 경륜을 조화시키는 데 어려움이 있었다고 주장한다. 그에 따르면 로마서 7장에는 바울 사고의 복잡성이 나타난다. 즉 바울은 그리스도를 믿는 믿음이 옛 시대보다 '더 영광스러운' 새 시대라고 말하기도 하고, 율법을 해로, 배설물로 여긴다고 말하기도 하며(빌 3:7-8), 심지어 율법을 '절대적 악'으로 보기까지 한다. 샌더스는 율법에 대한 이러한 여러 가지 사고는 바울의 관점이 비일관적이고 또한 모순을 지닌다고 간주한다. 그리고 그는 율법에 대한 바

---

13) E. P. Sanders, *Paul: The Apostle's Life, Letters, and Thought*(Minneapolis: Fortress, 2016), 530-33, 536.

울의 부정적인 사고는 철회되거나 수정되어야 한다고 주장한다.[14]

샌더스에 따르면 바울은 "하나님이 이스라엘을 택하시고 또 오직 그리스도를 통해서만 구원하신다는 자신의 기본 전제 아래에서는 해결책이 없는 문제에 직면하고 있다."[15] 샌더스는 바울이 발견한 "유대인의 잘못은 그들이 그리스도인이 아니라는 것, 즉 그리스도교를 받아들이지 않았다는 것"이라는 결론을 내린다. 다시 말하면 유대교는 그리스도 안에 나타난 하나님의 새로운 구원 사역을 받아들이지 않았으며, 바울은 이러한 유대교에 결함이 있다고 보았다. 샌더스는 바울이 유대교의 문제점으로 발견한 것은 결국 유대교는 그리스도교가 아니라는 사실이라고 주장한다.

4. 제임스 D. G. 던

던은 바울이 다메섹 도상에서 부활하신 예수를 만난 이후에 회심(conversion)했다고 본다. 바울은 자신에게 유익하던 것을 그리스도를 위해 다 해로 여길 정도로(빌 3:7) 급격한 변화를 경험했다. 그러나 바울은 여전히 유일신론자였으며, 구약성서가 하나님의 말씀이란 믿음을 계속 가지고 있었다. 따라서 바울은 한 종교에서 다른 종교로 개종한 것은 아니었다. 던은 바울이 제2성전기 유대교의 한 형태인 바리새주의에서 예수 메시아주의로 회심했다고 본다.[16] 바울의 회심으로 그는 이스라엘을 향한 하나님의 뜻과 목적을 새롭게 이해하게 되었다. 즉 그의 회심은 소명과 연결된다. 바울은 자신의 사명이 "그의 아들을 이방에 전하기 위하여"(갈 1:16)에 있다고 믿었다. 그러나 던에 따르면 "바울은 이방인을 위한 사도였지만 이스라엘을

14) *Ibid.*, 641.

15) *Ibid.*, 676, 681.

16) James D. G. Dunn, *Christianity in the Making*, vol. 2, *Beginning from Jerusalem* (Grand Rapids: Eerdmans, 2008), 353.

배신한 자는 아니었다. 오히려 그는 '열방의 빛'으로서의 이스라엘의 운명을 성취하도록 사명을 부여받은 이스라엘의 사도였다."[17]

먼저 바울의 칭의론에 대한 던의 이해를 살펴보자. 개신교는 이신칭의 교리를 바울 신학의 핵심으로 간주해왔다. 믿음으로 의롭게 됨을 강조하는 바울과 율법의 행위를 강조하는 유대교는 서로 대립하는 것으로 여겨져 왔다. 그러나 던은 바울의 이신칭의 교리가 비그리스도교 유대인들과의 논쟁이 아니라 이방인 선교의 맥락에서 동료 그리스도교 유대인들과의 논쟁에서 형성되었다고 주장한다. 던에 따르면 많은 유대인 그리스도인들이 아브라함의 자손과 이스라엘 백성으로서의 자신들의 정체성과 유산이 바울의 이신칭의 교리에 의해 위협을 받는다고 느끼고 이 교리에 반대했다. 따라서 던은 "이 교리는 본래 율법으로부터 자유로운, 그리고 할례를 요구하지 않는 (바울의) 선교에 대한 유대 그리스도인의 반대에 직면해서 고심 끝에 나온 논쟁적인 교리였다."[18]라고 주장한다.

던에 따르면 바울은 율법을 "이스라엘을 정의하는 역할", 즉 유대인의 경계 표지 역할을 하는 것으로 보았다. 그리고 믿음으로 의롭다 함을 얻는 이방인들에게는 할례가 요구사항이 아니라고 보았다. 던은 갈라디아서 2:16의 '율법의 행위'를 언약에 의해 규정된 일반적인 율법의 행위를 가리킨다고 보는 전통적 해석과 달리 할례, 음식법, 안식일과 같이 그리스 로마 세계에서 유대인을 구별하는 민족적 정체성의 표지가 되는 행위로 해석한다.[19] 바울은 율법 자체를 거부한 것이 아니라 유대인과 이방인 사이의 경계를 규정하는 특정한 율법 항목들을 거부했다. 다시 말하면 바울은 유대

---

17) *Ibid.*, 355.

18) James D. G. Dunn, *The Theology of Paul the Apostle*(Grand Rapids: Eerdmans, 1998), 340.

19) James D. G. Dunn, *The New Perspective on Paul: Whence, What, and Whither*(Grand Rapids: Eerdmans, 2005), 108.

민족주의의 관점에서 하나님의 언약을 배타적으로 정의하기를 거부했다는 것이다. 던에 따르면 바울은 베드로를 비롯한 다른 유대 그리스도인들에 반대하여, 믿는 자에 대한 하나님의 호의적 판결은 철저하게 믿음을 통해 내려질 뿐 결코 유대인을 하나님의 백성으로 특징짓고 구별하던 율법의 행위에 의존하지 않는다고 주장했다.[20)]

그러나 나중에 던은 '율법의 행위'가 모세 율법이 요구하는 바를 가리킬 수 있음을 인정한다. 즉 그는 바울에게서 율법의 행위는 토라에 규정되고 율법이 요구하는 모든 행위를 가리킨다고 밝힌다.[21)] 그러나 그는 갈라디아서 2:16에서 바울의 일차적 관심은 비유대인 세계에서 유대인의 정체성을 분명히 드러내는 할례, 음식법, 안식일 같은 특별한 율법적 행위에 있다는 견해를 고수한다. 그는 율법의 행위가 넓은 의미에서는 모든 율법의 행위를 가리킨다고 해도, 갈라디아의 안디옥교회의 상황에서 실제로 중요한 이슈는 유대인과 이방인이 함께 먹는 문제였다고 강조한다.[22)]

던은 바울의 칭의론을 '하나님의 의'의 관점에서 분석한다. 먼저 칭의는 하나님의 의에 근거한다. 하나님의 의는 관계적 개념으로서 인간과 맺은 언약을 끝까지 지키는 신실함을 의미한다. 던은 하나님의 의/신실함을 로마서의 중심 주제의 하나로 본다. 구약성서에서 하나님의 의/신실함은 이스라엘 백성을 부르신 하나님의 주도적인 은혜를 포함한다. 던에 따르면 바울의 칭의론은 이와 같은 구약성서의 유산에 대한 반동이 아니라 그 근본 원리에 대한 긍정이었다.[23)] 던은 갈라디아서 2:16, 로마서 3:21-26 등에 나오는 'pistis Christou'가 주격으로, 즉 '그리스도의 믿음, 곧 신실함'으로 해석되기 위해서는 정관사가 있어야 하는데 정관사가 없기 때문에 '그리스

20) *Ibid.*, 117.

21) *Ibid.*, 23-24.

22) *Ibid.*, 28.

23) Dunn, *The Theology of Paul the Apostle*, 345.

도를 믿는 믿음'으로 해석하는 것이 옳다고 주장한다.[24] 따라서 이 구절은 이신칭의를 표현한다.

바울은 결코 윤리적 관심을 도외시하지 않는다. 바울의 윤리적 관심은 로마서 5-6장, 고린도전서 등에서 분명히 나타난다. 던은 바울의 윤리를 직설법과 명령법으로 이해하는 전통적인 틀을 따른다. 직설법은 두 가지 사건, 즉 예수의 죽음과 부활, 그리고 구원의 시작(칭의)이다. 명령법은 하나님의 지탱하는 은혜, 즉 성화와 인간의 책임이다. 던은 이 직설법/명령법 구조가 바울 사상의 '이미/아직 아니'의 종말론적 긴장 안에 있다고 본다.[25]

이제 바울의 율법 이해에 대한 던의 설명을 살펴보자. 던에 따르면 바울은 율법을 단지 죄를 범법으로 규정하고 유죄 판결을 내리는 역할을 한다고 보지 않고, 보호와 훈육의 역할을 한다고 보았다. 이스라엘은 율법의 보호와 훈육 아래 있다. 던은 율법이 "범법하므로 더하여진 것"(갈 3:19)이라는 바울의 말은 희생제도를 통해 죄를 해결하고자 길을 마련하신 하나님의 은혜로운 행동을 가리킨다고 주장한다. 그리고 바울은 이와 같은 율법의 역할을 임시적인 것으로 보았다는 것이다. 즉 바울은 그리스도의 오심을 '하나님의 전체 목적의 절정과 완성을 나타내는 것'으로 믿었기 때문에 율법의 보호와 훈육은 이제 더 필요하지 않다고 보았다.(갈 4:1-6)[26] 이와 같은 율법에 대한 바울의 종말론적 이해는 율법으로 인한 특권적 지위를 주장하는 유대인들과의 대립을 초래했다. 그러나 던에 따르면 바울은 율법 폐기론자가 아니다. 바울은 믿음의 순종(롬 1:5)을 강조한다. 종말론적 시대가 도래했기 때문에 모세의 율법은 이제 필요 없다. 그러나 종말론적 시대에는 새로운 법, 즉 성령의 도움을 통해 완성되는 그리스도의 법이 작동한다.

---

24) *Ibid.*, 384-85.

25) *Ibid.*, 629.

26) *Ibid.*, 141-43.

던에 따르면 바울은 율법을 단지 부정적으로 보지 않았다. 바울에게 율법은 "거룩하고 의로우며 선한"(롬 7:12) 것이었다. 죄가 인간의 연약함을 함정에 빠뜨리기 위해 율법을 이용한다. 그러므로 던은, 문제는 율법이 아니라 율법을 얽어매어 자체의 목적을 위해 이용하는 죄라고 결론 내린다. 이런 의미에서 율법은 죄와 사망과 공조한다고 할 수 있다. 그러나 던은 율법을 우주적 힘으로 보는 케제만(E. Käsemann)의 견해에 반대한다. 던은 율법이 죄에 의해 오용 및 남용되고 범법을 규정할 뿐만 아니라 범법에 대한 해결의 길을 마련하기 때문에 바울이 율법을 부정적·긍정적 두 관점에서 언급할 수 있었다고 본다.[27)]

5. N. T. 라이트

라이트는 바울을 예수가 부활함으로써 이스라엘의 하나님에 의해 옳다 인정함을 받았음을 믿게 된 신실한 바리새파 유대인으로 이해한다. 그에 따르면 바울은 율법의 역할이 예수 안에서 성취되었다고 믿었다. 따라서 바울은 유대교를 떠나지 않고 예수를 중심으로 유대교의 중요한 요소들을 재구성했다는 것이다. 라이트의 핵심 주장은 다음과 같다. (1) 그리스도(교회)는 모든 나라의 빛이 되어야 하는 사명을 완수한 참 이스라엘이다. (2) 예수의 오심은 자기 백성을 유배로부터 해방하기 위한 여호와의 귀환에 해당한다. (3) 새 언약은 모세 율법의 성취이며, 여러 언약 사이에는 연속성이 있다. (4) 하나님의 의는 그리스도를 통해 그의 백성에게 이루어진 하나님의 언약적 신실하심을 적어도 부분적으로 가리킨다. (5) 하나님으로부터 받은 사명을 위한 그리스도의 신실하심은 십자가에서 죽기까지 순종하는 신실함에 있다. 이 신실함이 그리스도의 믿음(pistis Christou)이다.

---

27) *Ibid.*, 159-61.

라이트도 샌더스처럼 유대교가 행위의 종교가 아니라고 본다. 유대교는 이스라엘을 선택한 하나님의 은혜에 대한 분명한 이해에 기초하며, 선한 행위는 이에 대한 감사의 표현으로서 언약에 대한 충실성을 증명한다.[28] 라이트는 던과 같이 할례를 유대인과 이방인의 경계를 정하는 표지로 이해하면서 또한 '율법의 행위'를 율법이 요구하는 모든 것으로 확장한다.[29] 그런데 그는 이스라엘의 과오가 율법주의적 '행위 의'의 측면이 아니라 '민족적인 의'의 측면에 있다고 주장한다. 즉 율법이 '민족적 특권의 헌장'으로 기능한다.[30] 그러나 미래에 유대인들이 포로 생활로부터 귀환할 때, 이방인들도 시온으로 모여 하나님을 주님으로 인정할 것이다.

라이트에 따르면 바울은 이와 같은 자신의 민족적 기대가 예수 그리스도 안에서 이미 성취되었음을 깨달았다. 메시아가 오심으로써 포로 생활은 이미 끝나고 이스라엘은 해방되었다. 그리고 복음은 이스라엘을 재정의한다. 즉 이스라엘은 "한 민족 집단에서 전 세계적 가족으로 바뀐다."[31] 하나님은 역사의 마지막에 이스라엘에게 행하시리라고 기대했던 일을 나사렛 예수 안에서 역사의 중간 지점에서 행하셨다.

라이트는 바울 신학의 핵심 주제를 화해로 파악한다. 하나님은 그리스도 안에서 만물과 화해하셨고, 신자는 그리스도 안에서 화해되었으며, 신자들은 서로 화해되었다. 그리스도인은 세상에서 화해의 대리자이며, 하나님 나라는 완전히 화해된 새로운 창조 세계이다. 바울은 제국의 세계가 중요하게 여기는 계급, 민족, 지역, 성의 경계를 초월하는 새로운 공동체에 관심을 집중한다. 라이트에 따르면, 바울은 그리스도 안에서의 연합과 일

---

28) N. T. Wright, "The Paul of History and the Apostle of Faith," *TynBul* 29(1978): 80.

29) Wright, "The Paul of History and the Apostle of Faith," 65.

30) *Ibid*., 65, 71.

31) N. T. Wright, *The Climax of the Covenant: Christ and the Law in Pauline Theology* (Minneapolis: Fortress, 1993), 249.

치를 만들고자 노력했다. 그리고 이러한 노력은 유대교의 경계 의식(儀式)을 위한 함의는 물론 노예제도나 가부장제와 같은 제도들에 대한 매우 급진적인 사회적 함의를 갖는다.[32)]

라이트는 개신교에서 구약성서의 이야기를 건너뛰고 타락 이야기에서 곧장 그리스도 이야기로 가는 것을 비판한다. 그는 이스라엘의 이야기와 아브라함의 이야기를 동일시한다. 그리고 신약성서 해석을 위해 구약성서의 출애굽 이야기와 유배 이야기를 많이 사용한다. 그는 언약, 포로 생활, 포로 생활의 종결이라는 범주를 중심으로 구약성서와 유대교의 이야기를 재구성한다. 그는 포로 생활의 종결과 관련된 유대교 종말론과의 연속성 안에서 바울의 종말론이 이해될 수 있다고 주장한다. 즉 그는 언약, 율법, 성령, 이스라엘, 땅 같은 구약성서와 유대교의 중심 주제들이 바울에게서 재확인되고 다시 만들어진다고 주장한다.

라이트는 종말이란 용어를 더욱 큰 유대인 이야기라는 역사적 틀 안에서 사용한다. 그는 묵시라는 개념이 이전의 유대인 이야기와 철저하게 단절된 개념이라는 견해를 받아들이지 않는다. 그는 바울의 묵시적 복음을 이스라엘의 이야기 또는 구원사 이야기의 절정으로 이해한다. 라이트에게 묵시적 종말은 연극 도중에 화재 경보가 울려 연극을 도중에 끝내는 것이 아니라 예기치 못하게 이야기 안으로 들어가서 이야기에 새로운 방향을 주고, 이야기 전체의 의미에 새로운 빛을 비추어주고, 이야기를 절정으로 이끄는 것이다.[33)]

라이트는 바울의 "후견인"(갈 4:2) 은유가 모세 언약 율법, 즉 토라가 일시적인 기능을 지니고 있음을 지시한다고 본다. 토라의 역할은 그리스도가 오심으로 끝난다. 토라는 이스라엘이 하나님의 백성임을 보여주지만,

---

32) N. T. Wright, *Paul and the Faithfulness of God,* 2 vols. Christian Origins and the Question of God 4(Minneapolis: Fortress, 2013), 384.

33) Wright, *Paul and the Faithfulness of God*, 473.

또한 이스라엘이 여전히 아담 안에 있음을 분명히 하며, 따라서 율법은 죄를 위법으로 만든다. 라이트에 따르면 바울은 율법을 결코 나쁜 것으로 보지 않았다. 바울은, 율법은 좋은 것이지만 죄악 된 육신 때문에 그 목적이 좌절된 것으로 보았다. 그러나 라이트는 메시아의 죽음 안에서 죄악 된 육신의 문제가 해결되었기 때문에 메시아의 죽음과 성령의 능력으로 토라는 마침내 본래의 목적을 성취하게 되었다고 주장한다.[34)]

라이트는 초기 유대교에서 한 분 하나님을 믿는 유일신 신앙이 확고한 것처럼 바울 신학에서도 유일신론은 중요한 문제라고 본다. 그에 따르면 제2성전기 유일신론에 있어서 존재론적 이원론이나 우상숭배는 거부된다. 그는 초기 그리스도론이 천사와 같은 중재적 존재에 대한 초기 유대교의 믿음을 재형상화한 것이 아니라 한 분 하나님이 행하기로 약속하신 것에 대한 유대인의 믿음을 급진적으로 구체화한 것이라고 본다.[35)] 그는 고그리스도론이 후대의 것이라는 생각을 거부한다. 그는 바울 이전에 이미 예수의 신성에 대한 믿음이 강력했다고 본다.[36)]

그렇다면 무엇이 고그리스도론의 출현을 가져왔는가? 라이트는 사도들이 예수를 경배하게 만든 것은 하나님의 현존과 동일하게 경험된 부활한 주님의 인격적 현존 경험이며, 이 경험이 나중에 삼위일체와 성육신 신학의 효시가 되었다고 본다.[37)] 라이트는 바울이 예수를 신적 인물로 높이기 위해 중재적 인물들을 사용하지 않고, 하나님의 이미지를 직접 그리스도에게 적용했다고 주장한다. 바울의 지혜 그리스도론은 예수의 신적 정체

---

34) 이런 맥락에서 그는 로마서 8장을 7장의 연속선에서 이해할 것을 제안한다. *Ibid.*, 511-12.

35) *Ibid.*, 630-33.

36) 라이트에 따르면 "(후대의 에비온주의처럼) 이스라엘의 하나님과 예수의 동일성을 부인하는 초기 '유대 그리스도교'의 존재를 입증하는 어떤 역사적 증거도 없다." *Ibid.*, 648.

37) *Ibid.*, 650.

성을 가장 잘 보여준다. 라이트에 따르면, 바울이 집회서 24장과 지혜서의 지혜 개념을 예수에게 적용했을 때, 이 지혜는 하나님과 함께 있는 천상의 두 번째 인물이 아니라 유일하신 하나님의 지혜이다. 바울은 예수를, 유일신론을 위협할 수 있는 제2의 하나님으로 이해하지 않았다. 바울은 유대적 유일신론의 토대 위에 서 있었다.[38] 라이트는 고그리스도론을 낳은 요소로서 예수의 부활과 영적 현존 외에 야웨의 귀환이란 개념을 추가한다. 즉 이스라엘의 포로 생활 이후에 하나님이 다시 예루살렘과 성전으로 돌아오셔서 그의 백성을 속박에서 해방하시고 왕으로 통치하실 것이라는 약속이 예수 안에서 성취되었다는 것이다.

6. 존 바클레이

바클레이는 『바울과 선물』[39]에서 성서에 나타나는 은혜 개념을 분석한다. 그는 호혜적 관계를 기대하는 고대의 선물과 아무런 되돌아옴도 기대하지 않는 현대의 '순수한' 선물을 구별한다. 그는 은혜의 완전성을 과잉성, 단독성, 우선성, 비상응성, 효능성, 비순환성으로 분류한다.[40] 그는 은혜의 원리에 대한 서로 다른 주장은 은혜의 완전성에 대한 서로 다른 이 여섯 가지 이해 때문에 생겨나며, 따라서 바울에 대한 서로 다른 관점들 사이의 논쟁은 은혜의 개념에 대한 모호성에서 비롯된다고 본다.

---

38) 라이트는 바울의 고그리스도론이 유일신론의 토대 위에 있음을 바울의 여러 글(고전 8:6, 고후 5:19, 골 1:16)을 통해서 보여주고자 한다. *Ibid.*, 670-73, 676-80.

39) John M. G. Barclay, *Paul and the Gift*(Grand Rapids: Eerdmans, 2015).

40) 과잉성(superabundance)은 선물이 과분하게 큼, 단독성(singularity)은 심판 없이 은혜만 있음, 우선성(priority)은 선물이 수혜자의 행동을 선행함, 비상응성(incongruity)은 선물과 수혜자의 가치가 맞지 않음, 효능성(efficacy)은 선물이 수혜자의 변화를 가져옴, 비순환성(non-circularity)은 '순수한 선물'이 호혜성의 순환을 깨뜨림을 각각 의미한다. *Ibid.*, 66-78.

그는 고대 사회에서 선물이 응답을 기대하지 않는 것이 아님을 보여주는 증거들을 제시한다. 선물은 타자에 의해 유발되지 않는다는 의미에서는 무상(free)이다. 그러나 하나님의 은혜의 선물은 상호적 순환 운동의 시작으로 여겨진다는 의미에서는 무상이 아니다. 선물은 다양한 종류의 사회적 유대를 만들기 위한 것이었다. 선물의 수혜자는 자신이 그 선물에 응답해야 할 도덕적, 사회적 의무를 지니게 된다고 이해했다.

바클레이는 샌더스처럼 은혜가 구약성서의 모든 곳에서 발견된다고 생각한다. 그리고 그는 '행위 종교'가 하나님의 은혜 안으로 들어가는 길을 인간 스스로 만들어내야 하는 종교를 의미한다면 초기 유대교는 '행위 종교'가 아니며, 은혜가 응답을 선행하는 언약적 율법주의가 유대교에 대한 올바른 이해라는 샌더스의 주장에 동의한다. 그러나 그는 샌더스가 팔레스타인 유대교에서의 은혜의 우선성(들어감)을 비상응성 또는 은혜의 다른 완전성을 포함하는 것으로 잘못 생각했다고 지적한다.[41]

바클레이는 갈라디아서와 로마서를 중심으로 은혜에 대한 바울의 이해를 분석한다. 갈라디아서에서 은혜와 관련한 바울의 주된 관심은 비상응성이다. 바울에게 비상응성은 응답 자체를 생각하지 않고 선물이 주어짐을 의미하지 않는다. 다른 유대인들은 하나님의 은혜가 인간의 응답을 요구한다고 생각한 반면 바울은 은혜를 응답을 요구하지 않는 일방적인 선물로 생각했다는 주장은 잘못된 것이다. 바울은 하나님의 은혜에 대한 인간의 응답을 기대하신다는 사실을 분명히 했다. 로마서 6-8장은 은혜를 받은 신자들이 그 은혜에 응답해야 함을 보여준다. 선물은 의무를 동반한다. 바클레이는 종교개혁자들이 은혜가 대상의 가치와 관계없이 선물로 주어진다는 사실을 강조한 것은 옳다고 본다. 그러나 그는 루터가 하나님의 은혜를 일방적으로 주어지기만 하는 것으로 이해한 것은 바울의 사상과 다른 것

---

41) *Ibid.*, 157.

이라고 강조한다. 하나님의 은혜의 목적은 인간 실존을 회복하고 인간을 그 은혜에 상응하는 예배자로 만드는 데 있다.

바클레이에 따르면 하나님의 은혜는 우리의 의지를 제한하거나 강요하지 않는다. 바울은 우리 안에서의 하나님의 일하심이 우리 자신의 주체적 의지를 만들어낼 것을 기대한다.(빌 2:12-13) 하나님의 주체성과 우리의 주체성은 제로섬 게임처럼 한쪽이 증대되면 다른 쪽은 축소되는 것이 아니다.[42] 하나님이 의로 여기신 아브라함의 의는 단지 하나님으로부터 전가된 의가 아니라 하나님을 믿고 신뢰하는 아브라함 자신의 태도를 의미한다. 바클레이는 새 관점과 마찬가지로 로마서 7:7-25를 그리스도인의 고백으로 이해하지 않는다. 왜냐하면 그리스도인의 자아는 더 이상 사로잡힌 상태에 있지 않기 때문이다.

바클레이에 따르면 최후의 심판에서 구원 자체는 공로에 의해 획득되는 보상이 아니지만, 최후의 심판은 인간의 행위에 대한 평가와 선한 행위에 대한 상급을 포함한다. 이런 의미에서 바클레이의 견해는 처음의 칭의가 최후의 칭의를 보장한다는 종교개혁자들의 견해와 같지 않다. 바클레이에 따르면 불의한 자를 의롭게 하시는 하나님의 은혜는 부활하신 그리스도의 생명 안에서 신자를 새롭게 창조한다. 그리고 이 새롭게 창조된 자아로부터 새로운 행위 주체가 생겨난다. 우리를 의롭게 하시는 하나님의 은혜의 목적은 우리 자아가 새롭게 변화되어 거룩하게 행함으로써 심판 날에 하나님으로부터 그에 대한 상급을 받도록 하는 것이다. 이것은 두 번째 칭의는 아니다. 왜냐하면 신자의 삶에서 선한 것은 그리스도 안에서 하나님에 의해 창조된 새로운 생명의 결과이기 때문이다. 그러나 바울은 또한 신자에 대한 심판과 상급에 대하여 말한다. 그리고 바울은 우리가 그리스

---

42) John M. G. Barclay & Simon J. Gathercole, eds., *Divine and Human Agency in Paul and His Cultural Environment*(Edinburgh: T&T Clark, 2006).

도로부터 분리될 가능성(배교자가 될 가능성)을 여러 차례 언급한다.

바클레이는 하나님의 의와 은혜에 관한 바울 신학이 오직 이방인들에게 특수하게 맞추어진 것이라는 주장을 지나친 것으로 본다. 바울은 하나님의 은혜에 의해 믿음을 통해 의롭게 되는 복음을 단지 이방인에게만 전한 것이 아니다. 바울은 로마서에서 그리스도 안에서의 의와 믿음에 관한 복음이 "먼저는 유대인에게요 그리고 헬라인에게"(롬 1:16)라고 말한다. 마찬가지로 율법에 대한 바울의 부정적 언급이 오직 이방인들과 관련된 경우에만 나타난다는 주장도 지나친 것이다. 바클레이는 바울이, 유대인들이 복음을 통해 자신처럼 변화되기를 기대했다고 본다. 바울은 그리스도가 모세 율법 언약의 종결이자 완성이며, 새 언약은 그리스도를 통해 모세 율법이 아니라 아브라함 언약과 연결됨을 말한다.(갈 4장, 고후 3-4장, 롬 9:1-5, 10:1-5) 바클레이는 바울이 모세 율법은 아브라함 이후부터 그리스도가 올 때까지의 정해진 기간만 권위를 가짐을 분명히 했다고 본다.(갈 4:2) 그는 갈라디아서 2:16에서 '율법의 행위'는 단지 할례와 같은 특수한 경계 의식을 가리키는 것이 아니라 모세 율법의 행위 일반을 가리킨다고 본다.

7. 묵시적 종말론의 관점

묵시 사상은 유대교 종말론의 한 특수한 형태로서, 새로운 시대가 우주적 차원의 신적 개입을 통해 돌입해 들어옴으로써 이 세상의 부정적 현실을 끝낼 것이라는 기대를 담고 있다. 알버트 슈바이처(A. Schweitzer)는 바울의 사상이 철저하게 종말론적이라고 보았다.[43] 즉 예수의 재림과 심판, 종말론적 영광이 바울의 일관된 핵심 주제였다. 종말론적 관점에서 볼 때 예수의 부활은 죽은 자들의 부활의 시작이 된다. 그러나 세상의 임박한 종말

---

43) Albert Schweitzer, *Mysticism of Paul the Apostle*(New York: Seabury, 1968), 52.

과 그리스도의 재림에 대한 기대는 이루어지지 않았다.

20세기에 바울 사상의 묵시적 특징을 재발견한 신학자는 에른스트 케제만이다. 케제만은 묵시를 모든 그리스도 신학의 모태로 이해했다.[44] 묵시는 신학의 모든 주제를 포괄한다. 묵시 사상은 하나님의 우주적 주권과 통치의 회복에 관한 것이다. 묵시에 대한 케제만의 이해는 두 시대(에온)를 나누는 이원론적 세계관, 결정론적 역사관, 현세에 대한 부정, 임박한 파루시아의 기대를 특징으로 한다. 여기서 묵시적 종말에 대한 기독교 신앙은 철저하게 피안적이다.

크리스티안 베커(J. C. Beker)는 바울의 주된 관심이 그리스도 사건, 특히 죽음과 부활을 묵시적 유대교의 언어로 표현하는 데 있다고 주장한다. 그에 따르면 그리스도 사건이 바울의 전통적인 묵시적 언어를 변형시켜 '그리스도교적인 묵시적 사유 구조'로 만들었다. 그는 바울에게 나타나는 세 가지 묵시적 특징을 역사적 이원론, 보편적인 우주적 기대, 임박한 세상의 종말로 제시한다. 그러나 베커는 묵시적 이원론이 영지주의적 이원론으로 빠지지 않도록 하기 위해 하나님의 신실함을 함께 강조함으로써 구속사와 묵시를 연결하고자 한다. 그에 따르면 바울에게 이스라엘의 역사는 단지 어둠의 시대가 아니다. "과거는 단지 죄와 죽음의 시대가 아니며, 또한 하나님의 구속사가 각인된 시대이기도 하다. 과거는 하나님의 약속의 발자취를 지니고 있으며, 이 약속은 폐기되기보다는 새로운 약속 안으로 받아들여진다."[45]

예수의 재림, 즉 파루시아를 묵시적 사건으로 이해한 케제만과 달리 루이스 마틴(J. L. Martyn)은 바울의 묵시 사상의 초점이 십자가에 있다고

---

44) Ernst Käsemann, "The Beginning of Christian Theology," *New Testament Questions of Today*, trans. W. J. Montague(Philadelphia: Fortress, 1969), 102.

45) J. Christiaan Beker, *Paul the Apostle: The Triumph of God in Life and Thought*(Philadelphia: Fortress, 1980), 150.

주장한다. 그는 종말론을 인식론적 관점에서 설명한다. 즉 그리스도에 대한 바울의 지식이 육신을 따른 인식에서 십자가를 따른 지식으로 전환되었다. 바울에게 십자가는 옛 시대와 새 시대의 분기점을 형성한다. 바울은 갈라디아서 6:3-15에서 그리스도의 죽음으로 말미암아 세상이 자신에 대하여 죽고 자신도 세상에 대하여 죽었다고 고백하면서 새 창조에 의한 새 세상을 말한다.[46] 갈라디아서에 대한 묵시적 이해에서 가장 중요한 것은 우주적 묵시 사건인 그리스도와 성령의 오심 안에서 일어나는 옛 우주의 죽음과 새 창조라는 개념이다.

마틴에 따르면 옛 우주의 죽음은 율법의 죽음을 포함하며, 따라서 율법적 대립(할례-무할례) 대신 성령-육체의 대립으로 구성되는 묵시 시대가 출현한다. 성령 강림 이래 성령과 육체는 적대적인 권세들로서 서로 묵시적 전투를 벌이고 있다. 여기서 율법과 할례는 육체의 권세 아래 재배치되어 성령과 대립한다. 마틴은 율법이 모든 인간에게 저주를 선포하고 인간을 죄의 노예로 만들었기 때문에 바울이 율법을 묵시적인 반(反) 하나님 세력으로 간주했다고 주장한다. 묵시적 종말론의 관점에 있어서 반 하나님 세력과의 우주적 전투에서 인간에게 필요한 것은 죄를 용서받는 것이 아니라 자신을 속박하는 악한 세력으로부터 구원받는 것이다.[47]

베벌리 가벤타(B. R. Gaventa)는 마틴의 묵시적 해석을 더욱 확장한다. 그는 갈라디아서 1-2장에 바울의 묵시적 경험이 나타난다고 주장한다. 그리고 마틴처럼 그는 3-4장에서 세상(우주)과 새 창조, 율법과 그리스도, 십자가와 할례의 대립을 강조한다.[48] 율법은 세상과 그리스도 또는 새 창조

---

46) J. Louis Martyn, "Apocalyptic Antinomies," *Theological Issues in the Letters of Paul* (Edinburgh: T&T Clark, 1997), 114.

47) Martyn, "God's Way of Making Right What Is Wrong," *Theological Issues in the Letters of Paul*, 141, 152-53.

48) Beverly Roberts Gaventa, *Our Mother Saint Paul*(Louisville: Westminster John Knox

사이의 대립의 한 부분이다. 가벤타는 또한 로마서 9-11장에서 하나님이 약속에 신실하지만 그 약속의 성취 방식은 자유로우며 예측할 수 없다고 주장한다.[49] 그는 로마서 9-11장을 아브라함 가족에 관한 이야기의 부분으로 보는 라이트와 대조적으로, 그리고 해결이 문제보다 앞선다는 샌더스의 주장을 받아들여, 바울에게 있어서 그리스도가 이스라엘을 통해서 알려지는 것이 아니라 이스라엘이 그리스도를 통해서 알려진다고 주장한다.[50] 가벤타는 바울의 유대적 성격을 긍정하면서 동시에 바울의 복음의 급진적인 새로움을 주장함으로써 구속사와 묵시를 아우르고자 시도하지만, 그 둘 사이에는 연속성보다 불연속성과 대립이 더욱 지배적이다.

8. 평가 및 결론

1) E. P. 샌더스

샌더스는 바울 당시의 유대교를 공로를 통해 구원을 얻으려는 율법주의 종교로 이해하는 옛 관점이 잘못되었기 때문에, 바울이 유대교의 율법주의에 반대해서 하나님의 은혜와 믿음을 강조했다는 옛 관점도 잘못된 것이라고 주장했다. 샌더스는 바울이 유대교를 버린 것은 유대교의 구원론이 율법주의적이기 때문이 아니라 유대교가 그리스도교가 아니기 때문이라고 주장한다.[51] 다시 말하면 유대교의 문제점은 그리스도를 믿는 믿음을 통해 하나님이 이방인을 포함한 온 세상을 구원하시는 것을 대비하지 않

Press, 2007), 101-11.

49) *Ibid.*, 156.

50) Beverly Roberts Gaventa, "Thinking from Christ to Israel: Romans 9-11 in Apocalyptic Context," in *Paul and the Apocalyptic Imagination*, eds. Benn C. Blackwell, John K. Goodrich, and Jason Maston(Minneapolis: Fortress Press, 2016), 241-42.

51) E. P. Sanders, *Paul and Palestinian Judaism: A Comparison of Patterns of Religion* (Philadelphia: Fortress, 1977), 552.

은 데 있었다.[52]

샌더스는 유대교의 율법 이해와 구원론에 대한 오해로 말미암은 유대교에 대한 부정적인 이해가 재고되어야 함을 보여주었다. 그는 랍비 문헌, 사해사본, 외경과 위경에 대한 연구를 통해 유대교는 행위의 종교이고 기독교는 은혜의 종교라는 고정관념이 잘못된 것임을 보여주었다. 바울 당시의 유대인들은 하나님의 백성으로서 하나님과 언약 관계 안으로 들어가는 것이 철저히 하나님의 은혜로 말미암았다고 믿었다.

그렇다면 샌더스는 왜 바울이 율법을 속박과 저주를 위한 부정적인 것으로 이해했다고 주장하는가? 바울이 율법을 부정적으로 보았다는 샌더스의 견해가 성립하려면 바울 자신이나 그의 대적자들이, 율법이 구원한다고 생각해야 한다. 그러나 유대교 율법사인 바울이 과연 율법의 '머무는' 기능을 '들어가는' 기능으로 오해하고 율법의 행위를, 구원을 추구하는 것이라고 비판했을까? 그리고 바울의 대적자들인 제2성전기 유대인들이, 율법이 구원한다는 관점을 가지고 있지 않았다고 샌더스는 주장하지 않았는가?

위더링턴(B. Witherington)과 마이어스(J. A. Myers)는 바울이 율법에 대해 메시아가 오기 전까지 일시적 역할을 하는 것으로 이해했다는 사실이 그가 율법을 부정적인 것으로 보거나 백성을 속박하는 것으로 보았음을 의미하지는 않는다고 주장한다.[53] 즉 아들과 성령이 오기 전까지 율법은 소기의 목적을 다 했다. 율법에 대한 바울의 긍정적인 관점이 율법을 "하나님의 말씀"(롬 3:2)으로, 그리고 "거룩하고 의로우며 선하도다"(롬 7:12)라고 기술하는 로마서에 분명히 나타난다. 율법은 그리스도가 올 때

52) E. P. Sanders, *Paul, the Law, and the Jewish People*(Philadelphia: Fortress, 1983), 47.

53) Ben Witherington III and Jason A. Myers, *Voices and Views on Paul*(Downers Grove: InterVarsity Press, 2020), 46.

까지만 후견인으로서 효력을 발휘했다.(갈 3:25) 위더링턴과 마이어스에 따르면 바울에게 율법은 단지 폐기된 것이라기보다는 그리스도에 의해 성취되었다고 할 수 있다.

그러나 이와 달리 티모 라토(Timo Latto)는 유대교의 언약적 율법주의에서는 여전히 인간이 최선을 다함으로써 구원을 얻는 데 기여해야 한다고 여겨지며, 따라서 여기서 구원은 신인 협력적인 것이라고 주장한다. 라토에 따르면 유대교의 언약적 율법주의는 신인 협력적인 경향이 없는 '순수한' 은혜의 종교가 아니다.[54] 라토는 바울의 구원론이 유대교적 또는 펠라기우스적인 신인 협력적인 구원론이 아니라 아우구스티누스처럼 철저히 은혜에 의한 구원을 강조하는 구원론이라고 주장한다.

그러나 '머무는 것'을 위한 순종의 행위의 중요성을 강조하는 것이 곧 신인 협력적 펠라기우스주의를 의미하는가? 마태복음에서 예수는 종말론적 심판에 있어서 행위가 얼마나 중요한지를 여러 곳에서 강조한다.(마 5:18, 20, 7:21, 25:31-46) 인간이 하나님의 은혜로 구원을 받는다는 사실이 순종의 행위의 중요성을 결코 약화시키지는 않는다. 바울도 여러 곳에서 순종의 중요성을 거듭 강조한다.(롬 1:5, 6:16, 16:26) 유대교의 언약적 율법주의와 구별되는 바울의 구원론의 특징이 있다면, 그것은 순종의 행위의 중요성을 부정하지 않고 그리스도 안에서 새로운 피조물이 된 사람은 성령 안에서 율법이 성취된다는 점을 강조하는 데 있다.(고후 5:17, 갈 2:20, 5:22)

2) 제임스 D. G. 던

던은 언약적 율법주의의 특징으로서 율법의 사회적 기능을 강조한다. 던은 바울 서신에서 '율법의 행위'가 유대인의 정체성 표지 역할을 한다고 주장

---

54) 티모 라토/김명일 역, 『바울에 관한 새로운 탐구』(서울: 이레서원, 2019), 19. Timo Latto, *Paul and Judaism: An Anthropological Approach*, trans. T. McElwain, SFSHJ 115(Atlanta: Scholars Press, 1995), 155-58.

한다.[55] 그는, 유대인은 공로를 쌓기 위해서가 아니라 언약 백성이라는 지위를 유지하기 위해서 할례, 안식일 규정, 음식법 같은 '율법의 행위'를 준수한다는 점을 강조한다.[56] 하지만 던은 나중에 "'율법의 행위'는 율법이 요구하는 것, 즉 토라에 규정된 행위를 언급한다."라는 사실을 인정한다.[57] 그러므로 바울이 '율법의 행위'를 비판할 때, 그는 유대인의 민족적 우월성뿐 아니라 순종으로 얻는 도덕적 우월성을 거부하는 것이라고 할 수 있다.

위더링턴과 마이어스는 'pistis Christou'를 '그리스도에 대한 믿음'으로 이해하는 던의 해석에 대해 세 가지 점에서 이의를 제기한다. 첫째, 정관사가 없어도 (전치사 en의 경우처럼) 두 가지 방향으로 해석될 수 있으며, 둘째, 로마서 4:16의 믿음은 '아브라함을 믿는 믿음'이 아니라 '아브라함의 믿음'이 명백하며, 셋째, 갈라디아서 2:16에서 바울은 인간의 율법의 행위를 믿음과 대조시키지 않고 하나님에 대한 예수의 신실함, 즉 순종의 죽음과 대조시킨다는 것이다.[58] 갈라디아서의 'pistis Christou'는 '그리스도에 대한 믿음'으로 해석될 수도 있고 '하나님에 대한 그리스도의 믿음(신실함)', 즉 순종의 죽음으로 해석될 수도 있다. 내용에 있어서 이 두 해석 모두 '율법의 행위'와 대조될 수 있다. 문법과 문맥으로 볼 때 두 해석 모두 부자연스럽지 않다. 따라서 어느 한 해석을 일방적으로 지지할 근거는 없어 보인다.

3) N. T. 라이트

라이트는 새 언약을 옛 언약, 즉 율법의 연속성에서 이해하고자 한다. 그는 메시아의 죽음 안에서 죄악 된 육신의 문제가 해결되었기 때문에 토라는

---

55) James D. G. Dunn, "New Perspective: Whence, What, Whither?" in *The New Perspective on Paul: Collected Essays*(Tübingen: Mohr Siebeck, 2005), 15.

56) Dunn, *The New Perspective on Paul*, 307.

57) Dunn, "New Perspective," 22-23.

58) Witherington III and Myers, *Voices and Views on Paul*, 132-33.

마침내 본래 목적을 성취할 수 있게 되었다고 주장한다. 그는 로마서 8:2의 '생명의 성령의 법'을, 토라를 가리키는 것으로 읽어야 한다고 제안한다. 라이트와 달리 위더링턴과 마이어스는 그리스도 안의 새 언약은 갱신된 모세 언약이 아니라 아브라함과 연결된 새 언약이라고 주장한다. 이들에 따르면 모세 언약 이야기는 모세 율법의 목적을 완성한 그리스도 안에서 끝났으며 더 이상 신자들의 삶을 지배하지 못한다. 그리스도는 모세 언약 아래 있는 이스라엘 이야기를 완성하고 동시에 끝냈다. 이들은 그리스도의 십자가를 통한 새 언약에 의해 옛 언약이 완성되고 끝났기 때문에, 언약의 백성은 토라의 규례를 지킬 필요가 없다고 주장한다.[59)]

라이트가 새 언약을 율법의 연속성에서 이해하기 위해서 로마서 8:2의 '법'을, 토라를 가리키는 것으로 읽어야 한다고 주장한 것은 지나치다. 그러나 모세의 율법과 새 언약, 즉 성령의 법을 이분법적으로 분리하고, 그리스도인은 율법을 지킬 필요가 없다는 주장 역시 지나쳐 보인다. 그리스도인에게 구약성서는 여전히 하나님의 말씀이다. 물론 할례와 같은 율법의 규례를 준수할 필요는 없지만, 마음을 다하고 뜻을 다하여 하나님을 사랑하고 그 명령을 행하라는 신명기 30장의 말씀은 여전히 새 언약 백성인 그리스도인이 순종해야 하는 하나님의 말씀이다. 칼뱅(J. Calvin)이 그리스도인을 위한 '율법의 제3용법'(tertius usus legis)을 말한 것은 이런 의미에서일 것이다.

라이트는 새 언약 안에 있는 그리스도인을 아브라함과 이스라엘의 연속성에서 이해한다. 그러나 그리스도인은 단지 이스라엘의 연속성에 있지는 않다. 에클레시아, 즉 교회로서 하나님의 새로운 백성은 유대인만이 아니라 그리스도 안에서 연합한 유대인과 이방인이다.(갈 3:28) 바울은 로마서 11장에서 그리스도를 거부한 이스라엘이 일시적으로 하나님의 백성으

---

59) *Ibid*., 75-76.

로부터 단절되지만, 그리스도의 재림 때에 에클레시아 안으로 받아들여져 모든 이스라엘이 구원을 받게 될 것을 말한다.

바벨론에서 귀환한 이후의 이스라엘이 여전히 포로 생활 가운데 있었다는 라이트의 견해는 논란을 불러일으킨다. 유대인들은 바벨론에서 약속의 땅으로 돌아오고 무너졌던 성전과 예루살렘 성벽을 재건한 이후에도 여전히 자신들이 포로 상태에 있다고 생각했는가? 티모 라토는 디아스포라, 이스라엘의 속박, 이스라엘이 회복되지 않음을 포로 생활과 동일시하는 라이트의 생각은 잘못된 것이며, 이러한 생각은 구약성서와 중간기의 문헌들에 의해 지지를 받지 못한다고 주장한다.[60] 즉 이스라엘의 종말론적인 완전한 회복을 지나치게 강조함으로써 불완전한 회복을 포로 생활과 동일시하고 바벨론으로부터의 귀환을 평가절하하는 것은 잘못이라는 것이다. 티모 라토는 라이트의 새 관점이 기독교에 확실한 승리의 길을 열어주기 위해서 유대교는 실패했다고 표현하는 과장된 경향을 보여준다고 지적한다.[61]

예수가 참 이스라엘로서 자기 백성을 포로 생활로부터 해방하기 위해 시온으로 돌아온 하나님이라는 라이트의 견해도 논란의 주제이다. 래리 허타도(L. Hurtado)는 야웨의 귀환이란 주제가 예수의 사역과 죽음과 부활을 해석하는 데 처음부터 사용되었는지는 불분명하며, 신약성서는 "예수의 재림(파루시아)을 실질적으로 야웨의 종말론적 귀환/현현으로 제시한다."[62]라고 말한다. 바울은 로마서 11:26-27에서 이사야 59:20-21을 인용하여 예수가 재림하는 마지막 날에 구원자가 시온에서 야곱에게서 경건하

---

60) 라토, 『바울에 관한 새로운 탐구』, 60-61.

61) *Ibid.*, 74.

62) Larry Hurtado, "YHWH's Return to Zion," in *God and the Faithfulness of Paul*, eds. Christoph Helig, J. Thomas Hewitt, and Michael F. Bird(Minneapolis: Fortress, 2017), 434.

지 않은 것을 돌이키고 이스라엘을 구원하실 것이라고 말한다. 그리고 고린도전서 15장은 미래의 종말에 일어날 부활과 최종적인 구원의 완성을 말한다. 라이트의 바울 이해의 문제점은 그가 언약 갱신을 통한 언약적 연속성 안에서 전개되는 구원의 역사를 지나치게 강조한 나머지 바울 사상의 묵시적 종말론적 성격을 외면한다는 것이다.[63]

4) 존 바클레이

바클레이는 은혜에 대한 여러 견해를 비교하기 위한 분류체계를 제시하고, 바울이 말하는 은혜를 아무런 응답도 필요로 하지 않는 일방적인 것으로 이해하는 것이 잘못임을 보여주었다. 바울에게 하나님의 은혜는 주도적이며 비상응적이다. 즉 대상의 가치와 관계없이 은혜가 주어진다. 그러나 다른 성서 저자들처럼 바울에게서 은혜는 최소한의 감사와 사랑의 응답을 기대한다. 그리고 그 감사와 사랑의 응답에는 종말론적인 상급이 주어진다. 신약성서는 여러 곳에서 선한 행위에 대한 상급에 대해 말한다.(물론 구원은 상급으로 간주되지 않는다.) 고린도전서 3장에서 바울은 그리스도의 터 위에 보석과 같은 것으로 세운 사람은 그 공적으로 상급을 받고, 지푸라기 같은 것으로 세운 사람은 불 가운데를 통과하는 구원만을 받을 것이라고 말한다. 여기서 바울은 공적으로 상급을 받는다고 말한다. 따라서 공로와 구별되는 종말론적 상급에 대한 새로운 신학적 이해가 요구된다.

바클레이는 루터의 관점과 새 관점 사이의 중도적 관점을 제시하고자 한다. 그는 "바울의 타깃은 민족중심주의도 아니고 선한 행위로 하나님의 호의를 획득해낼 수 있다는 거짓된 의견도 아니다. 바울은 그리스도와 독

---

63) 외르크 프라이의 말을 빌리면, "라이트의 연구에서 묵시 사상은 순화되고 다듬어져서 바울 사상, 아니 라이트의 사상의 위대한 종합을 위태롭게 만들지 않도록 언약적 질서 안에 안전하게 자리 잡고 있다." Jörg Frey, "Demythologizing Apocalyptic?" Helig, Hewitt, and Bird, *God and the Faithfulness of Paul*, 527.

립적으로 작용하는 모든 형태의 상징체계를 전도시킨다."[64]라고 주장한다. 그러나 바울이 민족중심주의를 거부하고, 유대인이냐 비유대인이냐 하는 것이 중요하지 않다고 생각한 것은 사실이다. 그리고 그리스도 밖에서 선한 행위의 공로를 통해 구원을 얻고자 하는 시도를 거부한 것도 사실이다. 바클레이는 전통적 관점과 새 관점을 통합하는 새로운 길을 제시했다기보다는 그 자신의 말대로 "아우구스티누스-루터 전통을 '재상황화'하고 새 관점을 '재형상화'함으로써 양쪽 모두를 '재형성'하고자 했다."[65]라고 할 수 있다.

5) 묵시적 종말론

묵시적 종말론의 관점은 바울에게서 하나님의 언약적 신실함은 모세 언약의 연속성에서 이해될 수 없음을 강조한다. 이 관점에 따르면 바울은 그리스도를 통한 새 언약을, 모세를 통해 하나님과 맺은 언약을 지키는 데 실패한 이스라엘 백성 이야기의 연장으로 이해하지 않았다. 묵시적 종말론의 관점의 근본적인 문제는 하나님과 언약을 맺은 이스라엘의 역사에 나타난 하나님의 신실하심과 묵시적 종말 사이의 급격한 불연속성의 문제이다. 급격한 불연속성으로 인한 탈유대화나 대체주의에 빠지지 않고 바울의 복음 안에서 하나님의 신실하심을 확증하는 것이 묵시적 종말론의 관점의 난제이다.

묵시적 종말론의 부정적 율법 이해가 과연 바울의 이해인가? 갈라디아서 3:13에서 율법은 우리를 저주하는 악의 실재를 의미하는가? 바울에게 율법은 모든 인간을 저주 아래 가두어놓은 반 하나님 세력인가? 바울은 말한다. "율법이 죄냐 그럴 수 없느니라 … 죄가 기회를 타서 계명으로 말

64) Barclay, *Paul and the Gift*, 393.

65) *Ibid.*, 573.

미암아 나를 속이고 그것으로 나를 죽였는지라 … 이로 보건대 율법은 거룩하고 계명도 거룩하고 의로우며 선하도다."(롬 7:7, 11-12) 하나님은 이스라엘 백성과의 언약에서 율법을, 하나님을 거역하는 악한 힘으로 주신 것이 아니다. 하나님이 주신 율법은 거룩하고 의롭고 선한 것이다. 율법의 저주란 언약에 대한 불순종으로 인한 심판을 의미한다. 율법은 죄가 없다. 죄가 율법을 저주와 심판으로 이끈다. 율법 자체는 저주를 위해 주어진 것이 아니다. 율법이 죄가 있다면 인간이 율법을 지킬 수 있도록 하는 힘을 가지고 있지 않다는 점이다. 율법은 해야 할 것을 말해줄 수는 있지만, 그것을 할 수 있도록 인간을 변화시키지는 못한다. 그러나 이것은 율법의 죄라기보다는 율법의 한계이다.

윤철호

제2장

로마서를 읽는 세 가지 관점

1. 간략한 로마서 서론

1) 로마교회에 쓴 바울의 편지

바울은 1차, 2차, 3차 전도 여행을 통해 지중해 연안의 거점 도시들을 방문한다. 빌립보, 데살로니가 그리고 고린도와 같은 도시를 방문해서 예수 그리스도의 복음을 전하였다. 복음 전파의 결과로 십자가에 달리시고 부활하신 예수를 '주'와 '그리스도'로 믿고 고백하는 사람들이 생겨났다. '주'라고 번역된 큐리오스(κύριος)는 바울 당시 '주인' 혹은 '왕'의 의미로 사용되었다. 따라서 예수를 '주'라고 고백하는 것은 "예수님은 내 삶의 주인이십니다."라는 고백인 동시에 "예수님은 나를 다스리는 왕이십니다."라는 고백이다. 또 십자가에 달리신 예수를 그리스도(Χριστός)라고 믿는 것은 '구원자'라고 고백하는 것과 같다. 그리스도(Χριστός)는 '기름 부음을 받은 자'라는 뜻의 히브리어 메시아(מָשִׁיחַ)를 칠십인역(LXX)으로 번역하면서 사용한 단어이다. 이 단어가 예수와 함께 쓰여서 '예수 그리스도' 혹은 '그리스도 예수'라고 사용될 때는 '기름 부음을 받은 자'라는 의미는 퇴색하고 '구원자'라는 뜻으로 사용된다. 따라서 십자가에 달리신 예수를 '그리스도'라고 부르는 것은 "예수님은 나의 구원자이십니다.", "이스라엘 백성들이 기다리던 다윗의 후손으로 이 땅에 오시는 메시아입니다."라고 믿고 고백하는 것이다. 이런 믿음과 고백을 가진 자들을 중심으로 바울은 교회(에클레시아)를 세웠다. 이렇게 세워진 초대 교회를 바울은 정기적으로 방문하여 교인들을 격려하고 가르쳤다. 직접 방문할 수 없을 때에는 편지로 각 교회가 제기한 신학적 질문에 대답하고 교회가 나아갈 목회적 방향을 제시하였다. 이렇게 기록되고 전달된 바울의 편지들이 신약성서에 포함되어 있다.

이런 바울 서신 가운데 가장 특별한 위치를 차지하는 것이 로마서이다. 왜냐하면 바울은 로마에 가서 복음을 전하지도 않았고, 교회를 설립하지도 않았기 때문이다. 바울이 자신의 선교와 직접적인 관련이 없는 교회에 보낸 유일한 서신이 로마서이다. 로마서에서 바울은 자신의 신학을 가장 체계적으로 소개한다. 이런 이유로 많은 사람이 로마서를 "바울 신학의 정수(精髓)"라고 평가하는 데 주저함이 없다.

학자들은 바울이 로마서를 쓴 시기를 대략 50년대 후반으로 추측하는데, 3차 전도 여행 중에 머물렀던 고린도에서 편지를 작성했다고 생각한다. 바울의 3차 전도 여행은 주로 2차 전도 여행을 통해 세워진 교회들을 다시 방문하는 일정이었다. 마게도냐 지역에 있는 빌립보, 데살로니가, 베뢰아를 방문하고, 아가야 지역에 있는 고린도교회를 방문한다. 에베소를 중심으로 하는 소아시아도 방문하는데, 이런 방문을 통해 자신이 설립한 교회들을 든든히 세우는 일을 하였을 뿐 아니라 예루살렘에 있는 가난한 성도들을 위한 헌금 모으는 일도 하였다. 예루살렘 교인을 위한 헌금을 모으는 일은 바울이 선교 초기부터 진행한 사역인데(갈 2:10), 3차 전도 여행을 통해 이 사역을 마무리하고 싶어 했다. 바울은 자신이 복음을 전하여 설립한 이방인 그리스도인 중심의 교회에서 모은 헌금을 유대인 중심의 예루살렘교회에 전달함으로써 유대인과 이방인 그리스도인들 사이의 참된 교제(코이노니아)를 이루고 싶었다. 이렇게 헌금을 전달함으로써 지중해 연안에서의 자신의 선교 사역을 마무리하고, 서쪽 지역에서 새로운 선교

사역을 시작하려 하였다.

이 선교 사역의 목적지는 지금의 스페인 지역인 서바나였다. 바울은 서바나로 가기 전에 로마에 들러서 교인들과 그리스도 안에서 깊은 사귐을 가지길 소망했다. 그리고 로마교회의 후원을 받아 서바나로 가고자 하는 계획을 가지고 있었다.(롬 15:22-28) 바울은 로마교회의 교인들이 자신의 서바나 선교를 후원해주기를 원했기 때문에 자신이 전하는 복음의 내용을 상세하게 소개할 필요를 느끼고 있었다. 또한 로마 교인의 일부는 예루살렘교회 안에 있던 '할례당'의 영향을 받고 있었는데, 이들은 바울이 전하는 '할례 없는 복음'을 불완전한 복음이라고 생각하였다. 바울이 유대교 전통에서 강조한 할례와 음식법, 그리고 유대 절기 지키는 것을 반대하였기 때문에 바울을 '위험한 전도자'라고 판단하고 있었다. 바울은 로마교회 안에 있는 이런 반대자들에게 자신의 복음이 유대 전통을 완전히 무시하거나 유대인들을 향한 하나님의 특별한 사랑을 부정하는 것이 아니라 오히려 하나님이 예수 그리스도를 통해 이루시는 새로운 구원의 역사를 증거하고 있음을 설명할 필요성을 느끼고 있었다. 이런 이유로 바울은 자신의 신학을 구체적으로 설명한다. 물론 바울이 직접 펜을 들어 쓴 것이 아니라 바울이 구술한 것을 더디오(롬 16:22)가 기록했다.

이렇게 작성된 편지를 로마에 전달한 사람은 뵈뵈인 것 같다. 바울은 16장에서 로마 교인들에게 겐그레아교회의 여성 리더인 뵈뵈를 추천한다.(롬 16:1) 겐그레아는 고린도 동쪽 약 6km에 위치하는데, 북쪽에 있는 또 다른 항구 도시인 레카이움과 함께 고린도가 국제적인 무역 도시로 발전하는 데 중요한 역할을 감당했다. 바울은 2차 전도 여행 중에 겐그레아를 방문해서(행 18:18) 복음을 전하고 교회를 세웠다. 바울이 세운 이 교회를 실제로 맡아서 목회한 사람은 뵈뵈였다. 바울은 뵈뵈를 로마교회에 추천하면서 "성도들의 합당한 예절로 그를 영접"하라고 권면하는데 이는 최대한의 예우를 갖추어서 영접하라는 뜻이다. 또한 그녀에게 필요한 것은 무엇이든지 공급함으로 그녀를 도우라고 간청한다.(롬 16:2) 왜냐하면 뵈뵈가 여러 사람과 바울 자신에게도 '보호자'가 되었기 때문이다. 바울은 뵈뵈를 깊이 신뢰하였고, 그녀의 손에 로마 교인들에게 보내는 편지를 맡겼다. 뵈뵈는 바울의 편지를 로마교회에 전달하는 역할을 잘 감당하였다.

2) 로마교회의 상황

고린도교회, 빌립보교회와 같은 초대 교회들은 바울의 복음 전파의 결과로 생겨난 교회이다. 그렇다면 로마교회는 어떻게 시작되었을까? 바울 당시 로마는 지중해 연안 지역 대부분을 다스리는 거대한 제국이었다. 유대인들이 주로 거주하던 팔레스타인 지역도 로마제국의 식민지였다. 유대인들은 무역과 정치 등의 목적을 위해 로마를 방문하고 정착해서 살기도 했다. 정확한 숫자는 알려지지 않았지만 적어도 수만 명의 유대인이 로마에 살고 있었거나 로마를 중심으로 활동했던 것으로 학자들은 추측한다. 하지만 유대인들의 독특한 종교적, 문화적 관습은 다른 문화적 배경을 가진 사람들과 충돌을 일으켰는데, 그 결과 기원후 49년 클라우디우스 황제는 유대인들을 로마로부터 추방하는 칙령을 내린다. 거대한 로마제국의 황제가 직접 칙령을 내려 추방을 명령했다는 것은 유대인들이 로마에서 무시할 수 없는 존재였음을 방증한다.

예루살렘과 로마 사이를 왕래하던 유대인들은 자연스럽게 예수 그리스도의 소식을 접하게 되었다. 특히 사도행전을 기록한 누가는 오순절 마가의 다락방에서 이루어진 성령 충만과 그 결과로 나타난 방언의 목격자들을 언급하는데, "로마로부터 온 나그네 곧 유대인과 유대교에 들어온 사람들"(행 2:10)이라는 표현이 나온다. 이런 표현은 그 당시 예루살렘과 로마 사이를 왕래하며 지내던 유대인들과 유대교에 대해 긍정적인 태도를 가진 자들이 상당수 있었음을 증언한다. 이들은 예루살렘에 와서 예수에 대한 소문을 들었다. 특히 제자들이 전한 복음을 받아들였고, 십자가에 달린 예수를 '주'와 '그리스도'로 믿고 고백하게 되었다. 이렇게 믿는 자가 되어 로마로 돌아간 유대인들은 다른 유대인과 헬라 사람들에게 예수 그리스도의 복음을 전하였다. 그 복음 전파의 결과 믿는 자들이 생겨났고 자연스럽게 교회(에클레시아)가 세워졌다.

이렇게 로마에 세워진 교회는 유대인 그리스도인들과 이방인 그리스도인들이 함께 신앙생활하는 공동체였다. 예수 그리스도의 복음을 먼저 받고 전파한 사람은 유대인들이었기 때문에 로마교회에서 주도적인 역할을 한 사람들은 유대인 그리스도인이었다. 하지만 클라우디우스 황제의 칙령으로 유대인들이 로마에서 추방되면서 로마교회의 모습은 급격하게 달라진다. 교회 내에서 주도적인 역할을 하던 유대인들이 떠난 후 로마교회는 이방인 그리스도인 중심의 교회로 재편되었다.

그렇게 5년이 흘러 기원후 54년 유대인들을 로마에서 추방했던 클라우디우스 황제는 급작스러운 죽음을 맞이한다. 클라우디우스의 네 번째 아내인 소(小) 아그리피나가 아들을 황제의 자리에 앉히기 위해 남편을 독살했다는 소문이 로마 전체에 퍼졌다. 소문이 퍼져나가는 중에 아그리피나는 아들 네로가 황제의 왕관을 쓰는 것을 보게 되었다. 이렇게 황제가 된 네로는 클라우디우스가 내렸던 유대인 추방령을 폐지하는데, 그 결과 유대인들은 다시 로마로 돌아오게 되었다. 로마를 떠났던 유대인 그리스도인들이 로마교회로 돌아온 이후로 로마교회는 갈등을 경험한다. 그 갈등은 교회 내에서 주도적 입장을 갖게 된 이방인 그리스도인들과 이제는 소수의 입장이 된 유대인 그리스도인들 사이의 갈등이었다. 바울은 이 문제에 대해 심각하게 생각하였으며, 율법 문제(롬 2-3, 7장)뿐 아니라 유대인의 조상이며 또한 믿음의 조상인 아브라함(롬 4장)에 대해서 언급하고, 유대인의 구원 문제(롬 9-11장)에 대해 구체적으로 언급한다. 이를 통해 로마교회가 갈등을 뛰어넘어 하나님의 선하시고 기뻐하시는 뜻을 깨달아 그리스도 복음을 전파하는 거룩한 공동체로 성장하길 원했다.

2. 로마서를 읽는 세 가지 관점

앞에서도 언급했듯이 로마서는 바울 서신 가운데서도 가장 특별한 서신으로 평가받는다. 왜냐하면 바울의 신학이 이 편지 안에 가장 구체적이며 체계적으로 소개되어 있기 때문이다. 특히 마르틴 루터와 같은 종교개혁자들의 신학적 사고가 로마서에 깊은 영향을 받았음이 알려지면서 로마서는 개신교회 신학의 뼈대를 형성하는 책으로 평가받았다. 그 대표적인 예가 로마서 1:17에 대한 루터의 해석이다. 루터는 1545년 출판한 자신의 라틴어 작품 서문에서 "복음에는 하나님의 의가 나타나서 믿음으로 믿음에 이르게 하나니 기록된 바 오직 의인은 믿음으로 말미암아 살리라 함과 같으니라"(롬 1:17)라는 말씀의 의미를 깨닫게 된 것을 이렇게 표현한다.

> 마침내 하나님의 자비에 의해 밤낮으로 묵상한 결과 나는 "복음에는 하나님의 의가 나타났으니 기록된 바 '의인은 믿음으로 말미암아 살리라'"라는 말씀의 문맥에 유의하게 되었다. 거기서 나는 하나님의 의란 의인이 하나님의 선물, 즉 믿음으로 사는 것을 말한다는 사실을 이해하기 시작했다. 그리고 그 의미는 이렇다. 하나님의 의란 복음에 나타나 있는데, 그것은 자비로운 하나님이 성서에 기록된 대로 "믿음으로 의로워진 자는 살리라"라는 믿음에 의해 우리를 의롭게 하시는 '수동적 의'(passive righteousness)라는 사실을 터득했다. 그 순간 나는 완전히 '다시 태어나서'(born again) 활짝 열린 문을 통해 낙원 그 자체에 들어간 것처럼 느껴졌다. 그 후로 성서 전체가 내게 새로운 빛 아래 조명되었다.[1)]

루터는 로마서 1:17에 나오는 '하나님의 의'가 하나님이 예수 그리스

1) 발터 본 뢰베니히/박호용 역, 『마르틴 루터』(서울: 성지, 2002), 122-23.

도를 믿는 자를 의롭다고 인정해주시는 의, 다시 말해 믿는 자가 예수 그리스도를 통해 하나님에 의해 의롭다 하심을 얻는 '수동적 의'라는 것을 깨닫는다. 이 깨달음은 루터에게 너무도 강렬한 것이어서 마치 '다시 태어나는 것'과 같았으며 천국에 들어가는 것과 같은 체험이었다고 고백한다. 또한 이 '다시 태어나는' 경험은 루터가 성서 전체를 완전히 새로운 관점으로 해석하도록 하였는데, 그것은 "성서 전체가 내게 새로운 빛 아래 조명"되는 것과 같았다고 설명한다. 로마서를 통해 루터는 하나님의 말씀이 진리임을 확신하게 되고, 그 진리의 말씀은 루터를 변화시켜 새로운 역사의 한 페이지를 여는 역할을 감당하도록 하였다.

이 특별한 서신인 로마서를 읽고 해석하는 것은 중요한 일이다. 그렇기 때문에 어떤 관점으로 로마서를 읽고 해석하는지는 깊고 풍성한 로마서의 의미를 파악하는 데 핵심적인 부분이다. 학자들은 로마서를 읽고 해석하는 많은 방법을 제시하였는데, 여기서는 아래와 같이 세 가지의 관점을 소개하고자 한다. 각 관점이 가지는 특징을 이해하기 위해 '구원'의 의미를 중심으로 설명한다.

첫째, 전통적/종교개혁적 관점(Traditional/Reformed Viewpoint)이다. 전통적 관점은 종교개혁적 관점이라고 부를 수 있는데, 루터를 비롯한 많은 종교개혁자가 로마서를 읽고 해석할 때 자주 사용한 관점이기 때문이다. 종교개혁자들의 관점은 종교개혁 신학을 따라 설립된 개혁교회가 로마서를 읽고 해석하는 모델이 되었고 그 결과 교회의 전통을 형성하게 되었기 때문에 전통적 관점으로 불린다. 이 관점은 구원의 법정적 차원을 강조하는데 죄인인 인간이 예수 그리스도의 보혈로 죄 씻음을 받아 의롭다 하심을 얻었다는 것에 초점을 둔다. 믿는 자들은 오직 예수 그리스도를 믿는 믿음으로 의롭다 하심을 얻어 종말의 심판대 앞에서 죄인이 아니라 의인으로 인정받아 천국 백성이 된다. 전통적 관점은 믿는 자의 개인적 차원에서 이루어지는 구원과 변화에 초점을 둔다.

둘째, 새 관점적 관점(New Perspective on Paul Viewpoint)이다. 새 관점적 관점은 구원의 관계적 특징을 강조하면서 하나님이 아브라함과 맺으신 언약의 유효성을 주장한다. 하나님은 아브라함과 언약을 맺으심으로 이스라엘의 하나님이 되어주실 것을 약속하셨다. 이스라엘 백성도 하나님만을 온전히 섬기는 하나님의 백성이 될 것을 서약했다. 하지만 이스라엘은 하나님과의 언약적 관계에 신실하지 못하여 하나님을 떠나 우상을 섬기는 죄를 지음으로 스스로 심판을 자초하였다. 하지만 하나님은 언약적 신실하심을 지키시는 분이다. 이 하나님의 언약적 신실하심은 독생자 예수 그리스도를 이 땅에 보내주심을 통해 구체적으로 실현되고, 죄인들을 위해 그 아들을 십자가에 내어주심으로써 확증된다. 십자가에 달려 죽기까지 아버지의 뜻을 이행하신 예수 그리스도의 신실하심을 통해 믿는 자들은 아브라함의 후손이 되는데 이는 하나님과의 원래적 관계, 즉 하나님의 언약 백성으로 회복되는 것이다. 하나님이 아브라함과 언약을 맺으심으로 유대인들이 하나님의 백성이 되게 하셨는데 이제는 예수 그리스도를 통해 이방인들도 하나님의 언약 백성이 되게 하셨다. 이 관점은 구원의 공동체적 차원을 강조하는데 예수 그리스도를 통해 어떻게 하나님의 새로운 언약 백성이 되는지에 초점을 둔다.

셋째, 종말론적 관점(Eschatological Viewpoint)이다. 종말론적 관점은 하나님이 예수 그리스도를 통해 이루시는 구원의 우주적 차원을 강조한다. 예수 그리스도의 십자가와 부활 사건은 단순히 한 개인의 구원을 위한 사건이 아니라 우주의 질서를 완전히 바꾼 사건이다. 예수 그리스도의 십자가와 부활을 통해 하나님은 죄와 사망이 다스리는 나라를 무너뜨리셨고, 하나님의 아들이신 예수 그리스도가 통치하는 하나님 나라를 세우셨다. 예수 그리스도의 십자가와 부활은 인간을 포함한 모든 창조 세계에 구원을 선포하며 그 구원을 이루시는 종말론적 사건이다. 인간은 죄와 사망의 권세 아래에서 정죄받고 종으로 신음하며 살아왔는데 이제는 하나님이 예수 그리스도를 구원자로 믿고 고백하는 자들을 어둠의 나라에서 아들의 나라로 옮기셨다.(골 1:13) 죄와 사망의 법의 통치를 받지 않고 그리스도 안에 있는 생명의 성령의 법의 통치를 받는 백성이 되게 하셨다.(롬 8:1-2) 죄의 백성에서 하나님 나라의 백성으로 신분이 바뀌는 구원을 경험하게 되었다. 종말론적 관점은 구원의 우주적 차원과 하나님 나라로의 주권의 전이(轉移)에 초점을 둔다.

1) 전통적 관점: 구원의 법정적 차원

개혁교회 전통에서 가장 널리 알려져 있고 보편적으로 수용되는 구원에 대한 관점은 법정적 이해이다. 마르틴 루터를 비롯한 종교개혁자들이 강조한 구원의 개념인데, 전통적 관점에서 이해하는 구원은 다음과 같이 정리할 수 있다.

(1) 모든 인간은 죄인이며 죄로 인해 죽을 수밖에 없다. 불순종함으로 죄를 범한 아담의 후손인 인간은 태어나면서부터 '죄를 전가받은 상태'(원죄)로 태어나기 때문에 죄인이다.
(2) 죄의 문제는 인간 스스로가 해결할 수 없고, 오직 인간 밖에서 해결되어야 한다.
(3) 그리스도께서 십자가에서 우리의 죄를 대신 담당하셨다. 십자가에서 '속죄제물'로 드려지심으로 인간의 죗값을 치르셨다.
(4) 이렇게 그리스도께서 속죄의 십자가를 지심으로 죄인이 받아야 하는 형벌을 대신 받으셨고, 그 결과 하나님의 진노를 풀어버리셨다. 하나님의 진노하심에서 놓임을 받아 구원의 은혜를 누리게 되었다.
(5) 십자가에서 이루신 예수 그리스도의 의는 믿음을 통해 믿는 자에게 전가된다.

(6) 예수 그리스도를 구세주로 믿는 믿음을 통해 죄인인 인간은 의로운 자로 인정받게 되고 최후의 심판대에서 '의인'으로 선포되어 구원을 얻게 된다. 이것이 이신칭의(Justification by faith), '믿음을 통해 의롭다고 칭함을 받음'의 교리이다. 이 교리는 바울 신학의 정수(精髓)인 동시에 기독교의 핵심적 가르침이다.

(7) 믿음은 죄인을 그리스도 안에서 '의롭다'라고 인정하시는 하나님의 은혜가 개인에게 적용되는 수단으로, 죄인들을 위해 십자가에 달리신 예수 그리스도를 믿는 그 믿음을 통해 하나님의 구원은 오늘을 사는 신자들에게 실효적으로 적용된다. 믿는 자는 개인의 믿음과 그 고백을 통해 구원을 받는다.

(8) 인간은 여전히 죄 된 본성의 상태로 있지만 예수 그리스도를 믿는 믿음을 통해 하나님의 은혜로 의롭다 하심을 받은 '사면된 신분'으로 살게 된다. 이것을 루터는 "의인인 동시에 죄인", "Simul justus et peccator"라는 말을 통해 잘 표현하였다.

이런 전통적 관점에서 말하는 구원이 가장 구체적으로 진술되는 곳은 로마서 3장 이후이다. 죄인 된 인간에 대한 이해는 로마서 3:23, "모든 사람이 죄를 범하였으매 하나님의 영광에 이르지 못하더니"에 근거한다. 모든 인간은 죄 된 상태에서 태어나서 죄를 짓고 살기 때문에 하나님의 영광에 이를 수가 없다. 또한 바울은 "죄의 삯은 사망이요"(롬 6:23a)라고 선언함을 통해 죄 아래에 사는 인간은 결국 죽음에 이를 수밖에 없음을 분명하게 설명한다. 죄인인 인간은 자신의 힘으로는 죄의 문제를 해결할 수 없는데 이를 불쌍히 여기신 하나님이 독생자를 이 땅에 보내주셨다. 예수는 십자가에서 우리의 죄를 대신 감당하시는 속죄제물이 되어주셨다. 바울은 로마서 3:25에서 "이 예수를 하나님이 그의 피로써 믿음으로 말미암는 화목제물로 세우셨으니 이는 하나님께서 길이 참으시는 중에 전에 지은 죄를 간과

하심으로 자기의 의로우심을 나타내려 하심이니"라고 선포한다. 바울은 예수께서 십자가에서 피를 흘려 돌아가심으로 '화목제물'이 되셨다고 선언한다. '화목제물'로 번역된 헬라어 '힐라스테리온'(ἱλαστήριον)은 구약 지성소 안에 있던 언약궤의 덮개인 '속죄소'(시은좌, mercy seat)를 의미한다. 대제사장이 대속죄일에 자신을 위해 송아지의 피를, 또 백성을 위해 염소의 피를 뿌리는 곳이 속죄소이다. 따라서 예수께서 힐라스테리온이 되셨다는 것은 속죄의 제물로 그 피를 뿌리셨다는 의미이고, 이것은 백성들의 죄를 용서하기 위한 대속의 죽음이었다는 뜻이다. 히브리서의 저자도 십자가의 대속의 의미를 강조하면서 그리스도께서 "자기를 단번에 제물로 드려 죄를 없이 하시려고 세상 끝에 나타나셨느니라"(히 9:26)라고 선언한 후에 다시 한번 "이와 같이 그리스도도 많은 사람의 죄를 담당하시려고 단번에 드리신 바 되셨고"(히 9:28)라고 강조한다.

예수의 십자가 죽음은 많은 사람의 죄를 대신 지시고 속죄제물이 되신 사건이다. 이렇게 우리 인간의 죄를 대신 담당하신 예수를 통해 믿는 자들은 의롭다 하심을 얻게 되었다. 바울은 로마서 3:24에서 "그리스도 예수 안에 있는 속량으로 말미암아 하나님의 은혜로 값 없이 의롭다 하심을 얻은 자 되었느니라"라고 선언한다. 여기서 '속량'으로 번역된 '아포뤼트로시스'(ἀπολύτρωσις)는 예수 그리스도의 피를 통해 얻는 죄 사함을 의미하며, 이 죄 사함은 곧 구원을 의미한다.(엡 1:7) 하나님은 예수 그리스도께서 십자가에서 흘리신 대속의 피를 통해 죄인들을 의롭다고 하시는데 이것은 장차 임하게 될 하나님의 심판과 연결된다. 바울은 로마서 5:9에서 "그러면 이제 우리가 그의 피로 말미암아 의롭다 하심을 받았으니 더욱 그로 말미암아 진노하심에서 구원을 받을 것이니"라고 선언한다. 예수 그리스도의 보혈을 통해 의롭다 하심을 받는 것은 최후 심판의 때에 하나님의 진노하심에서 놓임을 얻는 구원에 대한 보증이다.

이렇게 그리스도의 보혈을 통해 하나님의 의롭다 하심을 얻는 구원에서 핵심 역할을 담당하는 것은 믿음이다. 그래서 바울은 로마서 3:22에서 "곧 예수 그리스도를 믿음으로 말미암아 모든 믿는 자에게 미치는 하나님의 의니 차별이 없느니라"라고 강조한다. 여기서 바울이 말하는 '하나님의 의'(δικαιοσύνη θεοῦ)는 죄인을 의롭다고 인정하시는 의를 말한다. 하나님의 의롭다 하심은 십자가에 달리신 예수를 주와 그리스도로 믿는 자에게 주어진다. 이것이 이신칭의의 교리이다. 이신칭의는 바울 신학의 핵심일 뿐 아니라 기독교의 중추(中樞)를 형성하는 가르침으로 평가받는다. 이신칭의에서 강조하는 것이 믿음이다.

믿음은 하나님의 의롭다 하심이 믿는 자 개인에게 적용되는 수단의 역할을 한다. 2,000년 전에 있었던 예수 그리스도의 십자가를 통한 구속의 은혜는 믿음을 통해 오늘 우리에게 실효적으로 적용되어 구원의 역사를 일으킨다. 바울은 로마서 3:26에서 "이 때에 자기의 의로우심을 나타내사 자기도 의로우시며 또한 예수 믿는 자를 의롭다 하려 하심이라"라고 선포하는데, 예수 그리스도를 통해 하나님의 의로우심이 드러났으며, 하나님은 예수를 믿는 자를 의롭다 하시는 분임을 분명하게 선언하고 있다. 우리 인간은 율법이나 다른 어떤 법으로도 의롭다 하심을 얻을 수 없다. 오직 믿음을 통해서 의롭다 하심을 얻는다. 그래서 바울은 3:27-28에서 이렇게 강조한다. "그런즉 자랑할 데가 어디냐 있을 수가 없느니라 무슨 법으로냐 행위로냐 아니라 오직 믿음의 법으로니라 그러므로 사람이 의롭다 하심을 얻는 것은 율법의 행위에 있지 않고 믿음으로 되는 줄 우리가 인정하노라." 우리가 하나님 앞에 의롭다 하심을 얻는 길은 율법을 잘 지키는 행위에 있지 않다. 죄인 된 인간이 의롭다 하심을 얻는 유일한 길은 믿음이다. 십자가에 달리신 예수 그리스도를 믿는 믿음을 통해 우리는 의롭다 하심을 얻게 되고, 하나님의 구원을 얻는 자가 된다. 이렇게 십자가의 보혈로 의롭다 하심을 얻는다고 해서 우리의 죄 된 본성이 완전히 바뀌지는 않는다. 우리는 죄 된 본성을 가지고 있지만, 하나님은 우리를 의로운 자로 인정해주신다. 마르틴 루터가 잘 표현했듯이 믿는 자들은 '죄인이면서 동시에 의인'(Simul justus et peccator)인 상태로 하나님의 은혜를 누리며 살아간다. 성령은 '용서받은 죄인'인 믿는 자들과 동행하셔서 천국에 이를 때까지 인도하신다.

전통적 관점은 법정적 차원의 구원을 강조하는데 이런 관점으로 로마서를 읽을 때 로마서의 핵심은 1-5장에 있다고 생각된다. 1:18부터 3:20까지는 인간의 죄 된 현실에 대한 고발인데, 3:21부터는 인간의 죄를 대신 담당해주신 예수 그리스도를 믿는 믿음을 통해 의롭다 하심을 얻고, 최후의 심판 때에 의로운 자로 인정을 받아 하나님의 진노에서 건지심을 받는 구원의 진리가 서술되어 있다. 법정적 차원의 구원은 믿는 자 개인이 믿음을 통해 의롭다 하심을 얻게 되는 개인적 차원의 구원 역사에 초점을 둔다.

2) 새 관점적 관점: 구원의 관계적 차원

전통적 관점은 부패한 로마 가톨릭과 그 중심에 있는 교황의 권위를 비판하면서 종교개혁을 진행한 마르틴 루터의 깊은 영향 아래에서 발전했다. 루터는 바울의 가르침을 따라 오직 예수 그리스도를 믿는 믿음으로 구원받게 됨을 강조하면서, 자신이 반기를 드는 로마 가톨릭은 바울 당시의 유대교처럼 자신의 선한 행위를 통해 구원을 얻으려 한다고 비판하였다. 이런 루터의 입장을 따라 전통적인 관점에서 바라보는 유대교는 율법을 지키는 선한 행위를 통해 하나님의 구원 은총을 얻으려는 종교, 즉 '행위들을 통한 의로움'(Works-righteousness)을 추구하는 종교이다. 모세의 율법이 그 중심을 이루며 율법에 얽매인 율법주의(Legalism) 종교이다. 종교개혁 전통에 서 있는 사람들은 율법 중심적 유대교는 바울이 전한 예수 그리스도 복음을 통해 새롭게 생겨난 기독교에 의해 교체되었다고 생각했다. 한때 하나님의 선택받은 백성이던 유대인은 예수 그리스도의 복음을 거절함으로 하나님 백성의 자리를 잃게 되었고, 예수 그리스도를 구세주로 믿고 고백함으로 새로운 하나님의 백성이 된 이방인 그리스도인들에 의해 교체되었다고 생각했다.

20세기에 들어오면서 이런 전통적 관점에 의문을 제기하는 학자들이 등장하기 시작했다. 중부 아프리카에서 오랫동안 의료 선교를 펼친 공로를 인정받아 1952년 노벨평화상을 수상한 알버트 슈바이처는 이신칭의를 바울 신학의 핵심이라고 생각하는 종교개혁적 관점에 동의하지 않았다. 슈바이처는 그리스도와의 신비적 연합이 바울 신학의 핵심이며 이신칭의는 바울이 자신을 반대하던 유대주의자들과의 논쟁을 위해서 후대에 발전시킨 부수적인 신학 사상이라고 생각했다. 20세기 중반 크리스터 스텐달(Krister Stendahl)은 바울과 로마서 이해에 있어 몇 가지 중요한 제안을 한다. 첫째, 바울의 다메섹 사건은 새로운 종교로의 '개종'이 아니라 이방인 선교라는 특별한 임무를 위한 부르심, 즉 '소명'이었다고 설명한다. 둘째, 바울에게 있어 '칭의'는 '어떻게 죄인이 죄 사함을 얻는가?'에 대한 고민보다는 '어떻게 이방인들이 유대 전통의 할례나 음식법을 지키지 않으면서도 하나님의 백성으로 포함될 수 있는가?'와 더 깊이 연결되어 있다고 주장한다. 셋째, 로마서 9-11장은 1-8장에 덧붙여진 부록이 아니라 로마서의 핵심을 담고 있는 절정이라고 설명한다.[2] 이런 스텐달의 생각은 후대의 학자들에게 영향을 주어 소위 말하는 '바울에 대한 새 관점'(New perspective on Paul)이라 불리는 학풍이 형성되는 데 중요한 역할을 하였다.

새 관점의 태동에 직접적인 영향을 준 사람은 샌더스이다. 샌더스는 1977년 『바울과 팔레스타인 유대교』라는 책을 출판한다. 이 책에서 샌더스는 바울 당시의 유대교는 '율법을 잘 지킴으로써 하나님의 구원을 획득하는 종교'가 아니라 하나님의 우선적 선택하심을 입은 '은혜의 종교'였다고

2) 크리스터 스텐달/김선용·이영욱 역, 『유대인과 이방인 사이에 있는 바울』(서울: 감은사, 2021), 39-90, 176-79.

주장한다. 샌더스는 이것을 '언약적 율법주의'(Covenantal nomism)라고 불렀다. 샌더스에 따르면 하나님은 이스라엘을 선택하셨고, 이스라엘은 그 선택을 받아들였다. 이런 선택과 선택에 대한 긍정적 반응을 통해 하나님은 이스라엘과 언약적 관계를 맺게 되었다. 하나님은 이스라엘에게 율법을 주셨는데 이것은 하나님이 이스라엘을 선택하신 그 결정을 계속 유지하시겠다는 표시이다. 이스라엘은 하나님의 뜻에 순종해야 하는데 이 순종은 율법을 지키는 것으로 표현된다. 유대인들이 율법을 지키는 것은 '구원에 들어가기 위한 행위'(Getting in)가 아니라 하나님의 뜻에 순종하는 것이며, 하나님이 주도적으로 베풀어주신 '구원의 은혜에 머물러 있기 위한 수단'(Staying in)이며 동시에 하나님의 선택하심에 대한 합당한 반응이다.[3)]

바울 당시 유대교에 대한 샌더스의 연구는 학자들의 폭넓은 지지를 얻었는데, 특히 제임스 던과 톰 라이트는 샌더스의 연구를 기반으로 '바울에 대한 새 관점'을 확립하고 발전시킨 학자로 평가받는다. 제임스 던은 바울이 공격한 '율법의 행위들'(Works of the law)은 율법 전체를 가리키는 것이 아니라 유대인들이 자신의 정체성을 드러내는 표지로 삼은 할례, 음식법, 그리고 안식일 준수를 의미한다고 설명한다. 유대인들은 이런 표지를 사용해서 이방인들이 하나님의 백성에 포함되는 것을 막았는데 바울은 이런 배타적인 태도를 공격하였다고 주장한다.[4)] 라이트는 하나님이 아브라함을 통해 이스라엘과 언약을 맺으셨고 그 언약을 신실하게 이루시는 분임을 강조한다. 하나님의 언약적 신실하심은 독생자를 이 땅에 보내시고 십자가에 내어주심을 통해 가장 극적으로 드러난다. 예수 그리스도가 십자가에 달리신 것은 아버지의 뜻에 대한 전적인 순종이면서 동시에 이스라

3) E. P. Sanders, *Paul and Palestine Judaism: A Comparison of Patterns of Religion* (Minneapolis: Fortress, 1977), 75, 147-82, 420-23.

4) James D. G. Dunn, *The Theology of Paul the Apostle*(Grand Rapids, Michigan: William B. Eerdmans, 1998), 354-71.

엘을 향한 하나님의 언약적 신실하심이 드러난 사건이다. 믿는 자가 의롭다 하심을 얻는 것은 예수 그리스도를 믿는 개인의 결단과 믿음을 통해서가 아니라 예수 그리스도의 신실하심을 통해 이루어진다. 의롭다 하심을 얻는다는 것은 믿음을 통해 하나님의 새로운 언약 백성이 됨을 의미한다.[5)]

이처럼 새 관점적 관점은 하나님의 구원 역사의 관계적 측면과 공동체적 차원을 강조한다. 이런 이해에 있어 가장 중요한 개념은 하나님의 언약적 신실하심이다. 하나님은 아브라함을 통해 이스라엘과 맺으신 언약을 신실하게 이루시며, 그 신실하심의 정점이 예수 그리스도의 십자가와 부활이다. 이런 관점은 하나님의 언약적 신실하심이 성서 전체에 흐르는 메타내러티브(metanarrative)임을 깨닫게 하며, 구약성서에서의 하나님의 역사하심은 신약성서에서도 동일하게 이루어짐을 깨닫게 해준다.

새 관점적 관점이 강조하는 관계적 차원에 초점을 둔 구원은 다음과 같이 정리할 수 있다.

(1) 아담은 하나님의 명령에 불순종하는 죄를 범했고, 생명의 근원이신 하나님으로부터 멀어졌다.
(2) 아담의 불순종으로 하나님과의 관계에서 떠난 인간은 죄과 사망의 지배 아래에서 신음하게 되었고, 결국 하나님과 원수가 되었다.
(3) 아담의 후손인 이스라엘은 하나님이 맡겨주신 사명, 즉 온 세상의 빛이 되어 하나님의 구원 역사와 복을 선언함으로 온 세상이 하나님께로 돌아오게 하는 사명에 실패했다.
(4) 인간들이 아직 죄인이며 하나님의 원수로 있을 때 하나님은 독생자 예수 그리스도를 화목제물로 십자가에 내어주셨다. 그리스도의 십자가는 하나님의 언약적 신실하심이 가장 극적으로 표현된

---

5) N. T. Wright, *Paul: In Fresh Perspective*(Minneaplolis: Fortress, 2005), 108-22.

사건이다.

(5) 그리스도께서 십자가에서 화목제물이 되심으로 인간들은 하나님과 화해하게 되었고, 죄와 사망으로 인해 단절되었던 하나님과의 관계가 회복되어 온전한 하나님의 백성이 되는 은혜를 누리게 되었다.

(6) 하나님이 누구든지 그리스도 안에서 새로운 창조물이 되게 하셨기 때문에 신실하신 아들 예수 그리스도를 믿는 자는 하나님의 새로운 언약의 백성이 될 수 있다.

(7) 하나님의 새 언약의 백성이 된다는 것은 처음 인류가 에덴동산에서 경험했던 샬롬을 누리는 새 하늘과 새 땅의 백성으로 살아간다는 것이다.

이런 관계적 차원의 구원을 바울은 로마서 5장에서 자세히 설명한다. 아담의 불순종으로 인해 죄가 세상에 들어왔고 죄를 통해 사망이 세상에 오게 되었다. 아담의 후손인 인간들은 아담을 따라 죄를 지음으로 사망 아래에 이르게 되었고 사망은 그들 위에 왕으로 군림하게 되었다.(롬 5:12-14) 첫 아담의 불순종은 많은 사람을 정죄에 이르게 하였지만 둘째 아담인 그리스도의 순종은 믿는 자들이 하나님의 은혜 아래에서 의롭다 하심을 얻게 하였다.(롬 5:15-16) 바울은 아담을 통한 정죄와 그리스도를 통한 의롭다 하심을 이렇게 정리한다. "그런즉 한 범죄로 많은 사람이 정죄에 이른 것 같이 한 의로운 행위로 말미암아 많은 사람이 의롭다 하심을 받아 생명에 이르렀느니라."(롬 5:18) 아담의 불순종으로 인해 사람이 정죄를 받게 되었지만, 그리스도의 순종을 통해 많은 사람은 의롭다 하심을 얻게 되었다.(롬 5:19) 예수 그리스도 안에서 의롭다 하심을 얻어 하나님의 새 언약의 백성이 되게 하시는 분은 하나님이다. 인간의 구원은 하나님이 먼저 시작하시고 하나님이 성취하시는 사랑의 행위이다. 이 하나님의 구원 역사는 인간이 죄로 인해 하나님과 원수로 살고 있던 때에 이루어진 사건이다.

바울은 로마서 5장에서 하나님이 예수 그리스도를 통해 허락하시는 은혜의 특징을 설명한다. 이것은 존 바클레이가 주장하는 은혜의 극대화(Perfection) 중에 우선성(Priority)과 비상응성(Incongruity)에 해당한다.[6] 은혜의 우선성은 인간이 하나님께 요구하기 이전에 하나님께 먼저 은혜를 베풀어주시는 것을 말한다. 비상응성은 은혜라는 선물이 받을 사람의 자격이나 가치에 상응하지 않는다는 의미이다. 다시 말해 하나님은 받을 만한 자격이 없는 자에게도 은혜를 베풀어주시는데 이것이 비상응성이다. 하나님은 예수 그리스도를 십자가에 내어주심으로 구원을 베풀어주셨다. 바울은 우리가 "연약할 때에"(롬 5:6), "경건하지 않을 때에"(롬 5:6), "아직 죄인 되었을 때에"(롬 5:8), "곧 인간들이 하나님과 원수로 살고 있었을 때에"(롬 5:10)라고 언급함으로, 하나님의 은혜는 인간이 가진 자격이나 상태와는 상관없이 주어졌음을 강조한다. 하나님은 인간들이 은혜를 입을 만한 그 어떤 자격을 가지지 못했을 때 독생자를 십자가에 내어주셨고, 하나님의 원수인 인간들의 죄를 대신 담당하게 하셨다.

십자가에 달리신 그리스도를 통해, 특히 그분의 보혈을 통해 인간은 의롭다 하심을 받게 되었다. "그러면 이제 우리가 그의 피로 말미암아 의롭다 하심을 받았으니."(롬 5:9a) 죄인인 인간은 예수 그리스도의 피를 통해 의롭다 하심을 얻음으로 구원의 은혜를 입게 되었다. 바울은 "곧 우리가 원수 되었을 때에 그의 아들의 죽으심으로 말미암아 하나님과 화목하게 되었은즉 화목하게 된 자로서는 더욱 그의 살아나심으로 말미암아 구원을 받을 것이니라"(롬 5:10)라고 선포한다. 예수 그리스도의 십자가 죽음과 피 흘리심은 하나님의 원수로 살던 인간이 하나님과 화해하는 사건이 되었다.

---

6) John Barclay, *Paul and the Gift*(Grand Rapids, Michigan: William B. Eerdmans, 2015), 70-75.

이 화해의 결과를 바울은 이렇게 설명한다. "그뿐 아니라 이제 우리로 화목하게 하신 우리 주 예수 그리스도로 말미암아 하나님 안에서 또한 즐거워하느니라."(롬 5:11) 예수 그리스도를 통해 인간들은 하나님과 화해하게 되었고, 그 예수 그리스도 안에서 즐거워하게 되었다. '화목하다' 혹은 '화해하다'라는 뜻의 '카탈랏소'(καταλλάσσω)는 신약성서에서 여섯 번 사용되는데 모두 바울의 편지에 나타난다.(롬 5:10, 고전 7:11, 고후 5:18, 19, 20) 이것은 '화해하다'라는 단어가 바울의 신학 사상을 보여주는 특별한 단어이며, 바울은 이 단어를 사용함으로 하나님이 예수 그리스도를 통해 이루시는 구원이 무엇인지를 분명하게 보여준다. 구원은 죄로 인해 무너졌던 하나님과의 관계가 회복되고, 예수 그리스도를 통해 하나님이 새롭게 창조하시는 언약 백성의 일원이 되며, 에덴동산에서 아담과 하와가 누렸던 하나님과의 근원적 관계인 샬롬(שָׁלוֹם)을 누리는 인생이 되는 것이다.

새 관점적 관점은 하나님의 구원 역사에서 중요한 것이 하나님의 언약적 신실하심이며, 그 신실하심이 그리스도의 십자가와 부활을 통해 드러나게 되었고, 죄 아래에서 신음하는 인간들은 하나님의 신실하심에 대한 합당한 반응인 믿음을 통해 하나님과 화해되었음을 강조한다. 인간들은 십자가에서 화목제물로 드려지신 예수 그리스도를 통해 하나님과의 근원적 관계를 회복함으로 샬롬을 누리게 되었는데 이것이 구원의 은혜이다. 이런 새 관점적 입장에서 볼 때 로마서의 핵심은 이스라엘의 구원과 이방인들이 어떻게 하나님의 언약 백성이 되었는지를 설명하는 5장, 그리고 9-11장이다.

3) 종말론적 관점: 구원의 우주적 차원

바울에 대한 종말론적 관점에 영향을 준 학자는 알버트 슈바이처이다. 슈바이처는 바울의 신학이 유대 종말론의 깊은 영향 아래에 있다고 판단했으며, 예수 그리스도의 십자가와 부활을 통해 인류 역사에 대한 하나님의 종말론적 개입이 이루어졌다고 생각했다. 그 결과 믿는 자들은 그리스도와의 신비적 연합을 통해 이 종말론적 실존에 참여하게 된다고 믿었다. 예수 그리스도를 통해 이루어진 종말론적 하나님의 나라를 실존적 의미로 해석한 학자는 루돌프 불트만(Rudolf Bultmann)이다. 불트만은 루터의 종교개혁적 입장에서 바울 서신을 연구하였지만, 예수 그리스도를 통해 하나님의 종말론적 질서가 임하게 되었음을 인정하였다. 불트만은 인간을 예수 그리스도를 통해 이루어진 종말론적 질서 안에서 하나님의 초청을 경험하는 존재로 파악하고, 이 초청 앞에서 실존적 결단을 해야 한다고 생각했다. 인간의 실존적 결단은 자기 스스로 의롭다고 여기는 환상, 즉 자신이 가진 수단을 의지해 자신의 생명을 지킬 수 있다고 믿는 생각에서 벗어나 그리스도 안에서 이루시는 하나님의 종말론적 통치를 받는 존재로, 그리스도를 통해 주시는 하나님의 영원한 생명을 누리는 존재로의 변화를 가져온다고 믿었다. 불트만은 루터의 종교개혁적 관점을 발전적으로 계승한 경우로, 어떻게 개인적이며 법정적인 관점이 우주적이며 종말론적인 관점과 합쳐져서 새롭게 적용될 수 있는지를 보여준다.

바울 서신을 종말론적 관점으로 읽고 해석하는 일에 결정적인 공헌을 한 사람은 에른스트 케제만이다. 불트만의 제자인 케제만은 자신의 스승이 주장한 실존론적 바울 이해를 종말론적 이해로 발전시켰다. 케제만에 따르면 바울이 로마서 1:16에서 "이 복음은 모든 믿는 자에게 구원을 주시는 하나님의 능력이 됨이라"라고 말할 때 '복음'은 온 세상을 향한 하나님의 구원 선포를 의미한다. 이 복음은 하나님의 능력이며, 복음을 통해 하나님의 종말론적 권능은 믿는 자의 삶에 구체적으로 실현된다. 케제만은 바울에게서 '칭의'는 초대 그리스도인들이 선포한 종말론적 구원으로서의 하나님 나라에 대한 신학적 표현이며, 칭의 교리의 핵심은 '하나님 나라'라고 설명한다. 케제만에게 '하나님의 의'는 온 세상을 살리는 '하나님의 구원하는 능력'이다.[7)]

이런 케제만의 가르침을 이어받아 발전시킨 사람은 루이스 마틴이다. 마틴은 예수 그리스도의 성육신 사건을 악한 자들이 통치하는 이 세상에 대한 '거룩한 침투'라고 지칭한다. 세상이 하나님께 불순종하는 세력들의 손에 넘어갔기 때문에 하나님은 아들과 아들의 영을 보내심으로 적의 영역에 침투하셔야 했다. 아들과 아들의 영인 성령은 악한 세력들과 영적인 전쟁을 치르게 되었는데 그 결과는 이전 세상을 치료하고 수정하는 정도가 아닌 완전히 새로운 것으로 교체하는 것이었다.[8)]

마틴과 함께 종말론적 바울 이해를 발전시킨 사람은 크리스티안 베커이다. 베커는 바울 신학의 중심에 종말론적 사고가 있음을 강조하면서 다음과 같이 설명한다. (1) 유대 종말론은 바울 신학의 기본을 형성한다. (2) 유대 종말론에서 현재와 미래가 대립하듯이 현시대의 악한 세력들과 임재하는 하나님 나라의 세력들은 서로 충돌한다. (3) 바울은 그리스도의 십자가와 부활을 통해 하나님의 구원 능력이 세상에 침투했고 종말론적 새 질서를 구현하기 시작했다고 확신한다. (4) 종말론적 힘은 교회를 통해 역사하는데 믿는 자들에게 능력을 주어 이 세상의 세력과 거룩한 전투를 수행하도록 돕는다. (5) 영적 전쟁은 생명의 세력과 사망의 힘 간의 싸움이다. (6) 교회는 이 세상에 보내진 하나님 나라의 선봉대(Vanguard)로서 옛 시대를 방어하는 악한 세력들과 전투를 벌인다. (7) 이런 의미에서 교회는 '세상을 위한 존재'이면서 동시에 '세상에 대항하는 존재'라는 긴장 관계에 있다.[9)] 이런 학자들을 통해 발전해온 바울에 대한 종말론적 이해에 따르면, 성서가 말하는 구원은 법정적 차원과 관계적 차원뿐 아니라 우주적이며

---

7) Ernst Käsemann, *Commentary on Romans*, trans. Geoffrey W. Bromiley(Grand Rapids, Michigan: William B. Eerdmans, 1980), 21-32.

8) J. Louis Martyn, *Galatians*, AB 33a(New York: Doubleday, 1997), 565.

9) J. Christiaan Beker, *The Triumph of God: The Essence of Paul's Thought*, trans. Loren T. Stuckenbruck(Minneapolis: Fortress Press, 1990), 19-36.

종말론적 차원도 포괄하는 개념이다. 종말론적 관점에서 이해하는 구원은 다음과 같이 정리할 수 있다.

(1) 세상은 선과 악, 생명과 사망의 세력이 서로 충돌하고 대립하는 영적 전쟁터이다.
(2) 아담의 불순종으로 인해 죄가 세상에 들어오게 되었고, 죄로 인해 사망이 오게 되므로 아담의 후손들은 죄와 사망의 통치 아래에서 신음하게 되었다.
(3) 예수 그리스도의 성육신 사건은 하나님의 종말론적 통치의 권능이 죄와 사망이 지배하는 이 세상에 침입한 사건이다.
(4) 예수 그리스도는 공생애 사역을 통해 죄와 사망의 권세인 사탄의 하수인인 귀신을 멸하는 사역을 하셨다.
(5) 예수 그리스도의 십자가는 죄의 권세를 무너뜨린 사건이며, 부활은 사망에게 사망 선고를 내린 생명 승리의 사건이다.
(6) 예수 그리스도의 십자가와 부활은 우주적 사건이며 온 세상을 구원하는 능력이다.
(7) 바울이 전한 복음은 종말론적 구원으로서의 하나님 나라에 대한 선포이다.
(8) 선포된 복음을 믿음으로 얻게 되는 구원은 죄와 사망이 다스리는 어둠의 나라인 사탄의 왕국에서 하나님이 사랑하시는 아들 예수 그리스도가 통치하는 생명의 나라인 하나님 나라로 옮겨지는 사건이다.
(9) 우리는 하나님의 신실하신 사랑과 은혜의 결과로 하나님 나라의 백성이 되었으며, 이 땅 가운데 살고 있지만 세상의 법과 원리가 아니라 성령의 통치를 받으며 살아간다. 이는 천국에서 누릴 영원한 생명을 이 땅에서 누리며 살아가는 삶이다.

이 세상에서 예수 그리스도를 구세주로 믿고 복음을 전파하며 사는 것이 영적 싸움임을 분명하게 언급하는 곳은 에베소서 6:12이다. "우리의 씨름은 혈과 육을 상대하는 것이 아니요 통치자들과 권세들과 이 어둠의 세상 주관자들과 하늘에 있는 악의 영들을 상대함이라." 바울은 그리스도인들이 직면한 영적 현실은 혈과 육을 상대하는 것을 넘어서서 세상의 통치자들과 권세들을 상대하는 것임을 분명히 한다. 이런 세상의 권력들은 세상을 지배하는 악의 세력들과 함께 일을 하기 때문에 그리스도인들의 싸움은 영적 전투이다.

누가복음 10장에 기록된 제자들의 보고를 통해서도 복음을 전하는 일이 영적 싸움임을 알게 된다. "칠십 인이 기뻐하며 돌아와 이르되 주여 주의 이름이면 귀신들도 우리에게 항복하더이다."(눅 10:17) 이런 제자들에게 예수 그리스도는 "내가 너희에게 뱀과 전갈을 밟으며 원수의 모든 능력을 제어할 권능을 주었으니 너희를 해칠 자가 결코 없으리라"(눅 10:19)라고 말씀하면서 제자들이 영적인 전쟁을 수행하여 승리할 수 있는 권능(ἐξουσία)을 주셨다고 말씀하신다. 그 권능은 곧 죄와 사망의 권세를 무너뜨리는 능력이며, 정죄 가운데 있는 인간들을 해방시키는 능력이다. 이 권능은 예수 그리스도의 십자가와 부활을 통해 온전히 드러나게 되었으며, 예수 그리스도 안에서 또한 성령을 통해 역사하는 능력이다. 그래서 바울은 "그러므로 이제 그리스도 예수 안에 있는 자에게는 결코 정죄함이 없나니 이는 그리스도 예수 안에 있는 생명의 성령의 법이 죄와 사망의 법에서 너를 해방하였음이라"(롬 8:1-2)라고 선언할 수 있었다.

죄와 사망의 지배 아래에서 정죄받았던 인간들은 이제 그리스도 안에서 역사하는 성령을 통해 해방되었다. 죄와 사망의 권세는 그리스도의 십자가와 부활을 통해, 그리스도 안에서 역사하시는 성령에 의해 철저히 무너져내렸다. 바울은 이제는 그 힘을 결정적으로 잃어버린 사망을 조롱한다. "사망아 너의 승리가 어디 있느냐 사망아 네가 쏘는 것이 어디 있느냐 사망이 쏘는 것은 죄요 죄의 권능은 율법이라."(고전 15:55-56) 사망은 죄를 통해 역사하고, 율법을 통해 힘을 행사해왔지만 이제는 예수 그리스도의 십자가와 부활을 통해 그 능력을 상실하였다. 이것을 확신했던 바울은 "우리 주 예수 그리스도로 말미암아 우리에게 승리를 주시는 하나님께 감사하노니"(고전 15:57)라고 고백하며 하나님께 감사와 영광을 올려드린다.

이런 종말론적 구원 이해를 위한 중요한 통찰을 제공하는 곳은 골로새서 1:13-14이다. "그가 우리를 흑암의 권세에서 건져내사 그의 사랑의 아들의 나라로 옮기셨으니 그 아들 안에서 우리가 속량 곧 죄 사함을 얻었도다." 여기서 바울은 '속량'이라는 표현을 사용한다. '속량'이라고 번역된 단어는 '아폴류트로시스'(ἀπολύτρωσις)인데 신약성서에서 모두 열 번 사용된다. 개역개정판에서는 '속량'(눅 21:28, 롬 3:24, 8:23, 엡 1:7, 14, 골 1:14, 히 9:15), '구원함'(고전 1:30), '구원'(엡 4:30), 그리고 '풀려나기'(히 11:35)로 번역한다. 바울은 "그 아들 안에서 우리가 속량 곧 죄 사함을 얻었도다"라고 말한다. 그리스도의 십자가 보혈을 통한 죄 사함이 구원이라는 것은 전통적 관점에서도 강조하고 있다. 에베소서 1:7에서도 바울은 "우리는 그리스도 안에서 그의 은혜의 풍성함을 따라 그의 피로 말미암아 속량 곧 죄 사함을 받았느니라"라고 선언한다. 바울은 그리스도 안에서 하나님의 풍성한 은혜가 드러났는데 그 은혜는 예수 그리스도의 피를 통해 속량을 얻는 것이라고 설명한다. 속량이 곧 죄 사함이다.

그런데 골로새서 1:13에서 바울은 '속량'의 의미를 새롭게 정의한다. "그가 우리를 흑암의 권세에서 건져내사 그의 사랑의 아들의 나라로 옮기셨으니." 여기서 '그'는 하나님을 가리킨다. 하나님이 죄인들을 구원하셨다. 이 구원은 두 단계로 이루어진다. 첫 단계는 "우리를 흑암의 권세에서 건져내사"이다. 여기서 말하는 흑암의 권세는 에베소서 6:12에서 언급하는 "어둠의 세상 주관자들과 하늘에 있는 악의 영들"과 깊이 연결된다. 바울은 '흑암의 권세'라고 언급함으로 인간을 지배하고 다스리는 것이 통치의 힘임을 알려준다. 이런 언급은 이스라엘을 학대했던 애굽의 파라오를 떠올리게 한다. 하나님은 파라오라는 어둠의 권세로부터 이스라엘 백성들을 건져내셨다. '권세'라는 표현은 죄와 사망이 추상적인 어떤 개념이 아니라 실제로 우리 삶을 억압하는 세력임을 보여준다.

둘째 단계는 "그의 사랑의 아들의 나라로 옮기셨으니"이다. 여기서 '그의 사랑의 아들'은 하나님이 사랑하시는 아들 예수 그리스도를 가리킨다. 그 아들이 다스리는 나라로 옮기셨다고 언급한다. 다시 말해 속량은 죄와 사망의 권세로부터 우리를 건져내셔서 하나님의 아들 예수 그리스도께서 왕으로 다스리시는 하나님 나라로 옮겨주셨다는 뜻이다. 이스라엘 백성들을 애굽에서 건져내어 가나안 땅으로 들어가게 하신 것과 마찬가지이다. 파라오의 통치를 받던 백성이 하나님의 통치를 받는 백성이 되는 것이 구원이다. 이런 측면에서 구원은 통치권의 변화, 즉 주권의 전이(轉移)를 말한다. 죄와 사망의 법 아래에서 그리스도 안에 있는 생명의 성령의 법 아래로 옮겨지는 것이다. 죽음의 나라에서 생명의 나라로 옮겨지는 것이며, 죄와 사망이 왕노릇을 하던 나라에서 하나님의 아들 예수께서 왕으로 통치하는 나라의 백성이 되는 것이다.

종말론적 관점에서 이해하는 구원은 죄와 사망의 권세 아래에서 신음하던 인간이 우주적 구원 사건인 그리스도의 십자가와 부활을 통해 하나님의 나라로 옮겨지는 것이다. 하나님 나라의 백성은 성령의 통치를 받으며 성령의 열매를 맺으며(갈 5:22-23) 사는 사람들이다. 바울이 "우리의 시민권은 하늘에 있는지라"(빌 3:20)라고 선포한 것처럼 믿는 자들은 천국의 시민으로 이 땅에서 하나님 나라의 평화를 누리며, 하나님 나라를 건설하는 사명을 감당하는 사람들이다. 예수 그리스도의 복음은 인간을 포함한 모든 창조물을 구원하시는 하나님의 능력이다. 종말론적 관점은 주권의 전이와 우주적 차원의 구원을 강조하는 8장을 로마서의 핵심으로 판단한다.

천세종

2부

제1장

의인과 믿음

로마서 1:16-17

16 내가 복음을 부끄러워하지 아니하노니 이 복음은 모든 믿는 자에게 구원을 주시는 하나님
의 능력이 됨이라 먼저는 유대인에게요 그리고 헬라인에게로다 17 복음에는 하나님의 의가
나타나서 믿음으로 믿음에 이르게 하나니 기록된 바 오직 의인은 믿음으로 말미암아 살리라
함과 같으니라

본문 해설

로마서를 이해하는 데는 두 가지 관점이 있다. 옛 관점과 새 관점으로 나눌 수도 있으나, '새 관점' 논쟁이 나오기 전부터 로마서에 대한 견해는 다양했다. 이 견해들은 "특정 상황에서 나온 우연의 산물"이라는 관점과 "바울 신학의 종합 프로그램을 담은 문서"라는 관점으로 대별될 수 있다.[김창선, 『신약성경 해설』(한국성서학연구소, 2013), 230] 독일 학자들을 중심으로 분석한 김창선의 분류를 따르면 로마서의 성격과 기록 목적은 다음 여섯 가지로 나눌 수 있다.(김창선, 230-32)

첫째, 로마서는 '기독교 신학을 종합한 교리서'이다. 이것은 고전적인

견해로서 기독교 교리의 요약서와 같다는 말이다.(Melanchton)

둘째, 로마서는 로마교회의 구체적인 목회 상황과 관련된 지침을 주는 '목회적 목적'을 가지고 기록된 편지이다. 공동체 내의 갈등(예컨대 강한 자와 약한 자) 해소와 독자적으로 존재하던 가정교회들을 하나의 통일된 교회로 통합하려는 의도를 가지고 쓰인 편지라는 것이다.(F. Chr. Bauer, P. S. Minear, W. Wiefel)

셋째, 로마서는 '선교 전략적 목적'을 가진 서신이다. 스페인까지 복음을 전하고자 하는 원대한 목표를 가진 바울이 로마교회를 일종의 선교 기지로 여기고 경제적 후원이나 통역자 조달과 같은 도움을 얻기 위해 쓴 편지라는 것이다. 이러한 견해는 로마서의 진술(롬 15:23-24, 28)에 바탕을 둔 주장으로서 널리 수용되고 있다.(W. G. Kümmel, W. Schenk, E. Käsemann, J. Dunn, R. Jewett)

넷째, 로마서는 '예루살렘을 위한 변증적 목적'을 가진 서신이다. 예루살렘 방문을 목전에 둔 바울이 예루살렘과의 갈등을 염두에 두고 일종의 변증서로서 로마서를 작성했다는 것이다.(G. Bornkamm) 로마의 유대 그리스도인들로부터 지지를 얻기 위해 바울이 자신의 입장을 변호하는 차원에서 쓴 편지라고 본다. 저벨(J. Jervell)은 예루살렘을 숨겨진 내적 수신자로 여기면서 로마서를 '예루살렘을 향한 편지'라고 평가하기도 한다.

다섯째, 로마서는 '복음의 종합'이다. 로마서는 바울이 이제까지의 사역을 돌아보며 자신이 증언하는 복음의 정당성을 로마 교인들에게 제시한 서신으로서 이전 서신들에서 사용한 생각과 모티브들을 종합적으로 담아내고 있다고 이해하는 것이다.(E. Lohse)

여섯째, 로마서는 로마 교인들과 '사도적 친분 관계를 맺을 목적'으로 쓰인 편지이다. 바울이 로마 교인들로부터 이방인 사도로서의 권위를 인정받기를 바라는 마음을 가지고 있었으며(롬 1:5-6, 13-15, 15:15-16), 낯선 로마 교인들과 친분 관계를 맺어 로마교회를 스페인 선교를 위한 교두보로

활용할 선교적 전략을 가지고 로마서를 집필했다고 본다.(M. Theobald)

정확히 일치하지는 않지만, 이러한 입장들을 옛 관점과 새 관점의 차원에서 분류할 수 있다. 로마서를 '기독교 신학을 종합한 교리서'나 '복음의 종합'이라고 보는 것은 '옛 관점'의 입장이라고 평가한다면, 로마서를 그 밖의 '목회적, 선교적, 변증적 목적'을 가진 서신서로 보는 것은 '새 관점'의 맥락에 속한 입장이라 할 수 있다.

이러한 로마서의 성격과 기록 목적에 이어서 로마서의 주제에 대한 접근법을 살펴볼 수 있다. 로마서의 주제에 대한 접근법도 다음과 같이 세 가지로 요약할 수 있다.(김창선, 235-36) 첫째는 '칭의론'을 중심으로 로마서를 이해하는 것이다. 종교개혁자들이 핵심 주제로 파악했던 바와 같이 로마서는 '칭의론'를 보여주는 문서이다. 이러한 이해에 따르면 로마서 1:16-17이 로마서 전체를 요약하는 핵심 본문으로 이해되고 이를 통해 로마서는 '하나님의 의'가 무엇인가를 보여준다. 둘째는 '종말론적 신비주의'를 로마서의 핵심 가르침으로 보는 것이다. 종교사학파에 속하는 브레데는 로마서 6-8장을 중심 본문으로 보고, 그리스도와 연합된 실존(롬 6:5, 8:1)을 강조하는 바울의 종말론적 신비주의가 로마서의 핵심 주제라고 말했다. 브레데(W. Wrede)는 이 같은 분석을 통해 바울이 유대교와 유대 그리스도교 사이의 논쟁에서 로마서의 내용을 '투쟁 교훈'(Kampfeslehre)으로 사용한 것이라고 평가한다. 셋째는 '이스라엘 문제'가 로마서의 중심 주제라는 것이다. 이러한 입장에서는 로마서 9-11장을 중심 본문으로 파악한다.

이러한 접근법들은 로마서를 이해하는 방식이 다양하다는 사실을 반증한다. 그리고 어느 본문을 중심에 놓느냐가 로마서를 이해하는 데 매우 중요한 갈림길이 된다는 사실을 인식하게 한다.

이러한 사전지식을 가지고 로마서를 대할 때, 로마서 1:16-17의 내용은 어떻게 분석되고 해석될 수 있을까? 우선 로마서 가운데 이 본문이 차지하는 위치를 살펴보자. 로마서를 구조적 관점에서 조망하면 로마서의 서문(1:1-17)과 결문(15:14-16:27)이 본론(1:18-15:13)을 둘러싸고 있는 형태를 보여준다. 달리 말하면 로마서는 일상적인 편지글의 형식을 넘어 일종의 논문처럼 서론, 본론, 결론의 3단계 구성을 분명하게 보여준다는 사실이다. 본론을 다시 자세히 분석하면 본론은 크게 두 부분으로 나뉘는데 '하나님의 의'라는 주제를 신학적으로 논증하는 부분(롬 1:18-11:36)과 그리스도인의 실천 윤리에 대한 권면을 담고 있는 부분(롬 12:1-15:13)이다. 여기에서 첫 번째 부분을 다시 세분할 수 있다. 더글라스 무(D. J. Moo)는 첫 번째로 등장하는 신학적 논증 부분을 '복음'이라는 관점에서 세 부분으로 나누어 설명한다. 그는 이것을 "복음의 핵심: 이신칭의(롬 1:18-4:25)", "복음이 주는 확신: 구원의 소망(롬 5:1-8:39)", "복음에 대한 변론: 이스라엘의 문제(롬 9:1-11:36)"로 구분한다.(더글라스 무, 69-72)

이러한 분석에 따르면 로마서 1:16-17은 로마서의 서론부에 속한다. 서론부 가운데서도 가장 끝 부분에 위치한다. 더글라스 무는 이 서론부를 확대된 문안인사인 "송수신자란"(送受信者欄, prescript, 롬 1:1-7), 로마 교인들에 대한 감사와 편지의 저술 동기를 밝히는 "감사와 계기: 바울과 로마인들"(롬 1:8-15), 그리고 편제의 주제를 제시하는 "편지의 주제"(롬 1:16-17)로 세분한다. 따라서 로마서 1:16-17은 서론부에 속해 있으면서도 본론으로 들어가기 직전의 내용으로서 서론을 마무리하면서 본론을 준비하는 내용이라고 볼 수 있다.

그런데 로마서 1:16-17은 그 내용상 로마서 전체를 아우르는 중심 주제 본문이라고 말할 수도 있다. 위에서 보았듯이 특별히 로마서의 전체 주제를 '칭의론'으로 파악하는 전통적인 입장에서는 로마서 1:16-17이 로마서의 핵심 본문이 된다.(김창선, 240, 각주 158) 로마서에 대한 다른 견해가 있을 수 있으나 로마서 1:16-17이 로마서에서 매우 중요한 본문이라는 사실은 의문의 여지가 없다. 이러한 이해를 가지고 아래와 같이 설교문을 작성할 수 있다.

설교 본문

로마서 1:16-17의 내용을 분석하면 바울의 네 가지 진술과 하나의 구약 인용문으로 구성되어 있음을 알 수 있습니다.

첫 번째 진술은 "내가 복음을 부끄러워하지 아니하노니"(Οὐ γὰρ ἐπαισχύνομαι τὸ εὐαγγέλιον)입니다. 이것은 복음에 대해서 바울이 느끼는 긍지와 확신을 보여줍니다. 이러한 긍지와 확신은 바울 사역의 원천이 됩니다. 이러한 긍지와 확신이 있기 때문에 바울은 로마에 있는 성도들에게도 복음 전하기를 갈망합니다.(롬 1:15) 물론 이때 던져야 할 질문은 "복음(εὐαγγέλιον)이 무엇인가?"입니다. 도대체 여기에서 바울이 말하는 복음은 무엇입니까? 이 질문에 대한 대답은 바울이 로마서 1:2-4에서 밝힌 내용으로 대신할 수 있습니다. "이 복음은 하나님이 선지자들을 통하여 그의 아들에 관하여 성경에 미리 약속하신 것이라 그의 아들에 관하여 말하면 육신으로는 다윗의 혈통에서 나셨고 성결의 영으로는 죽은 자들 가운데서 부활하사 능력으로 하나님의 아들로 선포되셨으니 곧 우리 주 예수 그리스도시니라." 이 복음은 '하나님의 복음'(롬 1:1)이면서 동시에 '아들의 복음'(롬 1:9)입니다. 이것은 하나님이 아들을 통해 이루신 구원의 복음입니다. 다시 말하면 하나님이 모든 사람의 죄를 대속하기 위해 아들을 십자가에서 '속죄제물' 삼으셨고(롬 3:24-26), 또한 그를 죽은 자 가운데서 살리심으로 '구원의 주'가 되게 하셨습니다.(롬 1:4)

두 번째 진술은 "이 복음은 모든 믿는 자에게 구원을 주시는 하나님의 능력이 됨이라"(δύναμις γὰρ θεοῦ ἐστιν εἰς σωτηρίαν παντὶ τῷ πιστεύοντι)입니다. 이 두 번째 진술은 첫 번째 진술에 대한 이유가 됩니다. 바울이 복음에 대해서 부끄러워하지 않는 이유가 "복음이 모든 믿는 자에게 구원을 주시는 하나님의 능력"이기 때문이라는 것입니다. 이 진술에는 복음의 효력을 말하고 있을 뿐만 아니라 그러한 복음의 효력이 발생하게 하는 방법에 대해서도 말하고 있습니다. 우선 복음은 '구원'(σωτηρία)을 가능하게 하는 '하나님의 능력'(δύναμις θεοῦ)이 된다는 것입니다.

여기에서 '구원'이라는 말도 여러 가지로 이해될 수 있습니다. 가장 단순한 설명은 구원은 '죽음의 위협으로부터 구조되는 것'입니다. 이것을 신학적으로 말하면 하나님과 언약 관계에 있는 '구원의 백성'이 되는 것이며, '하나님의 자녀'가 되는 신분의 변화를 의미한다고 말할 수 있습니다. 이것을 종말론적 관점에서 보면 최후 심판에서 '의롭다고 인정받는 것'을 의미한다고 말할 수 있습니다. 또한 이것은 17절에 등장하는 '하나님의 의'라는 말과 동의어로 인식될 수 있습니다. 나중에 살펴보겠지만, '구원'과 '하나님의 의'는 동일시됩니다. 복음은 이러한 구원을 가능하게 하는 하나님의 능력이라고 바울은 말하고 있는 것입니다.

그렇다면 이러한 하나님의 능력은 어떻게 발생할까요? 그것은 '믿음'을 통해서입니다. 여기에서 다시 믿음이 무엇인지에 대한 답변이 필요합니다. 이 믿음의 의미는 17절에 인용된 하박국 2:4의 믿음 이해를 통해서 알아볼 수 있습니다. 하박국 2:4에서 '믿음'이라고 번역된 히브리 낱말 '에무나'(אֱמוּנָה)는 '견고하다', '신빙성이 있다'는 기본 의미를 가진 동사 '아만'(אמן)에서 파생된 말로서 '견고함', '확고부동함', '진실', '신실', '충성', '신뢰', '성실' 등의 의미를 나타냅니다. 이 낱말은 히브리 성서에서 49회 사용되었는데 그중 사람의 성품에 대하여 20회 사용되었습니다. 칠십인역은 이 낱말을 17회는 πίστις(믿음)로, 2회는 ἀλήθεια(진리)로 옮깁니다. 또한 이 낱말은 자주 '헤세드'(חֶסֶד)의 대응어로서 사용됩니다. 이 낱말이 하나님에 관하여 사용될 때는 약속하신 바를 이루시는 하나님의 '성실하심'이나 하나님 말씀의 '확실성'을 표현합니다. 따라서 이 낱말은 하나님의 자비(시 89:25, 92:3, 98:3, 호 2:22), 하나님의 의(삼상 26:23, 시 56:13, 143:1, 사 11:5), 또는 하나님의 구원(시 40:11)과 밀접한 관련이 있게 나타납니다.

이러한 '에무나'의 용례는 사람에게도 동일하게 적용될 수 있습니다.

따라서 '믿음'은 자신의 '신실함'을 보여주는 행동이라고 말할 수 있습니다. 이것을 복음에 적용하면 믿음이란 복음에 대해서 '흔들림 없이 굳건하게 서 있는 것'이라고 말할 수 있습니다. 아들을 통한 하나님의 복음을 받아들이고 그것이 자신에게 적용된다는 사실에 대해서 신뢰하며 확고하게 서 있는 것을 말합니다. 이러한 믿음을 보이는 주체자에 대해서는 제한이 없습니다. 모든 사람이 가능합니다. 모든 사람이 이러한 믿음을 보일 수 있습니다. 바울은 이 모든 사람에 대해서 이어지는 세 번째 진술에서 말합니다.

세 번째 진술은 "먼저는 유대인에게요 그리고 헬라인에게로다"(Ἰουδαίῳ τε πρῶτον καὶ Ἕλληνι)입니다. 이것은 믿음을 통한 구원이 제한 없이 모든 사람에게 가능하다는 사실에 대한 부연설명입니다. 그러나 여기에서 우리는 바울의 비범한 수사법을 발견합니다. "첫째는 유대인에게, 또한 헬라인에게"라고 말함으로써 복음의 '우선성'과 '보편성'을 동시에 말하고 있습니다. 유대인에게는 복음의 '우선성'이 있으며, 복음에는 이방인들까지도 포함하는 복음의 '보편성'이 있다는 사실을 보여줍니다. 이러한 복음의 우선성과 보편성은 "오직 성령이 너희에게 임하시면 너희가 권능을 받고 예루살렘과 온 유대와 사마리아와 땅 끝까지 이르러 내 증인이 되리라 하시니라"(행 1:8)라는 예수의 선교명령을 통해서도 확인할 수 있습니다.

네 번째 진술은 "그것(복음)에는 하나님의 의가 나타나서 믿음으로 믿음에 이르게 한다."(δικαιοσύνη γὰρ θεοῦ ἐν αὐτῷ ἀποκαλύπτεται ἐκ πίστεως εἰς πίστιν)입니다. 이 진술은 번역상의 모호함이 있습니다. 주문장은 "그것(복음) 안에서 하나님의 의가 계시된다."(δικαιοσύνη γὰρ θεοῦ ἐν αὐτῷ ἀποκαλύπτεται)입니다. 그런데 여기에 "믿음에서 믿음으로"(ἐκ πίστεως εἰς πίστιν)라는 부가적 표현이 덧붙어 있습니다. 이 부가어를 어떻게 이해하느냐에 따라 진술의 의미가 크게 달라질 수 있습니다. 지금까지 이 부가어를 '하나님의 의'(δικαιοσύνη θεοῦ)가 나타내는 효력으로 이해하여 두 가지 믿음을 말한다고 이해하는 경우가 많았습니다. 예컨대 아우구스티누스(Augustinus)는 '전도자의 믿음'과 '듣는 자의 믿음'을 보여준다고 설명했고, 바르트(K. Barth)는 '하나님의 신실하심'과 '개인의 믿음'을 가리킨다고 주장하기도 했습니다. 하지만 이러한 이해는 "하나님의 의가 복음 안에서 계시된다."라는 주문장의 의미와 기능을 제대로 살려내지 못합니다.

복음 안에서 하나님의 의가 계시된다는 주문장의 의미를 제대로 담아내려면, "믿음에서 믿음으로"가 하나님의 의의 효력으로 보기보다 하나님의 의가 복음 안에서 나타나게 하는 '방식'을 말한다고 이해해야 합니다. 다시 말하면 복음 안에서 하나님의 의가 나타나는 방식은 "믿음에서 믿음으로"라는 것입니다. 철두철미하게 '믿음으로'만 복음 안에서 하나님의 의가 나타날 수 있음을 말한다는 이해입니다. 이와 유사하게 더글라스 무는 이 표현이 "믿음 외에는 아무것도 없다."라는 점을 강조한다고 말하고 있고, 로제(E. Lohse)도 이 표현이 '오직 믿음으로'(sola fide)의 차원을 강조하는 바울의 수사법이라고 설명하였습니다. 따라서 이 진술은 복음에서 하나님의 의가 나타나는 방식은 '오직 믿음'이라는 사실을 보여주는 말로 이해하는 것이 바람직합니다. 이러한 이해는 17절의 내용과 부합할 뿐 아니라 로마서 전체의 맥락과도 잘 어울립니다.

그렇다면 '하나님의 의'(δικαιοσύνη θεοῦ)는 무엇입니까? 이 '하나님의 의' 개념은 로마서 해석의 방향을 결정할 만큼 중요합니다. '하나님의 의' 개념에 대한 새로운 이해 속에서 종교개혁이 시작되었고, '새 관점'의 로마서 이해가 시도되었습니다. 더글라스 무는 이러한 '하나님의 의'에 대한 이해에 세 가지 선택지가 있다고 소개합니다. 첫째, 이 표현은 '하나님의 속성'을 가리킵니다. 하지만 하나님의 속성으로 이해할 때도 두 가지 해석이 가능합니다. 그 하나는 '의'가 '하나님의 정의' 또는 '공정성'(justitia distrbutiva, '분배의 정의')을 의미한다고 보는 것이며, 다른 하나는 구약의 용례를 따라 이스라엘과 맺은 언약에 대한 하나님의 '신실성'을 말하는 것으로 이해하는 것입니다.

둘째, 이 표현은 하나님이 주신 신자의 '신분'을 가리킵니다. 이러한 이해는 루터의 '칭의론'에서 가장 잘 드러나는데 그는 여기에 사용된 '하나님의 의'라는 표현이 "하나님을 스스로 의로우시게 하는 의가 아니라 하나님에 의해 우리가 의롭다 여기심을 받게 되는 의"라고 이해합니다. 하나님이 세상을 다스리고 통치하시는 수단으로서 베푸시는 '배분적 정의'가 아니라 자기 자신의 것이 아닌 '낯선 의'(justitia aliena), 즉 믿음을 가진 죄인에게 부여되는 '하나의 새로운 지위'가 '하나님의 의'라는 해석입니다. 이것은 법정에서 무죄로 판결받는 것과 같은 법정적 의미에서의 '의로움'이라고 말할 수 있습니다.

셋째, 이 표현은 하나님의 활동을 가리킵니다. 구약의 용례를 살펴보면 특히 시편과 이사야서의 많은 곳에서 하나님의 '의'('체다카' 또는 '미쉬파트')가 '구원'과 동의어로 사용됩니다. 예컨대 이사야의 여러 용례 가운데 '체덱'은 '구원'을 말하고(사 41:10, 42:6, 21 등), 하나님의 '체다카'는 '구원 행동'을 가리킵니다.(사 46:13, 56:1 등. 복수형으로 미 6:5, 사 5:16-17. 더 나아가 렘 23:6, 33:16, 미 7:9, 슥 8:8) 또한 시편 98:2-3에서 하나님의 '의'는 보다 '구원'과 동일시되고 더 나아가 하나님의 '인애'와 '신실하심'을 드러내는 행동으로 묘사됩니다. 이러한 구약의 용법을 따른다면 '하나님의 의'는 자신의 백성을 구원하시기 위해 행하시는 하나님의 구원 행동이라고 말할 수 있습니다. 이러한 이해는 "이 복음은 모든 믿는 자에게 구원을 주시는 하나님의 능력이다."라는 두 번째 진술과 일맥상통합니다. 두 번째 진술에서 "모든 믿는 자들에게 주시는 구원"이라고 말해진 바가 네 번째 진술에서 "오직 믿음을 통해 나타나는 하나님의 의"라고 표명되고 있습니다.

하나님의 의에 대한 이러한 이해들 가운데 어느 하나만을 올바른 것이라고 말할 수 없습니다. '하나님의 의'는 위에서 소개한 세 가지 방향의 의미를 모두 포함합니다. '하나님의 의'는 분배적 정의나 신실성을 보여주는 '하나님의 성품'을 나타내는 말이기도 하며, 신자들에게 주어지는 하나님의 은혜이기도 하고, 믿는 자들에게 찾아오셔서 그들에게 보여주시는 하나님의 구원 행동을 가리키는 말이기도 합니다. 이러한 이해는 '하나님의 의'에 대한 이해를 깊어지게 합니다. 이뿐 아니라 이러한 이해는 복음이나 구원에 대한 이해를 풍성하게 만들기도 합니다.

이제 마지막으로 바울이 인용한 구약 인용문을 살펴보겠습니다. 이 인용문은 이미 잘 알고 있듯이 하박국(2:4 하반절)에서 가져온 말씀입니다. 좀 더 면밀하게 고찰하기 위해 여러 가지 본문을 비교해 봐야 합니다. 이 본문이 헬라어 번역본이나 바울 서신에서 어떻게 번역되거나 인용되고 있는지 살펴보겠습니다.

본문	내용	번역
MT	וְצַדִּיק בֶּאֱמוּנָתוֹ יִחְיֶה׃	그러나 의인은 '그의 믿음'(신실함)으로 살 것이다.
LXX	ὁ δὲ δίκαιος ἐκ πίστεώς μου ζήσεται	그러나 의인은 '나의 믿음'(신실함)으로 살 것이다.
아퀼라	δίκαιος ἐν πίστει αὐοῦ ζήσεται	의인은 '그의 믿음(신실함) 안에서' 살 것이다.
심마쿠스	δίκαιος τῆ ἑαυτοῦ πίστει ζήσεται	의인은 '자기 자신의 믿음(신실함)으로' 살 것이다.
롬 1:17, 갈 3:11	ὁ δὲ δίκαιος ἐκ πίστεως ζήσεται	그러나 의인은 '믿음(신실함)으로' 살 것이다.

하박국 2:4 하반절은 "그러나 의인은 그의 믿음(신실함)으로 살 것이다/산다"로 번역할 수 있습니다. 이때 '그의 믿음(신실함)'(אֱמוּנָתוֹ)은 두 가지로 이해될 수 있습니다. '그'를 누구로 인식하느냐에 따라 '의인'의 '믿음(신실함)'을 뜻할 수도 있고, '하나님'의 '믿음(신실함)'을 의미할 수도 있습니다. 그러니까 의인이 죽임당하지 않고 살게 되는 것은 의인 자신의 믿음

(신실함) 때문일 수도 있고, 하나님의 믿음(신실함) 때문이라고 말할 수도 있다는 것입니다.

이러한 해석의 가능성이 열려 있는 본문이 칠십인역이나 다른 헬라어 교정본에서 다양하게 이해되고 있음을 보게 됩니다. 마소라 본문에서의 '그의'가 칠십인역에서는 '나의'로 바뀌고, 아퀼라 역본에서는 '그의'이지만 '안에서'라는 전치사가 추가되었고, 심마쿠스 역본에서는 '자기 자신의'라고 번역되어 있습니다. 특별히 칠십인역의 이해에 따르면 의인은 '자신의' 믿음(신실함)이 아니라 '하나님의' 믿음(신실함)으로 삽니다. 그런데 흥미롭게도 바울은 이러한 하박국 2:4를 인용하면서 '믿음(신실함)'에 부가되어 있는 인칭대명사를 생략하여(롬 1:17, 갈 3:11) 두 가지 해석의 가능성을 열어놓게 합니다. '믿음(신실함)'의 주체를 사람으로 볼 수도 있고 하나님으로도 볼 수 있게 만들고 있습니다. 마치 마소라 본문과 여러 헬라어 역본의 차이를 알고 있기나 한 듯이 말입니다. 이러한 의미를 가진 하박국 2:4에 대한 인용이라는 사실을 알면 로마서 1:17에 대한 해석이 좀 더 풍성해지고 명확해질 수 있습니다. 이렇게 이해된 1:17의 의미를 다음 세 가지로 요약할 수 있습니다.

첫째, 복음 안에서 믿음으로 나타나는 '하나님의 의'가 무엇인지 좀 더 분명해집니다. '하나님의 의'란 믿는 자에게 하나님이 보여주시는 자신의 '신실함'이라는 사실입니다. 이러한 하나님의 신실함은 구원 행동으로 나타납니다. 그러므로 1:17에서 말하는 '하나님의 의'는 우선적으로 자신의 신실함을 보여주시는 구원 행동으로 이해할 수 있습니다. 그 결과로 신자들은 '하나님의 의'를 전가받습니다.

둘째, 하나님의 의가 나타나게 하는 신자의 '믿음'이 무엇인지에 대한 이해도 분명히 할 수 있습니다. 그것은 신자가 하나님께 보일 수 있는 '신실함'이라는 사실입니다. 이것은 믿음이란 단순히 지적인 행동에 머물러 있지 않다는 사실을 명확히 보여줍니다. 복음을 통해 자신의 사랑과 신실하심을 보여주시는 하나님을 신뢰하면서 흔들림 없이 그분의 뜻을 따르는 순종의 삶을 보여주어야 참된 '믿음'이라고 말할 수 있다는 것입니다.

셋째, 하박국 2:4에서 '그의 믿음(신실함)'의 주체를 하나님으로 이해한다면, 이 모든 구원 사건에는 하나님의 신실함이 작동하고 있음을 알 수 있습니다. 신자가 갖게 되는 '믿음(신실함)'조차 하나님의 신실함에 기초하고 있다는 사실입니다. 하나님의 은혜를 깨닫고 구원의 삶을 살게 되는 모든 삶의 과정이 하나님의 '신실함'에 의해서 시작되고 완성된다는 사실입니다.

이러한 본문 이해를 통해 '의인'과 '믿음'이 무엇을 의미하는지 그리고 '의인'과 '믿음'의 관계가 어떠한지가 분명해졌기를 소망합니다.

하경택

제2장

자연신학의 가능성

로마서 1:18-23

18 하나님의 진노가 불의로 진리를 막는 사람들의 모든 경건하지 않음과 불의에 대하여 하늘
로부터 나타나나니 19 이는 하나님을 알 만한 것이 그들 속에 보임이라 하나님께서 이를 그
들에게 보이셨느니라 20 창세로부터 그의 보이지 아니하는 것들 곧 그의 영원하신 능력과 신
성이 그가 만드신 만물에 분명히 보여 알려졌나니 그러므로 그들이 핑계하지 못할지니라
21 하나님을 알되 하나님을 영화롭게도 아니하며 감사하지도 아니하고 오히려 그 생각이 허
망하여지며 미련한 마음이 어두워졌나니 22 스스로 지혜 있다 하나 어리석게 되어 23 썩어지
지 아니하는 하나님의 영광을 썩어질 사람과 새와 짐승과 기어다니는 동물 모양의 우상으로
바꾸었느니라

본문 해설: 옛 관점과 새 관점

로마서 1:18-23은 1:18-3:20의 큰 흐름 안에 위치하고 있다. 1:17과 3:21에 "이제는 율법 외에 하나님의 한 의가 나타났으니"라는 표현이 겹쳐 나타나고, 그 사이에 있는 1:18-3:20은 하나의 독립된 단락을 이룬다.(더글라스 무) 이 단락에서 바울은 복음이 어떻게 모든 믿는 사람에게 하나님이 구원

하시는 능력이 되는지를 논증한다. 하나님의 진노가 모든 경건하지 않음과 불의에 대하여 나타나고(롬 1:18), 모든 사람이 죄를 지어 하나님의 영광에 이르지 못하는 것(롬 2:20)으로 밝혀졌기 때문이라는 것이다. 이러한 점에서 1:18 이하의 단락은 1:16-17에서 말하는 복음의 능력이 가지고 있는 의미를 풀어서 설명한다.(톰 라이트)

무(Moo)는 이 단락에서 1:18-32가 이방인을 대상으로 하고, 2:1-3:8은 주로 유대인에 관심을 기울인다고 본다. 이에 대한 근거로 이방인이 행하는 우상숭배를 비웃고 우상숭배의 근원을 이방인 세계에서 볼 수 있는 도덕적인 죄에서 찾던 유대교의 호교론을 연상시키며, 하나님에 관한 지식이 오로지 자연계시를 통해서 얻어진다는 바울의 진술에서 찾는다. 하지만 무는 "그러므로 이 단원은 사실상 주로 이방인을 겨냥한 1:18-32와, 유대인에 치중한 2:1-3:8로 크게 양분될 수 있다."(147쪽)라고 말하는 동시에, "우리가 주장했듯이 1:18-32가 이방인들에게 초점을 맞추고 있다고 말하는 것은 그다지 정확하지는 않다. 이 단락은 오히려 자연계시에 비추어 모든 인간을 다룬다."(194쪽)라고도 말하는데, 두 진술이 충돌하는 것으로 보여 더 분명한 언급이 필요하다. 하나님을 알 만한 것이 사람에게 나타났다는 19절의 진술은 일종의 자연계시를 언급하는 것으로 보아 일반적으로 이방인이 대상이라고 볼 수 있지만, 복음의 능력을 믿지 않는 유대인도 포함한다고 볼 수 있는 여지도 있다.

이 글에서 다루는 1:18-23에서 바울은 하나님의 진노가 나타남을 예고하고 그 진노가 왜 정당한지 설명하는데, 이는 사람들이 경건하지 않고 불의한 행동을 하여 진리를 막기 때문이다. 이어지는 둘째 부분(롬 1:24-31)은 사람들이 하나님의 진리를 어떻게 막았는지를 보다 구체적으로 기술하며, 셋째 부분(롬 1:32)은 결론을 맺는 법정 기소의 흐름으로 이어진다.

18절은 우리말 성서에 번역되어 있지 않은 그리스어 접속사 '왜냐하면'(γὰρ)으로 시작하여 17절의 근거를 제시하는데, 하나님의 의가 나타나는 것(롬 1:17)과 하나님의 진노가 나타나는 것(롬 1:18)은 모두 복음이라는 동전의 다른 한 측면이다. 하나님의 진노와 심판은 복음의 일부로 생각할 수 있다. 구약의 하나님은 진노와 심판과 질투의 하나님이요, 신약의 하나님은 사랑과 은혜와 용서의 하나님으로 여겨 구약성서를 폐기할 것을 주장한 기원후 1세기의 마르시온(Marcion)은 이 구절에 있는 '하나님의'를 삭제한다.(케제만) 그가 보기에 '진노'는 '하나님'과 양립 가능한 것이 아니기 때문이다. 하지만 진노는 의의 구성요소이거나, 의와 진노는 하나님이 종말론적으로 이 땅에 개입하시는 모습의 양면을 이룬다. 진노는 하나님의 인격의 한 측면이며 하나님의 진노를 하나님께 불순종한 백성에 대해 하나님이 행하시는 심판의 근거로 삼는 구약의 본문을 볼 때 분명하다.

무는 하나님의 진노가 하늘로부터 나타난다는 것은 진노의 광범위함을 의미심장하게 암시한다고 해석한다. 이와 달리 케제만은 '하늘로부터' 나타나는 '진노' 사이에 있는 대립은 묵시문학적인 관념이 바울에게도 확고해졌음을 입증한다고 보는데, 이러한 해석이 바울 당시의 세계관을 더 정확하게 반영하는 것으로 보인다. 진노가 나타난다고 할 때 '나타나다'에 해당하는 그리스어 '아포칼륍토'(ἀποκαλύπτω)도 이를 지지한다.

다른 한편 하나님의 진노의 대상을 '경건하지 않음'과 '불의'로 명시하는데, 일부 학자들은 이러한 표현이 각각 종교적인 죄와 윤리적인 죄를 가리킨다고 주장하기도 하지만 이러한 구별이 일반적으로 유지되지는 않는다. 케제만은 이러한 두 표현을 일종의 동의어로서 이사일의어(hendiadys)로 본다. 분명한 사실은 이 구절에 두 번 나타나는 '불의'(ἀδικία, 아디키아)는 단순히 일반적인 악이 아닌 불의, 곧 세상의 어그러진 상태를 보여주는 중요한 증상을 의미하는데, 이 인간의 불의는 앞 구절에 나오는 하나님의 '의'(δικαιοσύνη, 디카이오쉬네)와 뚜렷한 대조를 이룬다는 점이다.(톰 라이트) 사람에게 하나님의 진노가 임하는 것은 하나님에 대해 피조물이 가지고 있는 의존적인 관계인 믿음에 대항하여 사람이 타락했음을 보여준다.(케제만) 근본적인 문제는 그릇된 행동이 아니라 그릇된 사고방식이다.(톰라이트)

19절에서 바울은 "하나님을 알 만한 것이 그들 속에 보임이라"라고 언급하는데, 이것은 사람이 자기의 내면과 창조 세계를 볼 때 어떤 수준에서건 20절에 언급되는 창조주의 능력과 신성을 깨닫게 된다는 사실을 말한다. 바울은 헬라적인 유대 지혜 신학과 같은 강력한 흐름과 분명히 교류하고 있는 것으로 보인다.(케제만) 그런데 문제는 이 지식이 지식을 소유한 사람을 구원하는 것이 아니라 단지 죄인으로 만들 뿐이라는 점인데, 바울은 이러한 자연신학의 가능성과 한계를 20절 이하에서 언급한다.

자연신학이 일부 가능한 것은 하나님이 우주 만물을 창조하신 때부터 하나님의 보이지 않는 속성인 하나님의 영원하신 능력과 신성이 만물에 밝히 보였기 때문에 사람이 어느 누구도 핑계를 대지 못한다고 바울은 논증한다. 앞에서도 언급했듯이 무는 바울이 이러한 언급을 주로 이방인을 대상으로 발언하여 복음의 능력과 상관없는 구원의 가능성을 잠정적으로 논증하기 위한 것으로 본다. 하지만 이러한 자연계시를 통한 자연신학의 가능성은 복음이라는 특별계시를 경험하지 않는 유대인에게도 해당한다고 볼 수 있다. '하나님의 불가시성', '영원하신 능력', '신성'이라는 어법은 헬레니즘적 통속철학에서 유래한 것으로 자연신학에 대하여 말해야 하며, 말할 수 있다.(케제만) 여기에서 무는 보이지 않는 하나님의 특성인 능력과 신성이 만물에 보여 알게 된다는 표현은, 모순되는 것을 주장하여 수사적 효과를 올리려는 모순어법이라는 문학 장치로 본다. 자연계시가 구원으로 이어지는 것이 아니라 하나님의 유죄 선고가 정당하여 사람들이 핑계하지 못할 것이라는 증명으로 이어진다는 점을 깨닫는 것이 중요하다고 주장한다.

바울은 자연계시를 통한 자연신학의 한계를 21절에서 명시한다. 창조 세계에 나타난 하나님의 자기 계시를 알아본 사람이 보여야 할 합당한 응답은 경배와 감사이다. 그런데 사람의 생각이 허망하여지며 미련한 마음이 어두워졌다고 바울은 강조한다. 미련한 마음이 어두워졌다고 할 때 신약에서 '마음'(καρδία, 카르디아)은 하나님에 대한 책임에 관해서 사람의 생각하고 느끼고 갈망하는 자아를 가리킨다.(무) 허황됨은 그 자체의 피조성을 부정하고 거기서 벗어나려고 하는, 하나님의 진노로 말미암아 방기된 세상의 특징이다.(케제만)

무는 사람들이 자연계시를 통해 하나님을 알고 있다는 바울의 주장은 뜻밖이라고 언급하지만, 그의 발언을 자연스럽게 보는 것이 낫다. 고린도전서 1:21에서 바울이 "하나님의 지혜에 있어서는 이 세상이 자기 지혜로 하나님을 알지 못하므로"라고 언급하고 있기 때문이다. 고대 그리스 사상에서 '하나님을 아는 것'이 하나님을 실제 있는 것으로 인식했다면, 히브리 사상에서는 적절한 예배와 순종 속에서 표현된 적극적인 인식, 곧 인정하는 것으로서의 지식이라는 강력한 의미를 담고 있다. 사람이 하나님의 선물로서 경험되지 않는 곳에는 실재와 교감하지 못하고 무의미하게 된다. 하나님에 관한 합당한 인식에서 오는 조명과 작용이 없다면, 사람의 전체적인 중심은 방향을 잃고 본질적으로 아주 사소한 일에 시간을 탕진하며, 어둠에서 헤매게 된다.(케제만)

바울은 22-23절에서 사람들이 스스로 지혜롭다고 생각하지만 어리석게 되어 썩어지지 아니할 하나님의 영광을 썩어 없어질 사람과 짐승의 우상으로 바꾸어놓았다고 말한다. 결론적으로 그는 자연계시를 통한 자연신학의 한계를 명시한다. 하나님의 영광과 우상을 동시에 언급하는 이 구절은 로마서 연구가들에게 많은 논쟁의 대상이 되었다. 먼저 무는 창조에 대한 언급은 바울이 아담 안에 있는 인류의 타락상을 묘사하고 있다고 생각할 수 있지만, "(바울이) 인류의 타락과 이스라엘의 타락 모두를 가리키는 언어를 사용하여 모든 사람이 하나님에 관한 지식에 먹칠하여 자기 멋대로의 신을 만드는 무서운 경향을 기술하고 있을 가능성이 더 크다."라고 분석한다. 이에 대해 케제만은, '우상'은 사람이 하나님의 형상을 지녔다고 하는 창세기 1:26의 말을 상기시킨다고 보는 견해는 만족스럽지 못하고, 19절 이하를 전적으로 아담과 결부시키는 것도 자의적인 해석이라고 해석한다. 제임스 던은 시내산에서 금송아지 우상숭배를 염두에 두고 있다는 것이 여기서 이끌어낸 결론을 약화시키지 않으며, 우상숭배는 인간의 타락을 최우선으로 보여준다고 해석한다. 우상은 단지 돌과 나무를 깎아 만든 대상이 아니라 사람이 하나님과 같은 위치나 하나님보다 더 높은 위치에 놓는 생각이나 사람이나 대상으로, 그 무엇이든 다 우상에 해당한다. 사람은 불가피하게 자기가 헌신하는 존재를 닮게 되어 있다.(폴 악트마이어) 사람이 하나님을 인식하는 것은 이성과 지성으로 완성되지 않고 복음의 능력과 믿음을 전제로 한다.

설교 본문: 하나님을 알 만한 것

유대인으로서 바울은 자신의 출생과 이력을 자랑스럽게 여기는 사람이었습니다. 율법에 따라 8일 만에 할례를 받았고, 초대 임금 사울을 낳은 베냐민 지파 출신이며, 구별되었다는 뜻을 가진 바리새파에 속하여 율법의 의로는 흠잡을 데 없는 사람이라고 자신을 자랑했습니다. 그러던 그가 예수를 그리스도로 영접하면서 이전에 가지고 있던 모든 것을 배설물로 여기게 됩니다.(빌 3:4-8) 사람이 하나님께 구원을 받는 것은 율법을 행함으로 가능한 것이 아니라 복음의 능력으로 가능하다는 사실을 깨닫게 됩니다. 바울은 로마서 1:16-17에서 유대인과 이방인을 구원하는 능력이 있는 복음에 대해 논하고, 구원에서 믿음이 하는 역할을 강조한 뒤에 이제 피조 세계에 나타난 하나님의 능력과 신성, 또한 사람이 그에 대해 가지고 있는 인식 가능성과 그것을 통한 구원의 가능성에 대해 로마의 교인들에게 말합니다. 다시 말해 자연신학의 가능성에 대해 논합니다.

바울은 하나님의 진노가 불의로 진리로 막는 사람의 불경건함과 불의에 대해 하늘로부터 나타난다고 말합니다. 기원후 1세기 영지주의 이단인 마르시온은 구약의 하나님은 심판과 진노와 질투의 하나님이고, 신약의 하나님은 구원과 은혜와 사랑의 하나님이라고 주장하면서 구약을 폐기해야 한다고 말했습니다. 그러면서 로마서 1:18에 나오는 '하나님의 진노'라는 표현에서 '하나님의'를 지우기도 합니다. 하나님께 진노는 어울리지 않는 속성이기 때문입니다. 이러한 주장은 고대로부터 지금까지 꾸준하게 있어 온 것으로 20세기 초 신학자 하르낙(A. von Harnack)도 이러한 입장에 서 있습니다. 하지만 바울은 진리를 거스르는 사람에게 하나님의 진노가 나타난다고 분명하게 말합니다. 하나님의 진노는 심판을 위한 진노가 아니라 사람을 변화시켜 하나님께로 돌아오게 하는 교육의 차원을 가지고 있습니다. 이러한 면에서 하나님의 진노 역시 복음의 일부에 해당하고, 따라서 마르시온과 하르낙의 주장은 그릇된 주장입니다. 이처럼 종교적인 죄와 윤리적인 죄를 포괄하는 불경건하고 불의한 사람에게 하나님의 진노가 내리는 것이 바로 복음의 필요성을 알려줍니다.

바울은 사람의 자체 능력으로 구원을 얻을 수 있는지의 문제를 다루기 위해 이른바 자연신학에 대해 논합니다. 이러한 논증이 필요한 것은, 만약 사람이 자기 힘으로 구원을 이룰 수 없다면, 오직 하나님의 은혜가 있어야만 구원이 가능하다는 사실을 말해주기 때문입니다. 바울이 당시 이방인을 대상으로 편지를 쓸 때, 전통적으로 하나님을 자연스럽게 받아들일 기회가 없는 사람들에게 이러한 신학 논쟁은 불가피한 것이었습니다. 하나님이 세상을 창조하실 때 기본적으로 자신의 능력과 신성을 만물에 드러내셨기 때문에 사람이 만물을 통하여 하나님을 알 수 있다고 바울은 말합니다. 이것은 특별히 구약성서의 지혜 문학과 헬라적인 유대 지혜 사상에 나오는 내용으로 하나님은 지혜로 천지 만물을 지으셨고, 따라서 하나님이 지으신 세계를 연구하면 하나님의 창조 질서를 밝혀낼 수 있다는 신념을 낳게 되었습니다. 철학자 화이트헤드(A. N. Whitehead)가 『과학과 근대 세계』에서 '천재의 세기'로 부르는 17세기의 과학자들이 가지고 있는 신념이기도 합니다. 인간의 이성으로 자연을 탐구하면 신의 창조 질서를 알게 되고, 그리하면 마치 이 땅에 낙원을 이룰 수 있을 것만 같은 유토피아적 환상을 당시 많은 과학자가 가지고 있었습니다. 구약성서의 지혜 문학과 외경인 솔로몬의 지혜서 등에서는 만물에 깃든 하나님의 창조를 찬양하고, 그에 비해 하나님의 구원의 역사가 덜 비중 있게 다루어지고 있습니다. 그래서 머피(N. Murphy)라는 학자는 구약의 지혜 문학을 구약성서의 고아로 부를 정도입니다. 당시 구속사가 성서해석의 중심 주제인 시대에 지혜 문학은 하나님의 구원을 말하지 않고 하나님의 창조를 말하기 때문입니다.

하나님이 피조 세계에 자신의 신성을 부여해주셨기 때문에, 사람이 어느 정도의 수준이든 피조 세계를 보면 하나님의 신비를 깨달을 수 있습니다. 매일 뜨는 해와 달, 반짝이는 별, 가을이 되면 무르익는 곡식, 들에 핀 꽃, 지저귀는 새, 산과 강과 바다에서 하나님의 손길과 섭리를 발견할 수 있습니다. 자연과 생명의 신비가 곧 하나님의 신비를 드러냅니다. 사람이 행하는 학문과 연구와 노동을 통하여 하나님을 알아갈 수 있습니다. 이러한 점에서 특별계시가 아닌 자연계시를 통해서도 하나님의 신비를 어느 정도 알 수 있습니다. 자연과학을 비롯한 여러 학문 활동을 통하여 하나님의 뜻을 알 수 있는 근거가 됩니다. 하지만 문제는 타락한 인간이 자연에 관한 연구를 통하여 하나님을 아는 지식으로 나아가는 것이 아니라 오히려 자연을 파괴하고 이른바 만물의 영장이라는 말로 하나님의 자리를 차지하게 된 점에 있습니다. 비록 성서에 대한 무지에서 비롯한 주장이지만, 역사학자 린 화이트(L. White)는 현대 생태계 파괴의 주범이 땅을 정복하라는 창세기에 있다고까지 말할 지경에 이르렀습니다. 오늘날 벌어지고 있는 생태계 파괴나 끊임없이 변종이 나타나는 전염병은 사람이 스스로 제어하지 못하는 탐욕에서 말미암은 것으로 바로 인간의 교만함을 드러내는 단적인 예입니다. 사람은 자신을 지혜롭다고 여기지만 어리석어서 썩지 않을 하나님의 영광을 높이지 않고, 썩어 없어질 사람이나 짐승을 우상으로 섬기게 되었습니다.

사람이 하나님을 알게 되면 자연히 하나님에 대한 찬양과 경배와 감사로 이어지게 되어 있습니다. 하지만 타락한 인간의 생각이 허망하고 미련한 마음이 어두워져 하나님이 아닌 것을 하나님으로 섬기게 됩니다. 여기에서 허망한 것은 사람이 자기의 피조성을 부정하고 거기서 벗어나려고 하여 하나님의 진노로 말미암아 내버려진 세상의 특징입니다. 그래서 바울은 고린도전서 1:21에서는 "하나님의 지혜에 있어서는 이 세상이 자기 지혜로 하나님을 알지 못하므로"라고 말하고 있습니다. 구약의 지혜 문학이 말하고 있듯이 지혜의 근원은 하나님을 경외하는 것입니다.(잠 1:7 등) 하나님을 경외하지 않는 사람의 지혜로는 하나님을 알 수 없습니다.

사람이 타락하여 하나님을 알지 못했다고 말하는 바울의 언급에는 뱀의 유혹에 넘어가 타락하게 된 아담이 암시되어 있기도 하고, 십계명을 받기 위해 시내산에 올라간 모세를 더는 기다리지 못해 아론과 백성이 금송아지 우상을 만들고 신으로 경배한 사건을 내포하고 있다고도 볼 수 있습니다. 하나님이 만드신 첫 사람 아담과 하와를 유혹한 존재는 하나님이 지으신 짐승 가운데 가장 간교한 짐승입니다.(창 3:1) 여기에서 '간교하다'에 해당하는 히브리어는 '지혜롭다'는 뜻도 가지고 있어, 예수께서 "뱀같이 지혜롭고 비둘기같이 순결하라"라고 하실 때(마 10:16) 그리스어로 번역된 낱말이기도 합니다. 또한 모세와 함께 이스라엘 백성을 이집트에서 이끌고 나온 아론은 믿음의 눈이 어두워져 백성에게 금을 모아 금송아지를 만들고 "이는 너희를 애굽 땅에서 인도하여 낸 너희 신이라"라고 외칩니다.(출 32:8) 사람이 하나님에 대한 바른 믿음을 상실하면 그 종착점은 결국 유혹에 굴복한 타락과 자기의 욕망을 채우는 우상숭배에 다다르게 됩니다.

우리는 본문에서 몇 가지 신앙의 가르침을 생각해볼 수 있습니다. 첫째로, 우주 만물을 지으신 하나님은 자신이 만드신 세상에 능력과 신성을 두셨다는 사실입니다. 시편 19:1은 "하늘이 하나님의 영광을 선포하고 궁창이 그의 손으로 하신 일을 나타내는도다"라고 노래합니다. 그래서 사람이 원하기만 하면 자연에서 하나님을 발견할 수 있습니다. 세상 곳곳에 하나님의 섬세하신 사랑과 은총과 자비와 신비가 숨겨져 있습니다. 하나님의 신비를 발견한 사람들은 하나님을 찬양하게 됩니다. 하나님 앞에서 겸손하게 무릎을 꿇게 됩니다.

하지만 하나님을 알아가는 과정에서 성령 하나님의 조명이 간섭하지 않으면 하나님을 섬기지 않고 하나님이 만드신 피조 세계를 신으로 섬기게 되는 어리석음을 범하게 됩니다. 이것이 본문에서 얻을 수 있는 둘째 가르침입니다. 사람이 사물이나 사람을 관찰하여 하나님의 질서를 뽑아내려고 한 대상이 섬김의 대상이 된 것입니다. 우상은 단지 나무나 돌을 깎아 신의 형상을 대체한 물건만을 가리키지 않습니다. 사람이 하나님과 같은 위치에 놓은 사물이나 생각, 하나님보다 더 위에 놓는 그 무엇이 다 우상입니다. 사람은 하나님의 형상에 따라 지어졌고, 삶을 다하는 날까지 하나님의 자녀로 하나님을 닮아가야 하고 예수의 제자로 그리스도를 닮아가야 하는 존재입니다. 하지만 하나님을 버리고 우상을 섬기게 되었으니, 사람은 자신이 만든 우상을 닮아가게 되었습니다. 돈을 사랑하니 탐욕을 낳는 돈을 따라가게 되고, 명예를 사랑하니 자기 이름을 높이는 사람을 닮아가게 되었습니다.

바울이 이러한 일종의 자연신학을 논한 분명한 이유와 목적이 있습니다. 그것은 원론적으로 자연계시의 가능성을 인정하여 모든 사람이 하나님을 알 수 있다면, 로마에 있는 이방인들도 특별계시 없이 하나님을 알 수 있을 가능성이 남아 있기 때문입니다. 하지만 바울은 인간의 타락한 이성으로는 자연신학의 본래의 목적인 하나님에 대한 경배와 찬양과 감사에 이르지 못한다는 사실을 보여줍니다. 이것이 본문에서 얻을 수 있는 신앙의 셋째 가르침입니다. 사람이 자신의 객관적인 학문과 연구로 하나님을 아는 지식과 구원에 이르지 못하기 때문에, 유대인과 이방인을 구원하는 복음의 능력을 받아들여야 하는 이유를 알게 됩니다. 하나님이 행하시는 구원의 차원은 사람의 지정의의 차원을 포괄합니다.

철학자 파스칼(B. Pascal)은 자신이 믿는 하나님은 철학자와 과학자의 하나님이 아니라 아브라함과 이삭과 야곱의 하나님이라고 말했습니다. 헤겔(G. W. F. Hegel) 같은 철학자가 변증법의 과정을 통하여 다다르게 된 절대 이성의 존재로서의 신이 아니라 인격적인 하나님임을 말하기 위함입니다. 하지만 정확히 말해 이스라엘의 하나님은 철학자와 과학자의 하나님이신 동시에, 아브라함과 이삭과 야곱의 하나님입니다. 철학자와 과학자가 그들이 발견한 하나님을 통하여 찬양과 감사의 고백으로 나아간다는 전제 아래에서 말입니다. 하지만 교만한 인간에게 그리 큰 가능성과 희망을 찾을 수 있을지 의문입니다. 오늘날처럼 이상 기후와 생태계 파괴라는 상황에서 과학자와 철학자가 하나님을 바르게 인식해야 할 필요성을 절대적으로 느끼게 됩니다.

어두운 이 시대에 복음의 능력을 통하여 은혜와 사랑으로 죄인을 구원해주시는 하나님의 절대주권이 절대적으로 필요합니다. 무엇보다 사람과 피조 세계를 살리는 예수 그리스도의 복음의 능력을 믿고 신뢰하며 살 때, 세상에서 희망을 발견할 수 있습니다. 이 땅의 모든 그리스도인이 하나님을 바르게 알고, 믿음과 은혜로 구원을 받아, 절망 가운데 빠져 있는 세상을 구원하는 하나님의 일꾼으로 쓰임받기를 기대합니다.

김선종

제3장

더 좋은 사람이 되고 싶은 이유

로마서 1:1-7, 16-17, 28-32

1 예수 그리스도의 종 바울은 사도로 부르심을 받아 하나님의 복음을 위하여 택정함을 입었
으니 2 이 복음은 하나님이 선지자들을 통하여 그의 아들에 관하여 성경에 미리 약속하신 것
이라 3 그의 아들에 관하여 말하면 육신으로는 다윗의 혈통에서 나셨고 4 성결의 영으로는
죽은 자들 가운데서 부활하사 능력으로 하나님의 아들로 선포되셨으니 곧 우리 주 예수 그
리스도시니라 5 그로 말미암아 우리가 은혜와 사도의 직분을 받아 그의 이름을 위하여 모든
이방인 중에서 믿어 순종하게 하나니 6 너희도 그들 중에서 예수 그리스도의 것으로 부르심
을 받은 자니라 7 로마에서 하나님의 사랑하심을 받고 성도로 부르심을 받은 모든 자에게 하
나님 우리 아버지와 주 예수 그리스도로부터 은혜와 평강이 있기를 원하노라 … 16 내가 복
음을 부끄러워하지 아니하노니 이 복음은 모든 믿는 자에게 구원을 주시는 하나님의 능력이
됨이라 먼저는 유대인에게요 그리고 헬라인에게로다 17 복음에는 하나님의 의가 나타나서
믿음으로 믿음에 이르게 하나니 기록된 바 오직 의인은 믿음으로 말미암아 살리라 함과 같
으니라 … 28 또한 그들이 마음에 하나님 두기를 싫어하매 하나님께서 그들을 그 상실한 마
음대로 내버려 두사 합당하지 못한 일을 하게 하셨으니 29 곧 모든 불의, 추악, 탐욕, 악의가
가득한 자요 시기, 살인, 분쟁, 사기, 악독이 가득한 자요 수군수군하는 자요 30 비방하는 자
요 하나님께서 미워하시는 자요 능욕하는 자요 교만한 자요 자랑하는 자요 악을 도모하는
자요 부모를 거역하는 자요 31 우매한 자요 배약하는 자요 무정한 자요 무자비한 자라 32 그

들이 이같은 일을 행하는 자는 사형에 해당한다고 하나님께서 정하심을 알고도 자기들만 행할 뿐 아니라 또한 그런 일을 행하는 자들을 옳다 하느니라

본문 해설

필자에게는 두 가지 심각한 신학적 질문이 있었다. 하나님을 믿는 사람이나 믿지 않는 사람이나 사는 모습에 별다른 차이가 없는 이유는 무엇인가와, 왜 한국교회는 우리 사회에서 좀처럼 빛과 소금의 역할을 감당하지 못할까이다. 그 이유는 우리가 믿는 복음에 문제가 있거나 아니면 복음이 잘못 전해졌기 때문일 것이라고 생각했다. 그런데 복음에 문제가 있을 리 없다. 따라서 복음을 잘못 이해하고 있지는 않은지 문제의식을 갖게 되었고, 바울 신학의 새 관점의 도움으로 복음이 어떻게 잘못 전해질 수 있는지 몇 가지 실마리를 찾을 수 있었다.

첫째, 한국교회는 복음을 다소 협소한 관점에서 선포해온 면이 없지 않은 것 같다. 1970년대의 교회는 부흥회를 하면서 목사님이 집회를 마칠 즈음에 예수를 영접할 사람을 앞으로 초청하는 것이 정해진 순서였고, 사람이 죽기 전에 예수를 영접하는 것을 최고의 복으로 여기던 시절로 기억된다. 우리가 예수를 믿고 천국에 가는 것은 분명 매우 중요한 일임에 틀림이 없다. 그러나 과연 그것이 복음의 전부일까? 영국의 신약학자 톰 라이트는 우리가 믿는 복음이 단지 예수를 믿고 천국 가는 것이 전부라면 그것은 복음을 단지 부분적으로만 이해한 것이라고 했다.

둘째, 기독교는 그동안 개신교 신앙의 근간이 되는 이신칭의, 즉 믿음으로 구원을 얻는다는 교리를 주로 종교개혁자들의 관점에서 해석해왔다. 마르틴 루터는 종교개혁의 상황에서 당시 부패한 가톨릭이 인간의 공로로 구원을 받으려 한다고 비판하면서 그 성서적 근거로 유대교가 율법을 지

켜 구원을 얻으려고 했던 것과 같다고 했다. 그러나 최근 70년간 바울 신학에 대해 더욱 포괄적인 연구가 진행되면서 바울은 유대교를 그렇게 보지 않았음이 밝혀졌다.

E. P. 샌더스에 따르면 원래 유대교는 율법을 지켜서 구원을 받겠다는 종교가 아니었다. 유대인들은 자신들이 하나님의 선택을 받은 선민이고, 하나님이 율법을 주신 것에 감사해서 율법을 귀히 여긴 것이지, 율법을 지켜서 구원받겠다는 사고를 하지 않았다. 다만 유대교의 문제는 예수 그리스도를 메시아로 인정하지 않은 데 있다. 로마 가톨릭 역시 행위를 강조하는 면이 있기는 하지만 행위로 구원받겠다는 종교가 아니다. 개신교는 성서가 유일한 권위이지만 가톨릭은 성서와 전통 두 가지를 다 중시하는데 때때로 전통을 더 중시할 때가 많다. 그러한 면이 개신교 입장에서는 비성서적으로 보일 수 있는데, 그러한 이유로 가톨릭 자체가 이단이라고 판단하는 것은 매우 편협한 관점이 아닐 수 없다.

마르틴 루터의 성서해석은 종교개혁 당시에는 매우 적실했다. 그리고 개신교 신학의 출발점으로서 여전히 유효하다고 생각한다. 그러나 루터의 성서해석은 개신교 신학의 전체요, 완성이기보다는 출발점이요, 단초라고 할 수 있을 것이다. 따라서 한국교회가 500년 전 종교개혁 당시 루터의 로마서 해석에 머물러 있다면 복음이 제한받을 수 있다고 생각한다. 로마서 전체 주제 말씀인 1:17, "복음에는 하나님의 의가 나타나서 믿음으로 믿음에 이르게 하나니 기록된 바 오직 의인은 믿음으로 말미암아 살리라 함과 같으니라"에서, 믿음이란 헬라어로 '피스티스', 즉 신실함인데, 다시 번역하면 "복음은 하나님이 당신과 올바른 관계를 맺도록 길을 안내해주는데 신실함에서 신실함으로 이르게 하나니"가 된다. 그런데 앞의 신실함은 '하나님의 신실함'을 뜻하고, 뒤의 신실함은 '우리 인간의 신실함'을 의미한다. 정리하면 하나님과 바른 관계를 맺는 것은 하나님의 신실하심에 우리의 신실함으로 응답할 때 온전해진다는 뜻이 된다.

루터는 주로 하나님의 신실하심을 강조했다. 그것은 종교개혁 당시 인간의 공로를 경계한 시대적 상황에서 적절한 일이었으나 하나님의 신실하심에 마땅히 신실하게 응답해야 하는 우리 자신의 신실함은 균형 있게 강조되지는 못했다. 그런데 사실 이 두 가지는 별개의 것이 아니라 하나이다. 하나님의 신실하심을 맛본 사람은 신실하게 응답할 수밖에 없기 때문이다. 필자는 오늘날 한국교회에 부흥의 정체기가 온 이유와 그리스도인이나 비그리스도인의 삶이 별반 다른 바가 없게 보이는 이유가 한국교회의 신학이 하나님의 신실하심에 마땅히 우리도 신실함으로 응답해야 하는 부분을 통합시켜 주지 못했기 때문이라고 생각한다.

로마서의 기본 줄거리는 하나님의 압도적인 능력인 복음으로 사람이 변화된다는 것이다. 그러나 하나님은 인격적이셔서 우리를 억지로 변화시키지 않는다. 그래서 하나님의 신실하심은 인간의 신실함을 불러일으키는 방식으로 우리를 변화시키신다. 존 바클레이는 이 개념을 그의 저서 『바울과 선물』에서 '은혜의 비상응성'으로 설명했다.

설교 본문

로마서는 성서 전체에서 복음을 가장 체계적으로 정리한 말씀이라고 할 수 있습니다. 그래서 어떤 신학자는 성서 66권 중에 로마서만 있어도 예수를 영접하는 데 아무런 지장이 없다고 말하기도 합니다. 그뿐만 아니라 역사적으로 기독교 신학을 형성하는 데 큰 영향을 끼친 아우구스티누스나 마르틴 루터, 칼 바르트 같은 신학자들은 하나같이 이 로마서로 인해 커다란 개인적 변화를 경험했고, 그 결과 교회를 새롭게 하고 세상을 변화시키기도 했습니다.

그래서 존 스토트(John Stott) 목사님은 "로마서를 연구하려고 하는가?

그렇다면 각오하라. 그대에게 어떤 변화가 일어날지 모른다."라고 도전하기도 했습니다. 이 책을 읽는 여러분도 하나님이 로마서 말씀을 통해 나에게 어떤 놀라운 일을 행하실지 기대하시기 바랍니다.

1. 복음이란 무엇인가

여러분은 하나님께 가장 받고 싶은 선물이 무엇입니까? 사실 하나님은 우리에게 더 좋은 것을 주실 수 없을 정도로 이미 '최고의 선물'을 주셨습니다. 그러면 그 최고의 선물은 무엇일까요? 다름 아닌 복음입니다. 복음은 영어로 굿 뉴스(good news), 좋은 소식인데요, 로마서 1:2-4 말씀입니다. "이 복음은 하나님이 선지자들을 통하여 그의 아들에 관하여 성경에 미리 약속하신 것이라 그의 아들에 관하여 말하면 육신으로는 다윗의 혈통에서 나셨고 성결의 영으로는 죽은 자들 가운데서 부활하사 능력으로 하나님의 아들로 선포되셨으니 곧 우리 주 예수 그리스도시니라." 즉 복음이란 '예수 그리스도'입니다. 하나님의 아들이 우리가 사는 세상에 오셔서 사시고, 죽으시고, 부활하심으로 우리의 주님이 되셨습니다.

예수의 생애와 예수의 십자가 죽음과 예수의 부활을 통해서 이 세상이 하나님의 통치 아래 들어가게 되었다는 것이 복음의 내용입니다. 그래서 로마서 당시 로마 황제나 이 세상의 어떤 권세도 우리를 어찌할 수 없게 되었습니다. 주 예수께서 십자가와 부활을 통해 우리의 주님이 되셨기 때문입니다. 이 진리를 받아들이는 믿음이 세상을 이기는 능력이 됩니다. 성서 인물들의 죽음을 보면 갑작스럽고 순교가 빈번하며 아름답지 않은 경우가 많습니다. 그러나 그러한 일이 아무런 문제도 되지 않은 이유는 그들이 이미 살아생전 하나님의 통치를 받으며 삶의 목적을 달성했기 때문입니다. 또한 주 예수께서 이 세상의 마지막 무기인 죽음을 해결하시고, 영생을 주셨기 때문입니다.

지금까지 우리는 복음을 협소하게 이해한 부분이 없지 않았습니다. 여러분, 복음이란 그저 한 개인이 예수를 믿고 천국에 가서 영생복락을 누리는 정도의 것이 아닙니다. 로마서에서 바울이 전하는 복음은 지금 우리가 살고 있는 피조 세계 전체에 하나님의 선한 영향력이 미치고 있다는 것입니다. 따라서 우리 그리스도인들이란, 우리가 사는 세상을 하나님의 나라로 보고, 통치 주체가 하나님이 되셔서, 하나님의 통치 아래 살아가는 사람들입니다.

그뿐 아니라 하나님이 하나님의 나라를 다스리시는데 그 대행자로 교회와 그리스도인들을 부르셨습니다. 그러므로 우리는 단순히 나와 가정이 예수를 믿고 구원받는 차원을 넘어서서 이 땅에 우리를 통해 하나님의 통치가 이루어진다는 원대한 관점을 가지고 복음을 이해해야 하겠습니다. 그러면 이렇게 놀라운 하나님의 선물은 어떤 사람들에게 주어졌습니까?

2. 복음은 누구에게 주어졌는가

로마서 1:29-31입니다. "곧 모든 불의, 추악, 탐욕, 악의가 가득한 자요 시기, 살인, 분쟁, 사기, 악독이 가득한 자요 수군수군하는 자요 비방하는 자요 하나님께서 미워하시는 자요 능욕하는 자요 교만한 자요 자랑하는 자요 악을 도모하는 자요 부모를 거역하는 자요 우매한 자요 배약하는 자요 무정한 자요 무자비한 자라."

로마서 1장 후반부에 등장하는 죄 목록을 읽노라면 마치 오늘날 신문과 뉴스를 보는 듯하고, 거기에 우리 자신의 모습도 겹쳐 보입니다. 어떻습니까? 우리 모습이 과연 하나님의 놀라운 구원의 선물을 받을 만한 모습입니까? 전혀 그렇지 않지요. 사람들이 왜 이렇게 될 수밖에 없었는지에 대한 이유를 28절은 "또한 그들이 마음에 하나님 두기를 싫어하매"라고 말씀하고 있습니다.

오늘날 우리가 사는 세상에서 자행되고 있는 인종 차별과, 성폭력과 착취, 아동 학대의 공통점은 하나님이 없다고 여기고 행한 악이라는 데 있습니다. 모든 죄악은 하나님이 없다는 전제하에 저질러진 일입니다. 인간의 죄에는 두 가지가 있는데, 하나는 하나님께 행하는 '불경건'이고, 다른 하나는 사람에게 저지르는 '악의'입니다. 그런데 인간이 하나님께 불경건할 때 인간의 악의, 즉 나쁜 뜻은 극에 달하게 되어 있습니다. 인간은 하나님께 예배드리며 경건할 때, 비로소 이웃에게 악의를 품지 않을 수 있습니다. 누군가에게 빚을 졌을 때 그 빚을 갚지 않으면 빚이 없어지지 않듯이 인간의 죄는 덮는다고 없어지는 것이 아닙니다. 반드시 해결해야 하는데 그 방법은 예수 그리스도의 십자가밖에 없습니다. 그래서 하나님은 우리와 같은 죄인들에게 하나님의 놀라운 선물인 예수 그리스도를 주셨습니다.

로마서 1장의 구조는 이처럼 극과 극이 대립해 있습니다. 하나님은 선물을 받을 자격이 전혀 없는 사람들에게 최고의 선물을 주셨습니다. 존 바클레이는 이 같은 사실을 그의 저서 『바울과 선물』에서 '복음의 비상응성'이라고 했습니다. 근사한 선물을 받을 만한 사람에게 좋은 선물을 주는 것은 그에 상응하는 일이지 않습니까? 그러나 선물을 받을 자격이 전혀 없는 사람에게 엄청난 선물을 주는 것은 비상응적인 일입니다. 로마서 1장은 이처럼 비상응성을 극대화하면서 우리로 하여금 하나님의 신실하심에 응답할 것을 촉구하고 있습니다. 그러면 이처럼 놀라운 하나님의 선물을 받은 사람들은 하나님께 어떻게 응답해야 할까요?

3. 하나님과 바른 관계를 맺는 방법은 무엇인가

어떤 의사가 아프리카에 가서 한 부족을 섬기게 되었습니다. 어느 날 그 부족의 추장 아들이 결혼을 하게 되었습니다. 그는 훤칠한 키에 잘생긴 훈남일 뿐만 아니라 외국에 가서 유학까지 마치고 돌아온 엘리트 중의 엘리트

였습니다. 온 마을 사람이 이 청년의 신붓감이 누구일지 궁금했습니다. 그 부족은 남자가 여자에게 청혼할 때 암소를 끌고 가서 결혼 선물로 주고 신붓감을 데려오는 풍습이 있었습니다. 대개 암소 한 마리나 두 마리를 선물하는 것이 관례였고, 신부가 매우 아름답고 훌륭한 배필이라 생각한다면 세 마리를 선물하는 경우도 있었습니다.

어느날 아침 드디어 추장의 아들이 신붓감을 데려오기 위해서 길을 나섰습니다. 그런데 그가 무려 암소 아홉 마리를 끌고 가는 것이었습니다. 마을 사람들은 '역시 외국에서 유학을 한 추장 아들은 다르구나. 얼마나 훌륭한 배필을 얻으러 가길래 아홉 마리나 되는 암소를 끌고 갈까?' 하고 감탄하며 기대했습니다. 그런데 막상 그가 암소 아홉 마리를 주고 데려온 신붓감은 아주 평범해 보였습니다. 평범하다 못해 그리 아름답지도 않고 건강하지도 않았습니다. 이 의사는 의아해하면서 본국으로 돌아왔습니다.

세월이 지나 다시 그 부족의 초대를 받아 아프리카를 방문한 의사는 추장이 되어 있는 아들과 그의 아내를 보고 깜짝 놀라고 말았습니다. 결혼 당시 볼품없던 신부가 어느덧 매우 기품있고 아름다운 여성이 되어 있었기 때문입니다. 그뿐만 아니라 영어도 유창하게 했습니다. 의사는 어찌 된 일이냐고 물었습니다. 그러자 젊은 추장은 말하기를 자신은 그저 아내의 가치를 높이 평가하여 암소 아홉 마리를 주고 데려왔을 뿐 아무런 요구도 하지 않았답니다. 그런데 그 아내가 자신의 가치를 높이 평가해준 남편의 사랑에 합당한 사람이 되고 싶어 스스로 영어도 공부하고 교양도 갖추면서 암소 아홉 마리를 주고 데려올 만한 사람으로 점점 성숙하고 아름다워지더랍니다.

사랑하는 성도 여러분, 사실 우리는 하나님의 아들을 선물로 받을 만한 자격이 없습니다. 그런데 그 놀라운 선물을 받았습니다. 복음이라는 선물은 우리의 정체성을 형성합니다. 그러면 하나님께 놀라운 선물을 받은 우리는 어떤 정체성을 갖고 어떻게 응답하며 살아야 할까요? 로마서 전체 주제 말씀인 1:17입니다. “복음에는 하나님의 의가 나타나서 믿음으로 믿음에 이르게 하나니 기록된 바 오직 의인은 믿음으로 말미암아 살리라 함과 같으니라.” 여기서 ‘하나님의 의’란 하나님과의 바른 관계를 의미합니다. 즉 복음은 인간이 하나님과 바른 관계를 맺는 길을 보여주는데 믿음으로 믿음에 이르게 한다는 겁니다.

믿음은 헬라어로 ‘피스티스’, 즉 ‘신실함’인데요, 이 구절을 다시 번역하면 “복음에는 하나님이 당신과 올바른 관계를 맺도록 길을 안내해주는데, 신실함에서 신실함으로 이르게 하나니”입니다. 그런데 앞의 신실함은 하나님의 신실함을 의미하고, 뒤의 신실함은 우리 인간의 신실함을 의미합니다. 정리하면 하나님과 바른 관계를 맺는 것은 하나님의 신실하심에 우리의 신실함으로 응답할 때 가능하다는 뜻이 됩니다.

지금까지 한국교회는 하나님의 신실하심을 잘 강조해왔습니다. 그러나 하나님의 신실하심에 마땅히 신실하게 응답해야 하는 우리 인간의 신실함은 강조하지 못한 것 같습니다. 그런데 사실 이 두 가지는 별개의 것이 아니라 하나입니다. 하나님의 신실하심을 맛본 사람은 신실하게 응답할 수밖에 없기 때문입니다. 이처럼 복음이라는 놀라운 하나님의 선물은 우리에게 하나님의 신실하심에 신실함으로 응답하는 정체성을 부여해줍니다.

잭 니콜슨이 주연한 〈이보다 더 좋을 순 없다〉라는 영화가 있습니다. 주인공 멜빈은 로맨스 소설 작가인데, 그는 강박증에다가 결벽증까지 있는 매우 까다로운 성격의 인물입니다. 보도블록의 금을 밟지 않고 걷느라고 다른 행인들에게 불편을 주는가 하면 전용 포크와 나이프를 가지고 다니면서 식당에 가서도 꼭 앉는 자리에만 앉았습니다. 주변의 모든 사람을 피곤하게 만드는 이 괴팍한 사람을 친절하게 받아준 단 한 사람이 있었는데 다름 아닌 단골 레스토랑의 종업원인 캐롤이라는 여성이었습니다. 멜빈은 그런 캐롤을 훌륭한 여성으로 여기고 있었지만 내색하지 않았습니다. 어느 날 캐롤과 데이트를 하던 멜빈은 캐롤이 자신에게 칭찬 한마디 해달라고 조르자 망설이던 끝에 이렇게 말합니다. "You make me want to be a better man." 즉 "당신은 나로 하여금 더 좋은 사람이 되고 싶게 합니다. 이렇게 까다로운 성격을 가진 나를 당신처럼 따스하고 친절하게 대해준 사람은 이제껏 아무도 없었습니다. 당신의 정성스러운 응대와 섬김은 나를 더 나은 사람이 되고 싶게 합니다."라는 의미입니다.

저는 실제로 그런 경우를 본 일이 있습니다. 제가 전에 섬기던 교회의 장로님 한 분이 손녀를 얻게 되었는데, 손녀를 안고 사랑스러운 아이의 눈망울을 들여다볼 때마다 그분은 중얼거리곤 하셨답니다. "아가, 너의 얼굴을 보면 나는 착한 사람이 되고 싶단다."

여러분은 나 자신이 더 좋은 사람이 되고 싶게 하는 그 누군가가 있습니까? 기독교 신앙은 나 자신이 더 좋은 사람이 되고 싶게 하는 주체를 하나님으로 바꾸는 것입니다. 로마서의 기본 줄거리는 하나님의 압도적인 능력인 복음으로 사람이 변화된다는 것입니다. 그런데 하나님은 사람을 억지로 변화시키지 않고, 은혜의 비상응성의 원리로 우리 안에 하나님을 기쁘시게 하고 싶은 마음의 지향성을 불러일으키십니다. 로마서 1장에서 4장은 이 은혜의 상응성이 우리 그리스도인의 정체성이라고 말하고 있습니다.

성도 여러분, 우리를 사랑하셔서 저 하늘 위에 있지 않고 인간이 되어 이 낮고 낮은 천한 곳에 오셔서 우리를 위해 친히 고난당하고 십자가에 죽고 부활하신 예수를 생각해볼 때, 오늘도 그 신실하심으로 우리와 함께해주시는 주 예수의 사랑으로 인해 지금보다 더 좋은 사람이 되고 싶지 않으십니까?

정재상

제4장

은밀한 것을 심판하는 그날

로마서 2:12-16

12 무릇 율법 없이 범죄한 자는 또한 율법 없이 망하고 무릇 율법이 있고 범죄한 자는 율법으
로 말미암아 심판을 받으리라 13 하나님 앞에서는 율법을 듣는 자가 의인이 아니요 오직 율
법을 행하는 자라야 의롭다 하심을 얻으리니 14 (율법 없는 이방인이 본성으로 율법의 일을 행
할 때에는 이 사람은 율법이 없어도 자기가 자기에게 율법이 되나니 15 이런 이들은 그 양심이 증
거가 되어 그 생각들이 서로 혹은 고발하며 혹은 변명하여 그 마음에 새긴 율법의 행위를 나타내
느니라) 16 곧 나의 복음에 이른 바와 같이 하나님이 예수 그리스도로 말미암아 사람들의 은
밀한 것을 심판하시는 그 날이라

본문 해설: 새 관점(하나님의 차별 없는 심판은 도덕적 우월성을 위한 어떤 여지도 남겨두지 않는다)

본문 말씀은 최후의 심판을 묘사하고 있다. 재판장이신 하나님은 공명정대하시다. 진실이 밝혀지고 세상은 바로잡힌다. 심판은 '메시아 예수'를 통해 일어난다.(롬 2:16) 로마서 2:1, "누구를 막론하고"는 하나님이 공명정대하게 유대인이나 이방인에게 동일한 판결을 내리실 것을 보여준다. 그리고 2:9-10, "유대인에게요 그리고 헬라인에게"와 2:12-15의 율법 안에 있는

자들이나 율법 밖에 있는 자들 모두가 똑같은 대우를 받을 것이다. 2:1-16은 하나님의 심판이 도래할 그날에는 아무도 변명할 여지가 없음을 말한다. 바울은 하나님의 심판이 복음을 통해서 나타났음을 강조한다. 바울에게 '복음'은 심판으로부터의 구원이 아니라 예수가 메시아라는 선언이며 마지막 날에 심판자가 될 것을 의미한다. 마지막 재판에서 보응은 행위에 기초하여 이루어질 것이다.(롬 2:6) 악을 행하는 자에게는 진노와 환난이, 선을 행하는 자에게는 영광과 존귀와 평강이 있을 것이다.

2:1의 "남을 판단하는 사람"은 비슷한 범죄를 저질렀음에도 남을 판단하는 사람이며 그도 변명의 여지 없이 마지막 심판 때에 숨을 곳이 없다. 하나님은 이들을 위한 회개의 기회를 주셨다. 하나님은 각 사람의 행위를 따라 보응하신다. 이러한 바울 사상은 시편 62:12, "주여 인자함은 주께 속하오니 주께서 각 사람이 행한 대로 갚으심이니이다"와 잠언 24:12, "네가 말하기를 나는 그것을 알지 못하였노라 할지라도 마음을 저울질하시는 이가 어찌 통찰하지 못하시겠으며 네 영혼을 지키시는 이가 어찌 알지 못하시겠느냐 그가 각 사람의 행위대로 보응하시리라"는 유대 전통을 반영한다.

2:7-11은 행위에 따른 하나님의 심판이 무엇인지를 설명한다. 선을 행하는 자들과 당을 지어 진리를 따르지 아니하는 자 곧 악을 행하는 자는 공정하고 편견 없는 재판을 받게 되리라고 주장한다. 유대인이나 헬라인이나 "참고 선을 행하여 영광과 존귀와 썩지 아니함"을 추구하는 자에게는 영생함이 있을 것이다. 2:12-13에는 앞 절의 내용을 심화한다. 율법은 이방 죄인들을 정죄하기 위해서는 사용되지 않지만, 유대 죄인들을 정죄하기 위해서는 사용된다. 토라가 주어진 목적은 순종에 있다. 중요한 것은 토라를 행하는 것이다.

최후의 칭의는 소유가 아닌 행함에 기초한다. 2:14-15는 12-13절의 내용을 설명한다. 율법을 들어보지 못한 이방인들도 "율법을 행한다." 바울의 관점에서 생명의 충만함과 순종에 이른 자들은 "토라를 행하고 있는" 것이다. 이것은 예레미야 31:33, "그러나 그 날 후에 내가 이스라엘 집과 맺을 언약은 이러하니 곧 내가 나의 법을 그들의 속에 두며 그들의 마음에 기록하여 나는 그들의 하나님이 되고 그들은 내 백성이 될 것이라 여호와의 말씀이니라"에 나오는 새 언약의 약속들 가운데 하나이다. 심판의 날에 하나님은 사람들의 은밀한 것을 심판하실 것이다. 마지막 심판 날에 하나님의 정의가 그 모습을 드러내고 성서의 약속들은 성취될 것이며, 가이사르의 정의를 포함한 다른 모든 정의는 수치를 당하게 될 것이다.

설교 본문

들어가는 말

재물이 많은 어떤 청년이 주님께 와서 묻습니다. "선생님이여 내가 무슨 선한 일을 하여야 영생을 얻으리이까."(마 19:16) 그는 율법을 지킴으로 영생을 얻고자 하여 모세가 가르쳐준 모든 계명을 지켰습니다. 그러나 예수께서는 율법을 지킴으로 영생을 소유하려 하지 말고 영생의 삶을 사는 제자가 되라고 말씀하셨습니다. 복음은 우리로 하여금 하나님 나라를 향하여 믿음의 길을 걷는 주님의 제자가 되게 합니다. 복음은 영생의 삶을 살아가도록 우리를 인도합니다.

바울은 로마에 있는 그리스도인들에게 유대인이나 헬라인이나 복음을 들은 자는 '은밀한 것을 심판하시는 그날'을 향한 믿음의 길을 걷고 있다고 말합니다. 우리는 '복음의 길' 위에 있습니다. '길'은 목적지를 향하는 과정을 의미합니다. 하나님의 심판대를 향한 길입니다. 우리가 걷는 '믿음의 길'은 공명정대한 하나님의 심판 때에 드러날 것입니다. 예수 그리스도의 복음은 모든 거짓되고 악한 것들을 판단하십니다. 우리는 그날이 진노의 날이 되지 않도록 영광과 존귀와 썩지 아니하는 하나님의 선을 구하는 믿음의 길을 가야 합니다.

누구를 막론하고

이 세상에 "하나님의 진노"(롬 1:18)를 피할 수 있는 존재는 없습니다. 유대인이나 헬라인이나 율법을 가진 자나 율법을 모르는 자도 하나님의 심판대 위에 서게 될 것입니다. 어떤 사람은 하나님의 심판대를 피할 수 있다고 생각하거나, 하나님의 심판은 무기한 연기되었다고 생각하는 사람도 있습니다. 하지만 누구도 하나님의 심판대를 피할 수 있는 사람은 없습니다.

하나님의 심판대를 피할 수 있다고 생각하는 사람은 '남을 판단하는 일'을 하게 됩니다. 왜냐하면 그들의 삶은 하나님의 심판에 따른 기준이 아니라 자신의 기준과 판단으로 살아가기 때문입니다. 그들은 스스로 다른 사람보다 더 높은 도덕적 삶의 기준을 갖고 있을지 모릅니다. 하지만 "의인은 없나니 하나도 없"습니다.(롬 3:10) 인간의 의는 하나님의 의에 이르지 못하는 일입니다. 오직 만유의 주재이신 하나님만이 의의 재판장이 되십니다.

사람들과 더불어 사는 세상에서 인간은 사회적으로 요구하는 도덕적 기준을 충족하기 위해 노력해야 합니다. 하지만 그것이 나의 '의'가 될 수는 없습니다. 내가 그것을 나의 '의'로 여길 때, 내가 다른 사람을 판단하게 됩니다. 내가 재판장이 되는 것입니다. 우리는 "하나님의 은혜로 값없이 의롭다 하심을"(롬 3:24) 얻은 자입니다. 우리는 여전히 이 세상에서 '죄인'입니다. 내가 세상 사람들의 눈에는 도덕적으로 훌륭한 사람이라 칭송받을지라도 은밀하게 다른 사람과 같이 범죄를 저지르기도 하고 또 저지를 수도 있는 존재입니다. 그러므로 우리는 누구도 스스로 재판장이 될 수 없습니다. 세상의 도덕 기준에서 볼 때 내가 아무리 우월한 사람이라 할지라도 다른 사람을 판단할 수 없는 것은 하나님의 심판대가 우리를 기다리기 때문입니다.

우리는 부모로서 자녀의 행동을 판단할 때가 있습니다. 하지만 부모도 여전히 잘못된 행동을 하는 존재입니다. 어쩌면 자녀의 모습에서 자신을 보고 있을지도 모릅니다. 유대인과 헬라인은 부모와 자녀의 관계가 아닙니다. 교회 안에 있는 다 같은 자녀의 관계입니다. 성서에서는 하나님과 나의 관계를 부모와 자녀의 관계, 목자와 양의 관계로 설명을 합니다. 오직 주님만이 우리의 하늘 아버지이며 목자 되십니다. 그것은 우리가 서로를 판단할 수 없는 존재라는 사실을 함축합니다. 그러므로 유대인은 헬라인을 자신의 율법으로 판단하는 재판장이 될 수 없습니다. 유대인은 헬라인보다 율법에 따라 도덕적으로 우월하다고 자만할 수 없는 것입니다. 오직 하나님의 말씀을 따르는 자녀가 되어야 합니다.

유대인이나 헬라인이나 여전히 우리는 하나님 나라를 향한 '믿음의 길' 위에 서 있습니다. 유대인들이 율법에 따라 좀 더 나은 도덕적 삶을 살았다고 해서 하나님의 심판대를 피할 수는 없습니다. 유대인도 하나님의 심판에서 벗어날 수 없습니다. 오직 우리는 '하나님의 의'를 생각해야 합니다. 하나님의 의는 유대인과 헬라인 모두에게 '은혜'로 주어집니다. 예수 그리스도의 십자가 아래 우리는 은혜의 길을 가는 주님의 자녀들입니다. 유대인이나 헬라인이나 남종이나 여종이나 그리스도인들은 모두 예수 그리스도 안에서 하나님의 은혜를 누리며 사는 사람들입니다.

외모로 사람을 취하지 아니하시고

마지막 심판 때에 하나님은 사람을 외모로 심판하지 않으십니다. 누구에게도 특별한 우대를 하지 않으십니다. 율법을 가진 유대인이나 율법이 없는 이방인 모두를 차별 없이 심판하실 것입니다. "하나님께서 각 사람에게 그 행한 대로 보응"(롬 2:6)하십니다. 하나님은 선을 행하는 자에게 영생의 선물을 주십니다. 우리 삶에는 하나님의 선을 행하는 열매가 있어야 합니다. 성령이 있는 자에게 성령의 열매가 있듯이 회개의 열매, 믿음의 열매가 있어야 합니다. 바울은 그리스도의 심판대에서 우리가 몸으로 행한 것을 심판받을 것이라 말합니다. 그러므로 우리는 어느 곳에 있든지 주를 기쁘시게 하는 삶, 하나님 말씀을 따르는 제자의 삶을 살아야 합니다.

> 그런즉 우리는 몸으로 있든지 떠나든지 주를 기쁘시게 하는 자가 되기를 힘쓰노라 이는 우리가 다 반드시 그리스도의 심판대 앞에 나타나게 되어 각각 선악간에 그 몸으로 행한 것을 따라 받으려 함이라(고후 5:9-10)

이방인에게는 율법의 멍에를 지울 수 없습니다. 유대인처럼 율법이 있는 자에게 율법을 지켰는지 물을 것입니다. "하나님 앞에서는 율법을 듣는 자가 의인이 아니요 오직 율법을 행하는 자라야 의롭다"(롬 2:13) 함을 얻을 수 있습니다. 바울은 하나님이 율법이 없는 이들에게도 자신의 양심의 증거로 심판하실 것이라고 말합니다. 그리스도의 심판대 아래에서 모두에게 믿음에 합당한 열매가 있는지 물어보실 것입니다.

하나님의 말씀을 가진 자가 그 말씀에 순종하지 않으면, 말씀을 가진 자라 말할 수 없습니다. 우리에게 성령의 열매가 없다면 누가 우리를 성령의 전이라고 믿겠습니까? 말씀에 순종하여 "선을 행하는 각 사람에게는 영광과 존귀와 평강"(롬 2:10)이 있습니다. 반대로 "악을 행하는 각 사람의 영에는 환난과 곤고"(롬 2:9)가 있습니다. 하나님은 당을 지어 진리를 따르지 아니하는 자에게는 진노로 심판하실 것입니다.

하나님은 말씀을 지켜 행한 자를 구원하실 것입니다. 말씀을 지키며 하나님 나라를 위해 일하는 사람에게 영생의 선물이 기다리고 있습니다.

그리스도께서는 우리에게 믿음이 어디를 향해 있었으며 무엇을 구하는 믿음이었는지 묻고 심판하실 것입니다. 하나님 나라를 소망하는 사람은 하나님의 선한 일들을 구하는 사람입니다. 하나님이 원하시는 일을 행하는 자 곧 순종하는 자에게 영생의 선물이 주어질 것입니다. 율법을 통해 하나님의 뜻을 들었다면 그것을 지켜 행해야 합니다. 율법을 소유한 것만으로 의롭게 되지는 아닙니다.

하나님은 그 아들 예수 그리스도를 이 땅에 보내셨고 이를 믿음으로 예수를 그리스도로 고백하고 따르는 자들을 의롭다고 칭해주셨습니다. 믿음으로 의롭게 된 자들이 예수 그리스도의 제자가 되기를 원하십니다. 제자는 예수 그리스도가 행하신 사랑의 말씀을 따르는 자들입니다. 야고보는 "행함이 없는 믿음은 그 자체가 죽은 것이라"(약 2:17)라고 하였습니다. 하나님은 외모로 사람을 취하지 아니하시고 행함이 있는 믿음으로 말씀을 지킨 자들을 구원하실 것입니다.

은밀한 것을 심판하시는 그날

우리는 예수 그리스도의 십자가 아래에서 이루어진 첫 번째 심판에서 의롭다 함을 얻었습니다. 첫 번째 심판에서 하나님의 은혜로 우리의 죄를 용서하시고 의롭다고 인정하셨습니다. 우리는 "그리스도 예수 안에 있는 속량으로 말미암아 하나님의 은혜로 값없이 의롭다 하심을 얻은 자"(롬 3:24)입니다. 이제 두 번째 심판의 날을 준비하는 자들은 복음에 합당한 열매를 맺어야 합니다. 그날 알곡과 쭉정이가 나뉘게 될 것입니다.

두 번째 심판을 향해 믿음의 길을 걷고 있는 이들이 그리스도인입니다. 마지막 그날에는 은밀한 것들이 다 나타날 것입니다. 하나님의 은혜를 입었으나 하나님의 말씀에 순종하지 아니한 것이 드러날 것입니다. 하나님의 심판대에서 양과 염소가 구별될 것입니다. 모든 것이 예수 그리스도 앞에서 드러날 것입니다.

예수는 영생이란 소유하는 것이 아니라 영생의 삶을 살아가는 것이라고 말씀하셨습니다. 우리는 하나님 나라를 향해 믿음의 여정을 가는 예수의 제자들입니다. 하나님이 심판하시는 그날 우리의 모든 것이 나타날 것입니다. 우리가 숨겨도 숨길 수 없으며, 우리가 감추어도 감출 수 없고, 모든 것이 명명백백하게 드러날 것입니다. 율법은 하나님이 우리에게 무엇을 원하는지 말하고 있습니다. 하나님은 우리가 그 말씀을 지키고 따르는 믿음의 길을 올바로 살아냈는지를 지켜보실 것입니다. 율법이 주어진 자에게는 그 율법으로 판단하실 것입니다. 하나님은 율법을 들은 유대인이 그 말씀에 합당한 열매가 있는지, 듣고 깨닫고 순종하였는지 물으실 것입니다. 복음을 듣고 십자가의 도의 길을 성실하게 걸어온 자들에게 복을 내려주실 것입니다.

우리의 구원은 '그날'에 완성될 것입니다. 숨겨졌다고 생각한 거짓되고 악한 것들이 모두 나타날 것입니다. 그날은 첫 번째 심판대에서 믿음으로 의롭다 하신 하나님의 사랑이 완성되는 날입니다. 그 사랑의 완성을 얻는 자는 은밀한 것을 다 아시는 하나님의 말씀을 따르고 지킨 자입니다. 두 번째 하나님의 심판대에 서는 그날, 은혜로 시작한 하나님의 사랑이 종말론적으로 완성될 것입니다. 예수 그리스도의 뒤를 따르는 제자의 길을 충성스럽게 간 그리스도인들에게 그날은 구원의 날이 될 것입니다.

나가는 말

첫째, 은밀한 것을 심판하는 그날을 기다리는 사람은 남을 판단하지 않습니다. 자기 '의'를 자랑하지 않습니다. 자기 의를 자랑하는 곳에는 교만이 자라게 됩니다. 우리는 서로 죄인임을 고백하며 서로를 보듬어가는 사랑의 공동체를 만들어가야 합니다.

둘째, 그날을 소망하는 사람은 하나님의 선을 행합니다. 선을 행하는 자는 주님의 참된 평화를 얻게 될 것입니다. 말씀을 지키고 따른 자에게는 하나님이 심판하시는 날이 구원의 날입니다. “하나님의 나라는 먹는 것과 마시는 것이 아니요 오직 성령 안에 있는 의와 평강과 희락이라.”(롬 14:17) 이 하나님 나라에 여러분 모두가 참여하게 되기를 축원합니다.

김디모데

제5장

최후 심판의 정죄냐,
이신칭의의 축복이냐

– 오직 하나님의 의 예수를 믿음으로 의롭게 되어가는 하나님 나라 복음

로마서 3:9-31

9 그러면 어떠하냐 우리는 나으냐 결코 아니라 유대인이나 헬라인이나 다 죄 아래에 있다고
우리가 이미 선언하였느니라 10 기록된 바 의인은 없나니 하나도 없으며 11 깨닫는 자도 없고
하나님을 찾는 자도 없고 12 다 치우쳐 함께 무익하게 되고 선을 행하는 자는 없나니 하나도
없도다 13 그들의 목구멍은 열린 무덤이요 그 혀로는 속임을 일삼으며 그 입술에는 독사의
독이 있고 14 그 입에는 저주와 악독이 가득하고 15 그 발은 피 흘리는 데 빠른지라 16 파멸과
고생이 그 길에 있어 17 평강의 길을 알지 못하였고 18 그들의 눈 앞에 하나님을 두려워함이
없느니라 함과 같으니라 19 우리가 알거니와 무릇 율법이 말하는 바는 율법 아래에 있는 자
들에게 말하는 것이니 이는 모든 입을 막고 온 세상으로 하나님의 심판 아래에 있게 하려 함
이라 20 그러므로 율법의 행위로 그의 앞에 의롭다 하심을 얻을 육체가 없나니 율법으로는
죄를 깨달음이니라 21 이제는 율법 외에 하나님의 한 의가 나타났으니 율법과 선지자들에게
증거를 받은 것이라 22 곧 예수 그리스도를 믿음으로 말미암아 모든 믿는 자에게 미치는 하
나님의 의니 차별이 없느니라 23 모든 사람이 죄를 범하였으매 하나님의 영광에 이르지 못하
더니 24 그리스도 예수 안에 있는 속량으로 말미암아 하나님의 은혜로 값 없이 의롭다 하심

을 얻은 자 되었느니라 [25]이 예수를 하나님이 그의 피로써 믿음으로 말미암는 화목제물로 세우셨으니 이는 하나님께서 길이 참으시는 중에 전에 지은 죄를 간과하심으로 자기의 의로우심을 나타내려 하심이니 [26]곧 이 때에 자기의 의로우심을 나타내사 자기도 의로우시며 또한 예수 믿는 자를 의롭다 하려 하심이라 [27]그런즉 자랑할 데가 어디냐 있을 수가 없느니라 무슨 법으로냐 행위로냐 아니라 오직 믿음의 법으로니라 [28]그러므로 사람이 의롭다 하심을 얻는 것은 율법의 행위에 있지 않고 믿음으로 되는 줄 우리가 인정하노라 [29]하나님은 다만 유대인의 하나님이시냐 또한 이방인의 하나님은 아니시냐 진실로 이방인의 하나님도 되시느니라 [30]할례자도 믿음으로 말미암아 또한 무할례자도 믿음으로 말미암아 의롭다 하실 하나님은 한 분이시니라 [31]그런즉 우리가 믿음으로 말미암아 율법을 파기하느냐 그럴 수 없느니라 도리어 율법을 굳게 세우느니라

본문 해설: 전통적 관점, 새 관점, 종말론적 관점에 따른 통전적 이해

본문에서 바울은 이신칭의, 즉 모든 사람이 죄인이기에 구원받을 방법은 하나님의 의를 나타내신 예수 그리스도를 믿음으로 의롭다 하심을 받는 방법밖에 없다고 논증한다. 이 이신칭의 복음의 불가피성과 보편성을 주장하기 위해 바울은 전통적인 법정적 관점에 더해서 종말론적인 관점과 새 관점에서 강조하는 언약의 관점을 통합해서 효과적으로 논의를 전개한다.

바울은 종말에 이루어질 하나님의 최후 심판 법정에 모든 사람을 지금 현재 바로 소환해서 검사처럼 기소하고 심문한다. 로마서 1:18에서부터 시작하는 그 공소장과 심문은 3:10-18을 통해 절정에 이른다. 바울은 모든 사람이 죄인으로서 모두 단수의 죄(롬 3:9), 즉 하나의 죄의 권세 아래 있음을 증명하기 위해 가장 죄가 없을 것 같은 유대인을 마지막 피고인으로 내세워서 죄상을 신랄하게 공격한다. 그것도 구약의 말씀들을 연이어 인용함으로써 유대인들이 자기들에게 주어진 특권이라고 자랑하는 것, 즉 그들이

맡은 "하나님의 말씀"(롬 3:2)이 그들의 죄를 증언하게 만든다. 유대인이나 이방인이나 모든 사람은 "율법의 행위"를 성취한다면 심판 결과 의롭게 될 수 있다.(롬 2:12-15) 그러나 하나님의 법정에서의 심리 결과 이방인은 말할 것도 없고 구원사에서 율법을 받은 언약 백성이라는 특별히 유리한 지위와 특권을 가진 유대인조차도 그들이 자랑하는 율법의 행위로는 의롭게 될 수 없다는 점이 밝혀진다. 하나님의 심판 결과 "온 세상" "모든" 인간은 더 이상 변명할 말이 없어 "입을 막고" 이미 확증된 유죄 판결 선고만을 기다리고 있다.(롬 3:19) 연약하고 무지하고 무능한 "육체"(롬 3:20)로서 이 땅에서 "죄 아래"(롬 3:9) 살다가 죽어서 "하나님의 심판"(롬 3:19)을 받는 것이 모든 인간의 보편적인 숙명이다.

그러나 바울은 이제 역할을 바꾸어 하나님의 법정에서 이미 확정된 것 같은 유죄 판결 선고를 뒤엎을 변호인이 되어 죄인들이 의롭다고 판결받을 수 있는 새로운 법적 기준과 증거를 제시한다. 그것은 구약의 "율법", 즉 모세 언약 "외에"(롬 3:21) "예수 그리스도"를 통해서 나타난 "하나님의 의"이다. 이를 위해서 바울의 역할이 바뀐 것처럼 모든 사람이 죄인임을 증언한 하나님의 말씀, 즉 유대인이 맡은 구약성서인 "율법과 선지자들"이 이제는 피고인들을 위한 두 증인처럼 등장해서 하나님의 의를 증언한다.(롬 3:21) 이 증거에 따르면 미래에 있을 하나님의 최후 심판 법정에서 의롭게 될 수 있는 복음으로서 "하나님의 의"(롬 3:21-22)가 "이제"(롬 3:21) "이때에"(롬 3:26), 즉 지금 현재 미리 나타났다. 이 의는 하나님의 구원 행위를 나타내는 하나님의 계시로서 예수 그리스도를 통해 실제 역사 가운데 나타났다. 죄가 예수께 전가되어 그리스도께서 죄인들 대신 십자가에서 피 흘리신 "화목제물"(롬 3:25)이 되어 대가를 지불하심으로써 하나님의 정의의 기준을 만족시키셨다. 이를 통해 죄의 권세 아래 종으로 있던 죄인들을 해방시켜 주심으로써 "속량"(롬 3:24)하셨다.

구약의 제사 의식은 "전에 지은 죄를 간과하심으로"(롬 3:25), 즉 잠정적으로 심판을 유예하는 역할만을 했다. 구약에서는 대속죄일에 지성소 속죄소에서 은밀하게 행해진 것과 달리 십자가에서 그리스도는 "화목제물"(롬 3:25, 힐라스테리온, 속죄소)로 공개적으로 나타나서("세우셨으니") 모든 사람을 위한 보편적인 구원의 문이 열렸다. 그 제사는 구약의 피 예식과 달리 속죄를 단번에 완전하게 영원히 성취한 종말론적인 결정적 속죄제이다. 따라서 더 이상 구약의 제사제도가 필요없게 되었다.

이 예수 그리스도의 구속 사건은 특정 시간에 구체적인 역사 안에서 일어났지만 하나님의 의가 나타난 종말론적인 사건이다. 종말의 최후 심판 법정에서 죄인들이 받을 심판과 형벌을 예수 그리스도가 대신해서 받아 사형선고를 받고 죽음으로써 이미 죄가 제거되었다. 이 종말론적인 속죄는 영원한 유효성을 가지는 유일한 신적인 사건이기 때문에 "전에 지은"(완료분사) 과거의 죄(롬 3:25)와 미래에 "의롭다 하실"(롬 3:30 미래형) 죄를 모두 포함해서 현재에 그 효과가 나타난다.(롬 3:26) 이 종말론적인 사건으로 나타난 하나님의 의를 통해서 죄와 하나님의 심판 아래 있던 세상 가운데 하나님의 의를 통해 하나님 나라가 도래했고 이루어져 가고 있다.

바울은 로마서 3:30의 유일신론적 진술을 통해서 이 종말론적인 지평을 창조론적인 지평으로 확대함으로써 예수 그리스도의 구속 사건의 보편성을 강조한다. 모든 차별 이전의 창조 관점에서 이방인과 유대인 사이의 차이를 공동의 피조성으로 환원시킨다. 아담처럼 모든 사람이 죄 때문에 하나님의 창조 목적(롬 3:23, "하나님의 영광")을 달성하는 데 실패했다. 그러나 새 아담이신 예수 그리스도께서 그 신실하심으로써 유일하신 "한 분" 하나님(롬 3:30)의 창조 목적을 이루셨다. 하나님의 의는 "유대인의 하나님"(롬 3:29)이 이스라엘 민족과 맺으신 모세 언약에 대한 책임을 넘어서 창조의 목적을 이루어가시는 하나님의 모든 피조물에 대한 신실하심으로 나타난다. 이런 관점에서 제임스 던이 주장한 것처럼 그리스도께 대한 믿음은 창조주에 대한 피조물의 의존을 표현하고 구현한 것이다.

따라서 하나님의 의는 율법의 행위나 희생 제사의 연속이 아니라 그리스도 자신의 신실한 희생 제사를 통해 달성되고 인간의 믿음에 의해 전유된다. 이제 “유대인”이나 “이방인”이나 “할례자”나 “무할례자”나 누구든지(롬 3:29-30) 예수를 믿으면 예수를 통해 계시된 하나님의 의, 메시아 그리스도의 구원 “안”에서 속량된다.(롬 3:24) 최후 심판에서의 궁극적인 판결이 믿는 순간 내려져서 지금 현재 미리 하나님의 법정에서 의롭다고 인정받는다.(롬 3:26, 28) 이것은 “율법의 행위”(롬 3:27-28)가 아니라 “하나님의 은혜로 값없이”(롬 3:24) 받는 것이다.

이런 이신칭의의 복음에 대해서 전통적인 관점에서는 옛 언약의 “모세 율법”과 그에 따른 “행위”를, 예수 그리스도를 통해 세워진 “새 언약”과 그에 따른 “믿음”과 대비하면서 상대적으로 둘 사이의 불연속성을 부각시킨다. 구약과 신약의 연속성은 율법에 있지 않고 하나님의 의를 “받아들이는” 방식, 즉 4장의 아브라함이 보여주듯 칭의는 항상 율법과 무관하게 믿음을 통해 주어진다는 점에 있다.

그러나 새 관점에서는 하나님의 언약을 중심으로 이해하면서 구약과 신약의 연속성을 강조한다. 아브라함의 언약뿐만 아니라 모세 율법과 신약의 믿음의 연속성을 주장한다. 이 점에서 3:27의 “믿음의 법”의 “법”(노모스)도 3:21의 “율법”(노모스)과 동일하게 모세의 율법 토라를 가리키는 것으로 이해한다. 율법은 단순히 행위를 요구하는 것이 아니라 충성된 마음을 요구한다. 믿음은 그리스도를 통해 이런 신실함을 창조하고 율법의 행위들과 달리 율법을 올바르게 이해하고 충성된 마음으로 율법을 행하고 성취하게 만들어준다. 그래서 믿음은 율법을 파기하지 않고 도리어 율법을 굳게 세운다.(롬 3:31) 그러나 전통적인 관점에서는 3:27의 ‘노모스’를 법칙 또는 원리를 의미하는 말로 이해한다. ‘믿음의 법’은 칭의가 율법의 행위로 이루어지는 것이 아니라 믿음으로 된다는 원리를 가리킨다.

새 관점에서 그리스도를 통해 계시된 하나님의 의는 하나님의 언약의 신실하심에 따른 것이다. 하나님의 의는 이스라엘과 맺은 언약과 분리된 구원 행위가 아니라 이스라엘과 맺은 언약에 따른 것이다. 그리스도의 속량은 토라에서 하나님이 이스라엘에 대한 언약 의무에 따라 출애굽, 바벨론 포로 귀환, 대속 제사의 방식으로 제시한 것을 완성한 것이다. 그리스도의 희생 제사는 단순한 정의의 기준을 만족시킨 것이 아니라 이스라엘의 하나님으로서 언약의 의무를 이행한 것이다. 원래 아브라함 언약은 이스라엘에게 계시되었지만 그들을 통해서 온 천하 모든 사람을 구원하시기 위한 것이었다. 이스라엘이 실패한 옛 언약이 그리스도의 죽음으로 성취되었고 원래 아브라함 언약이 의도한 범위, 즉 이방인을 포함한 모든 민족으로 확장되었다. 하나님의 목적은 유대인과 이방인의 연합을 통해 용서받은 죄인으로 이루어진 범세계적인 하나의 언약 가족을 창조하는 것이다.

따라서 새 관점에서는 칭의도 언약 개념을 통해 이해한다. 하나님과의 수직적, 개인적 관계를 강조하는 전통적인 칭의의 법정적 종말론적 관점에 더해서 새 관점에서는 언약의 관점, 즉 집합적·수평적 관점에서 공동체적인 성격을 강조한다. 그 결과 칭의는 미래에 의롭다고 인정받게 될 하나님의 언약 백성의 일원임을 현재 시점에서 나타내 보여주는 것이다. 죄가 처리됨으로써 하나님의 참된 언약 백성이 창조된 것이다. 새 관점을 주장하는 톰 라이트 같은 학자는 하나님의 언약에 대한 신실하심을 강조하는 입장에서 3:26의 "예수 믿는"(피스테오스 예수)을 예수 그리스도의 신실하심으로 해석하기도 한다.

전통적인 관점과 새 관점 사이의 결정적인 차이는 특별히 믿음과 대비되는 "율법의 행위들"(롬 3:20, 28, 헬라어 원문으로는 복수임)이 무엇인지에 대한 해석에서 드러난다. 전통적인 관점, 특별히 종교개혁의 관점에서는 율법의 행위는 유대교 율법주의의 문제라고 보았다. 따라서 율법의 행위는 토라가 명령하는 것을 행하는 순종을 의미하며 유대인들은 이 공로를 통해서 의롭게 될 수 있다는 행위의 의를 고수했다고 이해되었다. 율법의 행위는 "율법"의 행위이기 때문이 아니라 일반적인 범주의 "행위", 즉 선한 행위의 한 부분이기 때문에 문제가 된다. 따라서 율법의 행위는 3:27에서처럼 "행위"와 상호교환되어 사용될 수 있는 개념이기 때문에 2:12-15에서 "율법 없는 이방인"의 행위도 율법의 행위의 한 범주로서 이해된 것이다. 그리고 바울은 율법의 행위로 의롭게 될 수 없다는 주장을(롬 3:20, 28), 모세 율법이 주어지기 전에 아브라함이 "행위"로 의롭게 되지 않았다는 주장으로 뒷받침한다.(롬 4:1-8) 따라서 율법의 행위는 보편적, 인간론적, 실존론적인 관점에서 모든 사람에게 적용되는 일반적인 진리, 즉 에른스트 케제만이 주장한 것처럼 "인간적 경건"이라는 자기 의로 구원을 이루고자 하는 "세상의 종교성"을 보여준다.

새 관점에서도 율법의 행위가 이런 신학적 함의를 가질 수도 있지만 이것은 적용의 부분이지 본문의 의미 그 자체라고 보지는 않는다. 새 관점에서는 율법의 행위를 구원사의 특수한 역사적 맥락과 사회학적 기능의 관점에서 이해한다. 율법의 행위를 할례, 예식 규례, 음식 규례, 안식일 계명처럼 이방인과 구별되는 유대인의 정체성을 나타내는 경계 표지로 해석한다. 여기에서 문제는 전통적 입장에서 주장하는 것처럼 구원에 들어가기 위해서 토라를 완벽하게 수행해야 한다는 '개인적' 율법주의가 아니다. 문제는 민족적 선택을 통해서 이미 구원받았다는 하나님의 백성으로서의 언약적 지위를 유지하고 그 구원에 머물기 위해서 율법을 행하는 '언약적' 율법주의(covenantal nomism)이다. 율법으로 흠이 없다는 것은 율법주의처럼 죄 없는 완전을 의미하는 것이 아니라 희생 제사에 대한 규정을 따라 죄 용서와 정화의 수단을 정기적으로 이용해서 회개하고 용서받음으로써 율법을 어긴 것에 대해서 속죄를 받으면 '율법을 지킨' 것으로 '간주'될 수 있다는 것이다. 따라서 유대인들의 문제는 율법 자체가 아니라 이스라엘의 율법을 오해하고 왜곡된 방식으로 대하는 것이다. 문제는 유대인들이 율법을 통해 자신들을 이방인들과 구별하고 그들을 구원에서 배제하고 구원을 유대 민족에게만 국한함으로써 자신들의 특별한 지위와 특권을 강화하는 민족적 배타주의이다.

새 관점에서처럼 바울이 비판한 것이 율법주의가 아니라면 전통적인 종교개혁의 관점에서 바울이 행위의 의를 이루려고 하는 율법주의에 반대하면서 이신칭의를 주장했다는 근거가 상실된다. 그러나 더글러스 무(Douglas J. Moo)가 비판한 것처럼 새 관점의 기초가 되는 샌더스의 언약적 율법주의는 바울의 유대교 배경을 적절하게 묘사한다고 확신할 수 없다. 1세기 유대교의 구원론은 언약적 율법주의로 환원될 수 없는 다양성을 가지고 있고, 율법에 대한 순종을 강조하는 율법주의적 요소를 가지고 있었다. 사실상 바울 시대 많은 유대인 집단의 경우 '민족적' 선택이 '개인' 또는 적어도 '공동체' 선택의 형태로 대체되었다. 그리고 선택된 사람의 지위는 언약 백성 안에 '머무는 것'이 아니라 특정 공동체의 토라에 대한 해석과 실천에 따라 토라를 '준수했는가'에 의해 결정되었다. 그리고 언약적 율법주의에서도 하나님의 '은혜의 선택'으로 언약에 '들어갔지만' 그 언약에 '머무르기' 위해서는 최종적으로 율법에 대한 순종이 요구된다. 따라서 언약적 율법주의 자체가 '율법주의'(nomism), 행위의 의, 공로신학을 포용한다.

이러한 논쟁점에도 불구하고 새 관점은 전통적인 이신칭의의 복음에 대한 이해의 폭을 크게 넓혀주어 하나님의 언약과 공동체적인 틀에서 새롭게 볼 수 있도록 해준다. 그리고 이를 통해 전통적인 개인의 믿음과 구원의 의미를 하나님 나라를 이루어가는 온 세상을 향한 선교적 사명 속에서 더욱 풍성하게 적용할 수 있게 만들어준다. 무(Moo)는 새 관점이 율법의 행위를 좁혀 해석해서 일반적인 선행을 배제한 결과 행위에 의한 칭의의 가능성을 향해 문을 열 수 있다고 우려한다. 그뿐만 아니라 이신칭의가 바울 당시 유대교의 언약적 율법주의라는 특수한 시대적·사회적 상황의 논쟁에서 나왔다는 사실만 강조하다 보면 오직 예수 그리스도를 믿음으로 구원받는다는 전통적인 기독교 구원론의 보편적인 성격을 훼손할 수도 있다.

새 관점을 통해 이런 방향으로 나아가지 않고 전통적인 종교개혁적 관점, 종말론적 관점과 함께 이신칭의의 복음을 통전적으로 조망한다면 그 이해와 적용의 폭을 크게 넓혀줄 수 있을 것이다. 이런 점에서 새 관점을 주장하는 던과 라이트도 구원론에 대한 종교개혁의 근본적인 가르침을 유지하면서 새 관점은 전통적인 관점을 대체하는 것이 아니라 서로 보완하는 것으로 보아야 한다고 주장한다.

설교 본문

우리 모두는 이미 사형선고를 받은 사형수입니다. 최종적인 선고 확정판결입니다. 재판 결과 죄와 그 죄에 대한 증거가 온 천하에 명명백백하게 드러났습니다. 이제 완전히 파멸입니다. 우리는 세상 법정에서 사형선고를 받은 사형수보다 더 끔찍한 상황에 처해 있습니다. 우리 모두는 "하나님의 심판 아래"(롬 3:19) 있습니다. 그것은 우리 인생의 죽음이나 지구의 종말보다 더 무시무시한 우주의 종말입니다. 우리는 하나님의 최후 심판 법정에서 "죄 아래"(롬 3:9) 있는 죄인으로 정죄받아 사형보다, 죽음보다 더 끔찍한 영원한 형벌을 받을 것입니다.

그러나 우리가 예수를 믿으면 정반대로 칭의를 얻습니다. 즉 하나님은 예수 그리스도의 신실하신 의를 우리의 의로 간주해주셔서 우리를 예수처럼 의롭다고 여겨주십니다. "이때에"(롬 3:26), 즉 우리가 예수를 믿을 때 하나님의 최후 심판 법정에서의 심판 결과가 지금 바로 여기에서 이미 확정되어서 미리 무죄의 확정판결 선고를 받습니다. 그 결과 우리는 죽음과 영원한 형벌을 기다리면서 죄와 사망의 권세 아래에서 사는 삶의 구치소에서 즉시 석방됩니다. 그뿐만 아니라 하나님의 언약에 따라 하나님 나라의 시민권을 얻습니다. 하나님 나라의 백성이 되는 특권을 얻어 그 나라의 주인, 즉 주권자 되시는 예수 그리스도의 공의로운 통치 가운데 그 보호와 은혜를 받으면서, 하나님 나라의 평안과 행복을 미리 맛보면서 살아가게 됩니다. 죄와 사망의 권세를 이기고 하나님 나라를 이루어가면서 완전한 하나님 나라를 향해 인생길을 걸어가게 됩니다.

따라서 우리가 예수 그리스도를 통해 얻게 되는 이 하나님의 의는 우리를 구원하고 영원히 행복하게 만드는 승리의 능력이 됩니다. 왜냐하면 우리를 의롭다고 하시는 하나님의 의는 인생의 종말, 지구의 종말, 우주의 종말을 넘어서 하나님의 최후 심판과 그 영원한 형벌에서도 우리를 구원해주기 때문입니다. 하나님의 의로 칭의를 받은 우리는 가장 무서운 최후 심판의 법정에서 재판장이신 하나님의 얼굴을 대면하고도 죄의 형벌을 받지 않고 살 수 있는 사람이 벌써 되었습니다.(창 32:30) 우리는 예수의 의와 부활의 능력으로 이미 하나님과 겨루어 이긴 사람 "이스라엘"이 되었습니다.(창 32:28) 예수 그리스도의 새 언약을 통해서 유대인들뿐만 아니라 "이스라엘 나라 밖의 사람"인 이방인들도 차별 없이 예수를 믿음으로 그리스도 안에서 "하나님의 이스라엘"(갈 6:16)이 될 수 있습니다. 이제 우리는 하나님의 의를 통해 "우리 주 그리스도 예수 안에 있는 하나님의 사랑"(롬 8:39)의 능력을 받아서 하나님의 심판을 이겼습니다. 그러므로 우리는 말 그대로 천하무적이 되어 그 어떤 고난이 있어도 모든 것을 넉넉히 이기고 최후에 승리할 것입니다.

그렇다면 우리는 어떻게 이 하나님의 의를 통한 칭의의 축복을 받을 수 있습니까? 그것은 하나님의 의를 믿는 "믿음의 법"(롬 3:27), 즉 "오직 믿음"으로 받을 수 있습니다. 이것은 예수 그리스도께서 우리를 위한 "화목제물"이 되심으로써 우리의 "속량"을 위한 하나님의 의가 나타났다는 사실(롬 3:25)과 나 자신이 그 하나님의 의를 통해서만 의롭게 될 수 있음을 인정하고 예수를 믿는 것(롬 3:26)입니다. 즉 예수를, 나를 구원하신 구원자 메시아 "그리스도"로 믿고, 그 예수를 나의 주님으로 인정하고, 그 예수께서 왕으로 다스리시는 하나님 나라의 주권을 인정하고, 그 주권 "안에"(롬 3:25)서 하나님의 의와 믿음의 법에 복종하는 백성이 되는 것입니다. 그런데 정말 우리는 실제로 이렇게 믿습니까? 우리의 믿음을 돌아보아야 합니다. 정말 우리가 그 믿음 안에서 살아가고 있는지 점검해보아야 합니다.

첫째로, 우리는 하나님 앞에서 의롭다 하심을 받는 참된 믿음을 위해서, 먼저 예외 없이 모든 사람이 죄인이기 때문에 예수를 믿는 것 외에는 구원의 길이 없다고 믿어야 합니다. 유대인들의 "율법의 행위"(롬 3:20)를 포함한 우리의 그 어떤 "행위"(롬 3:27)로도 구원받을 수 없다는 점을 인정해야 합니다. 따라서 하나님의 최후 심판 법정에서 우리를 기소할 우리 죄에 대한 '공소장'과 그것에 따른 하나님의 심판 선고(롬 3:9-20)를 지금 미리 인정하고 받아들여야 합니다. 종말에 있을 일이지만 그것을 이미 확정된 기정사실로 받아들이고 죄와 하나님의 심판 아래 있음을(롬 3:9, 19) 인정해야 합니다. 바로 이 죄와 형벌에 대해서 예수께서 십자가에서 속량하셨기 때문에 그것을 종말에 하나님의 정의에 따라서 내가 책임져야 할 것이라고 인정해야 예수의 십자가 구속의 결과가 내 것이 됩니다. 이것은 베드로가 사도행전 2:36에서 "너희가 십자가에 못 박은 이 예수"라고 고발한 것처럼 정말 내가 예수를 십자가에 못 박아 죽였다고 믿는 것입니다.

실제로 오순절 성령 강림 직후 베드로의 설교를 듣고 많은 사람이 자기 자신이 예수를 직접 십자가에 못 박아 죽인 것처럼 "마음에 찔려"(행 2:37) 회개하고 예수를 믿고 죄 사함을 받았습니다. 이런 경험은 미국에서의 대부흥운동과 1907년 평양 대부흥운동과 같은 예들에서 볼 수 있듯이 그 이후에도 수많은 사람의 회심 경험에서 나타납니다. 흉악한 죄인으로 보이지 않던 많은 평범한 사람들이 말씀과 성령의 역사를 통해 자신들의 종말의 실체, 즉 하나님의 최후 심판과 영원한 형벌을 눈에 보이는 생생한 현실로 미리 체험하고, 마치 자기가 지옥에 갈 끔찍한 죄인으로서 지금 지옥에서 형벌을 받는 것처럼 고통스러워하면서 회개했습니다. 그렇기 때문에 그들에게는 예수 그리스도의 속량을 통해 나타난 하나님의 의라는 복음이 지금 당장 절실하게 필요했고 그 은혜만을 절대적으로 믿고 붙드는 가운데 죄 사함의 확신과 평안을 얻었습니다.

둘째로, 칭의를 받는 믿음은 "오직 순종"을 통해 성화를 이루어가야 합니다. 하나님의 의를 통한 구원은 너무 귀해서 죄인인 우리의 공로로 정당한 대가를 지불하고 얻을 수 없습니다. 그래서 하나님은 그것을 오직 예수 그리스도를 믿는 조건으로 우리에게 "은혜로 값없이"(롬 3:24) 주십니다. 그렇다고 해서 우리는 이신칭의의 복음을 정말 값어치 없는 값싼 은혜로 전락시켜서 우리의 죄와 성화되지 않는 것에 대한 자기 합리화의 도구로 악용하고 있지 않습니까? 은혜의 가치를 믿는다는 것은 우리의 죄와 그로 인한 대가가 예수 그리스도의 피의 속량이라는 가장 값비싼 대가를 지불해야 할 정도로 심각함을 현실로 제대로 깨달아 아는 것입니다. 우리가 이렇게 깨달아 안다면 죄와 단호히 결별할 것입니다. 나 자신을 포함해서 그 어떤 사람에게도 죄를 이기고 행복하게 살 길, 죽음을 이기고 살 길이 없다라는 사실을 인정하는 것입니다. 그리고 오직 하나님의 의에 따라 살 길, 하나님 나라의 행복으로 살 길밖에 없다고 믿는 것입니다. 이렇게 오직 믿음, 오직 은혜밖에 없다고 인정하면 우리에게 남은 길, 우리가 선택할 수 있는 유일한 길은 "오직 순종"뿐입니다. 살기 위해서 나 자신과 사람들의 세속적인 방법을 버리고 예수 그리스도를 통해 나타난 하나님의 주권적인 의지에 절대적으로 순종하게 됩니다. 그저 단순히 윤리적인 의무로 아니면 벌을 받지 않기 위해서가 아니라 하나님의 의가 내 생명이고 내 행복이기 때문에 율법의 완성인 사랑(롬 13:10)으로 따르게 됩니다. 그래서 믿음으로 율법을 파기하는 것이 아니라 율법을 굳게 세우게 됩니다.(롬 3:31)

그렇기 때문에 뒤를 돌아보면서 내 공로를 자랑할 틈 없이 오직 앞에 있는 예수 그리스도를 믿음으로 얻은 하나님의 의를 푯대로 삼고 그 의를 향해 더욱 힘차게 달려갈 것입니다.(빌 3:4-16) 겸손하게 하나님이 그 의에 따라 진리의 빛을 비추어주셔서 죄와 허물을 깨닫게 해주시고, 예수 그리스도의 보혈로 고쳐주시고, 성령의 능력으로 더욱더 거룩하게 되기를 구할 것입니다. 그 결과 예수를 믿음으로 칭의를 받는 순간 완전히 의인이 된 것은 아니지만 하나님이 봐주신 것처럼 실제로 날마다 날마다 의인으로 성화되어 갈 것입니다. 그 결과 종말에는 우리 몸까지 예수의 영광의 몸처럼 변화되어(빌 3:21) 최후 심판대 앞에서 의인으로 인정받고 하나님의 영광에 참여할 수 있을 것입니다.

셋째로, 칭의를 받는 믿음은 하나님의 은혜의 가치를 제대로 알고 인정하고 현실의 삶에서 "오직 은혜"라는 기준에 따라 살아야 합니다. 사람들의 많은 죄는 '우리'라는 범위를 가족, 혈연, 지연, 민족, 국가, 인종 등 여러 가지 인간적 기준으로 한정하고 장벽을 세운 후 편 가르기와 차별을 통해서 자기 편의 이익만을 챙기는 가운데서 발생합니다. 그런데 "오직 믿음"과 "오직 은혜"라는 이신칭의의 원리는 하나님 앞에서 인간의 그 어떤 자랑도 배제하고, 사람들 사이의 관계에서 그 어떤 인위적인 장벽이나 차별도 제거함으로써 이런 죄의 근본 원인을 제거합니다. 루터가 "의인이면서도 죄인"(simul justus et peccator)이라고 고백한 것처럼 나는 여전히 죄인이지만 하나님께서 예수 때문에 은혜로 나를 의인으로, 거룩한 성도로 봐주시는 것뿐이기 때문에 하나님 앞에서 아무것도 자랑하거나 교만할 것이 없음을 인정할 수밖에 없습니다.

우리는 예수 그리스도를 믿는다는 것 이외에 다른 조건을 자랑하고 내세우면서 그것으로 다른 사람을 차별하는 어떤 무리에 소속되어 배타적인 특권을 누리고자 하지는 않습니까? 그렇다면 아무 차별 없이 오직 예수를 믿는 믿음 하나로 그 구성원이 되는 하나님 나라에서 우리 스스로를 소외시키고 배제하는 것입니다. 그것은 유대인이나 이방인이나 할례자나 무할례자나 차별 없이 모든 사람의 창조주 유일하신 "한 분" 하나님(롬 3:29-30) 아버지의 가족이 되기를 거부하는 것입니다. 우리도 예수를 믿는다고 하면서 그런 자리에 서 있지 않습니까? 유대인들이 하나님의 은혜의 선택으로 하나님의 백성이 되었지만 그 은혜 안에 머물기 위해서 율법의 행위가 필요하다고 본 언약적 율법주의처럼 우리도 오직 믿음으로 시작해서 결국 율법의 행위와 같은 공로의 주장으로 끝나고 있지 않습니까? 오늘날 교회 안에서 일어나는 세습이나 분쟁 같은 대부분의 문제도 자기 공로에 걸맞는 자신의 지분을 챙겨야 한다는 공로 의식에 뿌리를 두고 있습니다. 우리는 교리적으로는 보수적인 입장에서 전통적인 종교개혁의 이신칭의 교리를 금과옥조처럼 여기고 고수하면서도 정작 로마 가톨릭의 '의를 행하는 선행' 대신 '교회 봉사를 통한 상급'을 또 다른 율법의 행위로 내세우면서 자랑하고 있지 않습니까? 우리는 종종 교회 안에서나 실제 삶에서 이런 공로의식에 사로잡혀 모든 것을 자기가 주장하려고 하는 교만과 이기적인 탐욕을 정당화하고 합리화하면서 분쟁하는 것이 현실입니다.

사회적으로도 우리는 능력주의의 교만에 사로잡혀 개인의 자유와 능력에 따라 공정하게 보상받아야 한다는 미명하에 빈부격차나 차별을 정당화할 때가 많습니다. 그러나 많은 경우 실상은 개인의 능력이 아니라 자본에 따라 열매를 나누는 자본주의를 능력주의로 포장합니다. 우리의 재능이나 능력도, 심지어 노력하는 성품도, 성공을 위한 환경적 조건도 사실 대부분이 은혜로 선천적으로 주어진 나의 자본입니다. 그렇기 때문에 우리는 겸손하게 내 능력과 재능과 가진 것들을 주신 하나님의 은혜에 감사하면서 내가 그 모든 것의 주인이 아니라 하나님이 잠시 내게 맡기신 것인 줄 알고 하나님의 청지기로서 하나님의 뜻에 따라서 사용하고 나누어야 합니다. 그러나 우리는 모두 내 개인의 능력과 노력으로 성공해서 얻은 오직 나만의 공로이기 때문에 내가 주인이고, 그래서 내 마음대로 내 욕심대로 자유롭게 사용하는 것이 당연한 권리임 것처럼 내세울 때가 많습니다. 바울의 이신칭의와 오직 은혜의 복음은 마이클 샌델(Michael J. Sandel)이 지적한 '공로의식의 폭정'(『공정하다는 착각』, *The Tyranny of Merit*)이나 대니얼 마코비츠(Daniel Markovits)가 제기한 '능력주의의 덫'(『엘리트 세습』, *The Meritocracy Trap*)과 같은 문제들에 대한 가장 확실한 치유책이 될 것입니다.

결국 오직 믿음으로 의롭게 된다는 복음은 하나님 앞에서 우리를 겸손하게 만들어 모든 사람을 향해 열린 마음으로 차별 없이 평등하게 대하게 만듭니다. 이는 진정한 사랑의 실천과 모든 민족을 향한 선교를 가능하게 합니다. 이를 통해 예수 그리스도께서 "화목제물"이 되심으로써 이루시려는 하나님의 의, 즉 만물의 화해와 화평(골 1:20)이라는 구원을 이루어가게 됩니다.

하나님의 의는 죄를 심판하고 형벌을 주는 세상의 정의보다 더 능동적으로 죄인을 용서하고 의인으로 인정해주는 칭의의 은혜를 통해서 실제로 죄인이 의인으로 성화되게 만들고 의로운 하나님 나라를 이루어가도록 만들어주는 능력입니다. 종말론적·법정적·언약적 칭의는 성화의 원동력이고 사랑과 정의의 하나님 나라 실현의 토대가 됩니다. 이제 우리 교회는 이신칭의의 은혜를 받은 공동체로서 하나님의 의를 나타내고 실현해가는 사명을 맡았습니다.

예수의 은혜를 믿음으로 이미 의인이 된 우리는 이제 다시 한번 결단하면서 오직 이 믿음으로 살아갑시다. 우리가 이 믿음으로 살면 우리는 이 땅에서 하나님 나라를 미리 맛보면서 끝없이 더욱더 커져만 가는 사랑의 행복으로 영원히 살게 될 것입니다.(롬 1:17, '살리라' 미래형) 오직 믿음으로 살면 우리의 미래 운명은 오직 다시 사는 부활과 영원히 행복하게 사는 천국뿐입니다.

전근호

제6장

복음의 세 초점

로마서 4:17-25

17 기록된 바 내가 너를 많은 민족의 조상으로 세웠다 하심과 같으니 그가 믿은 바 하나님은
죽은 자를 살리시며 없는 것을 있는 것으로 부르시는 이시니라 18 아브라함이 바랄 수 없는
중에 바라고 믿었으니 이는 네 후손이 이같으리라 하신 말씀대로 많은 민족의 조상이 되게
하려 하심이라 19 그가 백 세나 되어 자기 몸이 죽은 것 같고 사라의 태가 죽은 것 같음을 알
고도 믿음이 약하여지지 아니하고 20 믿음이 없어 하나님의 약속을 의심하지 않고 믿음으로
견고하여져서 하나님께 영광을 돌리며 21 약속하신 그것을 또한 능히 이루실 줄을 확신하였
으니 22 그러므로 그것이 그에게 의로 여겨졌느니라 23 그에게 의로 여겨졌다 기록된 것은 아
브라함만 위한 것이 아니요 24 의로 여기심을 받을 우리도 위함이니 곧 예수 우리 주를 죽은
자 가운데서 살리신 이를 믿는 자니라 25 예수는 우리가 범죄한 것 때문에 내줌이 되고 또한
우리를 의롭다 하시기 위하여 살아나셨느니라

본문 해설: 새 관점

톰 라이트에 따르면, 로마서 4장은 창세기 15장에서 하나님이 아브라함과 체결하신 언약에 대한 해설로서 아브라함의 언약 가족이 유대인뿐만 아니

라 이방인도 포함할 것을 하나님이 의도하고 약속하셨음을 보여준다. 라이트는 '이신칭의'는 이 주제에 기여하는 것이지, 이 주제가 '이신칭의'에 기여하는 것이 아니라고 주장한다. 다시 말하면 "아브라함의 가족이 유대인으로만 구성되는가, 아니면 이방인도 포함하는가?"가 현재 논의의 주제라는 것이다. 이런 의미에서 4장의 절정은 16-17절이다. 즉 아브라함은 하나님을 믿는 이방인과 유대인 모두의 조상이다. 바울은 아브라함의 믿음이 하나님 백성의 일원임을 보여주는 유일한 표찰이며, 따라서 그 믿음에 동참하는 모든 사람이 "의롭다 함을 받는다."라고 주장한다. 아브라함의 믿음은 예수를 죽은 자 가운데서 살리신 하나님을 믿는 그리스도인들의 믿음과 동일하다.

라이트는 로마서 전체 주제를 언약에 대한 하나님의 신실하심, 하나님의 구원하시는 정의로 파악한다. 바울은 하나님이 처음 시작부터 약속하셨던 바를 예수 그리스도 안에서 행하셨다는 사실을, 그리고 그 행하심의 결과로서 한 가족을 창조하셨고 그 가족을 정의하는 표지는 생명을 주시는 하나님을 믿는 믿음이라는 사실을 보여주기 위해 아브라함의 이야기를 제시하고 있다.

로마서 4장에서 바울의 핵심 주장은 하나님의 약속이 범세계적인 유효성을 갖는다는 것이다. 즉 바울은 아브라함이 우리 모두의 조상이며, 그것은 "내가 너를 많은 민족의 조상으로 세웠다"(4:17)라고 기록된 바와 같다. 4장에서 믿음, 은혜, 약속은 중요하긴 하지만 핵심 주제는 아니다. 이 장의 핵심 주제는 아브라함, 그의 가족, 그의 하나님이다. 다시 말하면 이 장의 전체적 주제는 하나님의 언약적 신실하심의 계시, 그리고 유대인과 이방인이 합쳐진 가족의 창조이다. 이 장은 '이신칭의'에 대한 증거 본문이 아니다. 로마서 4장은 언약의 하나님에 대한, 그리고 아브라함에게 약속된 언약이 성취된 방식에 대한 해설로서, 칭의와 믿음은 그 전체적인 논의 안에서 역할을 하고 있는 것이다.

"하나님은 죽은 자를 살리시며 없는 것을 있는 것같이 부르시는 이시니라."(롬 4:17b) 하나님이 이방인에게 믿음을 불러일으키는 경우 이것은 무로부터의 창조이다. 반면 하나님이, 유대인이 아브라함의 믿음에 참여하게 하는 경우 이것은 죽음으로부터 나온 생명이다.

아브라함의 믿음은 하나님이 하신 약속을 신뢰하는 것이었다. 이 약속이 성취된다면 그것은 하나님이 죽은 자에게 생명을 주시는 분이요 무로부터 창조하시는 분임을 증명하게 된다. 바울은 이러한 아브라함의 믿음이, 그리스도인들이 하나님께서 예수를 죽은 자 가운데서 살리신 것을 믿는 믿음과 동일함을 보여주고자 한다.

로마서 4:18-19는 아브라함이 "네 자손이 이와 같으리라"(창 15:5)라는 하나님의 약속을 믿었다는 창세기 15:5를 인용한다. 이 믿음의 특징은 아브라함과 사라가 나이 때문에 죽은 자와 같은 상황에서도 끝까지 새로운 생명에 대한 소망을 붙잡았다는 것이다. 바울은 로마서 4:22에서 "그러므로 그것(아브라함의 믿음)이 그에게 의로 여겨졌느니라"라고 말한다. 바울은 아브라함의 믿음을 공로나 자랑거리로 생각하지 않았다. 그 믿음은 그를 부르고 그에게 생명의 약속을 주는 은혜에 대한 반응이었다. 그러므로 아브라함의 믿음이 의로 여겨졌다는 것은 그가 특별한 유형의 믿음을 소유함으로써 특별한 총애를 받았다는 의미가 아니다. 바울이 의도하는 바는 순전한 은혜로 촉발된 이러한 유형의 믿음이야말로 인간성의 구속과 갱신의 증거라는 것이다. 믿음은 생명의 증표이며, 생명은 하나님의 선물이다. 칭의는 이 생명의 증표가 나타나는 사람이 언약 안에 속해 있다는 하나님의 선언이다.

바울은 로마서 4:23-25에서 그리스도인의 믿음의 의미를 설명한다. 하나님이 아브라함에게 말씀하신 내용은 아브라함의 믿음에 참여하는 모든 사람을 포괄한다. 아브라함의 믿음이 그가 비록 죽은 자 같았지만 창대한 가족을 약속하는 말씀에 의해 촉발되었다면, 그리스도인의 믿음은 죽은 자 가운데서 살아나신 예수의 부활과 그로써 예수가 이스라엘의 메시아요 세상의 주라는 사실이 공표된 것에 관한 복음 말씀에 의해 불러일으켜진다.

로마서 4:24에서 바울은 그리스도인의 믿음을 “예수 우리 주를 죽은 자 가운데서 살리신 이를 믿는” 것으로 말한다. 예수가 아닌 하나님이 그리스도인의 믿음의 일차적 대상이다. 부활은 하나님의 주도와 권능으로 일어났다. 예수는 주이시며 하나님이 예수를 죽은 자 가운데서 다시 살리셨다고 고백하는 것은 아브라함의 믿음에 참여하는 일이며, 이 믿음이 아브라함의 가족의 일원임을 나타내는 유일한 표찰이다. 예수의 복음을 믿는 사람들(예수를 죽은 자 가운데서 살리신 하나님을 믿는 믿음을 포함)은 그 믿음 때문에 아브라함의 믿음에 참여하며, 아브라함과 마찬가지로 의롭다고 여겨진다.

라이트에 따르면 로마서 4:25는 하나님의 의, 하나님의 언약적 신실하심, 하나님의 구원하시는 정의가 드러난 이가 바로 예수라고 선언한다. 예수는 “우리의 범죄를 위하여 내어줌이 되고, 또한 우리의 칭의를 위하여 다시 살아나셨다.” 예수의 죽음은 칭의 신학과 탈민족 언약 가족 신학의 토대이다. 십자가를 유대인과 이방인의 연합의 토대로 보는 관점이 바울의 특징적인 관점이다. 25절의 정확한 번역은 예수가 “우리의 범죄 ‘때문에’ 내어줌이 되고, 또한 우리의 칭의 ‘때문에’ 다시 살아나셨다.”이다.

라이트에 따르면 이 본문에는 다음 두 가지 의미가 결합되어 있다. 첫째, 이사야 53장의 종은 대리적인 죽음을 당한 후에 새 생명으로 부활한다. 그때 하나님의 의로운 자로서 그의 직무는 “많은 자들을 의롭게” 하는 것이다. 이런 의미에서 로마서 4장에서 예수의 부활은 “그 사건을 통해 하나님이 우리를 의롭다 하시려고 의도하셨기 때문에”라는 의미에서 “우리의 칭의 때문에” 일어났다고 이해할 수 있다.

둘째, 하나님은 예수를 다시 일으키심으로써 그가 하나님의 아들, 메시아라고 선언한다. 신실하신 예수가 메시아라는 사실이 부활에 의해 입증

되었다면, 부활은 또한 예수에게 속한 모든 자, 그 안에서 계시된 하나님의 신실하심에 믿음으로 응답하는 모든 자를 아브라함에게 약속된 참 언약 가족의 일원이라고 선언한다. 이런 차원에서 예수의 부활은 칭의의 선언으로 이해될 수 있으며, 따라서 "우리의 칭의 때문에 그가 살아나셨다."라고 표현될 수 있다.

로마서 4장은 뒤로 1-3장을 돌아보게 하고, 앞으로 9-11장과 12-16장을 내다보게 하는 높은 바위와 같다. 먼저 뒤를 돌아보면, 예수 메시아에 관한 사건과 이 사건들이 선언된 복음 메시지는 창조주 하나님의 언약적 신실하심과 구원하는 정의를 드러낸다. 왜냐하면 이 사건들 안에서 아브라함에게 하신 약속들이 마침내 성취되기 때문이다. 이 약속들은 세상을 구속하기 위한 것인데, 구속은 범세계적인 가족의 창조를 통해서 이루어질 것이다. 이 구속이 이제 메시아 예수의 희생적 죽음과 부활을 통해 성취되었다. 따라서 하나님은 최초에 이스라엘 백성이 창조되고 할례와 토라로 구별된 목적을 예수의 신실함을 통해 성취하신 것이다. 하나님의 탈민족 언약 가족의 창조의 형태는 아브라함에게 은혜가 주어졌던 방식을 닮았으며, 유대인과 이방인 구분 없이 '예수를 살리신 하나님'을 믿는 모든 사람에게 죄 용서와 칭의를 가져다준다.

로마서 9-11장에서 바울은 이스라엘의 불신앙의 문제와 씨름한다. 11장에서 바울은 대체로 이방인으로 구성된 로마교회를 향해 비그리스도인 유대인들을 멸시하지 말라고 경고한다. 그들도 여전히 하나님이 구원해야 할 사랑과 목적의 대상이기 때문이다. 그리고 12-16장에서 바울은 교회가 이방 사회에서 갱신된 인류로 살아가기 위한 지침을 세운다. 전통의 장벽을 뛰어넘어서 예수 안에 계시된 하나님을 믿는 모든 자가 하나 되는 연합이 핵심 주제이다. 유일하신 하나님이 메시아 예수 안에서 성취하신 내용에 대한 언약적 이해에 바탕을 둔 교회의 선교와 연합이라는 주제가 마지막 두 단원의 핵심이다.

설교 본문

'복음'으로 번역된 헬라어 '유앙겔리온'은 좋은 소식을 뜻합니다. 좋은 소식이란 무엇입니까? 구약성서에서 '유앙겔리온'은 이스라엘을 지배하던 바벨론이 멸망하고 이스라엘의 포로 상태가 종식되었으며 야웨가 시온으로 친히 돌아오신다는 소식을 예루살렘에 전하는 것이었습니다. 즉 구약성서에서 복음은 이스라엘이 포로 상태로부터 해방되고 하나님이 통치하시는 평화의 시대가 도래한다는 좋은 소식입니다. 이사야 52:7은 이 좋은 소식을 전하는 자에 관해 이렇게 노래합니다. "좋은 소식을 전하며 평화를 공포하며 복된 좋은 소식을 가져오며 구원을 공포하며 시온을 향하여 이르기를 네 하나님이 통치하신다 하는 자의 산을 넘는 발이 어찌 그리 아름다운가." 선지자들은 이와 같은 이스라엘의 해방과 하나님의 통치가, 메시아가 옴으로써 이루어질 것이라고 예언했습니다.

사도 바울은 복음을 전하기 위해 자신의 모든 것을 다 바쳐 헌신했습니다. 바울에게 복음이란 무엇입니까? 바울에게 복음은 예수 그리스도에 관한 소식입니다. '그리스도'는 히브리어 '메시아'를 헬라어로 번역한 단어입니다. 바울이 전한 복음은 메시아(그리스도) 예수 안에서 하나님의 통치가 구현되고 인간의 구원이 실현되었다는 소식입니다. 이와 같은 바울의 복음에는 세 가지 초점이 있습니다. 첫째는 하나님의 의, 둘째는 인간의 의, 셋째는 믿음의 순종입니다. 이 가운데 하나님의 의가 가장 근본적입니다. 인간의 의는 하나님의 의에 근거하며, 하나님의 의에 의해 주어집니다. 그리고 하나님의 의는 믿음으로 받아들여지며, 믿음은 순종을 포함합니다.

첫 번째, 로마서 본문에서 바울은 "복음에는 하나님의 의가 나타난다."라고 말합니다. 이 말은 무슨 의미입니까? 복음은 '하나님의 의'를 나타내고 선포하는 것입니다. 하나님의 의란 무엇입니까? 하나님의 의는 관계적 개념입니다. 하나님의 의는 아브라함과 이스라엘 백성과 맺은 언약을 끝까지 지키시는 신실하심(faithfulness)에 있습니다. 하나님의 의는 이스라엘의 반역에도 불구하고 이스라엘과 맺은 언약을 끝까지 지키시는 신실하신 사랑을 의미합니다. 하나님은 이 의, 즉 신실하신 사랑으로 하나님을 반역하고 떠난 자신의 백성들, 나아가 모든 인간을 자신과 올바른 관계로 이끌어 들이고자 하십니다.

바울은 이 하나님의 의, 하나님의 신실하신 사랑이 결정적으로 예수 그리스도 안에서 나타났다고 선포합니다. 로마서의 주제는 바로 하나님의 의, 하나님의 신실하신 사랑이 십자가에 못 박히고 부활하신 예수 그리스도 안에 나타났다는 것입니다. 예수 그리스도는 십자가에서 인간의 죄를 대신 지고 죽임을 당하셨습니다. 하나님의 의는 계속되는 인간의 반역에도 불구하고 인간의 죄를 대신 지고 죽임을 당하도록 그 아들을 십자가에 내어주는 신실하신 자기희생적인 사랑에 있습니다. 이 예수 그리스도의 십자가 안에 나타난 하나님의 의, 하나님의 신실하신 사랑이 죄인 된 우리를 값없이 의롭게 합니다. 예수께서는 말씀하셨습니다. "내가 의인을 부르러 온 것이 아니요 죄인을 불러 회개시키러 왔노라."(눅 5:32) 하나님의 의는 죄인 된 인간을 불러 의롭게 하는 의(justifying justice)입니다. 하나님의 의는 심판자(The Judge)이신 그분이 피심판자(The Judged)가 되어 우리 대신 심판을 당함으로써 우리를 의롭다고 인정해주심에 있습니다.

따라서 바울의 복음의 두 번째 초점은 '인간의 의'에 있습니다. 인간의 의는 하나님의 의, 하나님의 신실하신 사랑에 의해 은혜로 값없이 주어집니다. 하나님으로부터 은혜로 주어지는 인간의 의에는 두 가지 의미가 있습니다. 하나는 법정적 개념으로서, 우리는 여전히 죄인이지만 하나님이 의롭다고 인정하시고 선언하시는 것입니다. 다른 하나는 관계적 개념으로서, 하나님이 우리를 다시금 하나님과 올바른 관계 안으로 회복시키시는 것입니다. 법정적 개념과 관계적 개념은 서로 연관되어 있습니다. 즉 우리는 하나님으로부터 의롭다고 인정받음으로써 하나님과 올바른 관계 안으로 회복되어 들어갑니다.

우리는 하나님이 은혜로 주시는 의를 믿음으로 받습니다. 믿음이란 무엇입니까? 우리는 아브라함을 '믿음의 조상'이라고 부릅니다. 아브라함의 믿음은 어떤 것이었습니까? 창세기 15:5-6에 보면 하나님은 아브라함의 자손을 하늘의 별처럼 많게 해주시겠다고 약속하십니다. 아브라함은 하나님의 이 약속을 믿었습니다. 하나님은 이 믿음을 그의 의로 여기셨습니다. 바울은 아브라함의 의가 하나님을 믿는 믿음으로 주어지는 의, 즉 '믿음의 의'라고 말합니다. "아브라함이 하나님을 믿으매 그것이 그에게 의로 여겨진 바 되었느니라."(롬 4:3) "아브라함이나 그 후손에게 세상의 상속자가 되리라고 하신 언약은 율법으로 말미암은 것이 아니요 오직 믿음의 의로 말미암은 것이니라."(롬 4:13) 하나님의 의는 하나님을 믿는 믿음을 통해 주어집니다. 그래서 루터는 "우리는 오직 믿음으로 의롭게 된다."라고 하는 이신칭의(justification by faith) 교리를 주창했습니다. 그러나 보다 정확하게 표현하자면, 우리는 '하나님의 의, 즉 신실하신 사랑의 은혜에 의해 믿음을 통해 의롭게 되는 것'[justification by grace of faithful love(justice) of God through faith]입니다.

그러면 아브라함의 믿음은 어떤 믿음입니까? 아브라함의 믿음은 하나님이 하신 약속을 신뢰하는 믿음이었습니다. 그의 믿음은 "바랄 수 없는 중에 바라고 믿은" 믿음이었습니다. 그는 백 세가 되어 자기 몸과 사라의 태가 다 죽은 것 같음을 알고도 하나님이 약속하신 바를 능히 이루실 줄을 믿었습니다. 하나님의 약속이 성취된다면 그것은 하나님이 죽은 자에게 생명을 주시는 분이요 무로부터 창조하시는 분임을 증명하는 것입니다.

바울에 따르면 이러한 아브라함의 믿음은 그리스도인들이, 하나님이 예수를 죽은 자 가운데서 살리신 것을 믿는 믿음과 동일합니다. 바울은 말합니다. "그에게 의로 여겨졌다 기록된 것은 아브라함만 위한 것이 아니요 의로 여기심을 받을 우리도 위함이니 곧 예수 우리 주를 죽은 자 가운데서 살리신 이를 믿는 자니라 예수는 우리가 범죄한 것 때문에 내줌이 되고 또한 우리를 의롭다 하시기 위하여 살아나셨느니라."(롬 4:23-25) 우리 그리스도인에게 믿음이란 예수 그리스도 안에 나타난 하나님의 의를 받아들이는 것입니다. 예수 그리스도 안에 나타난 하나님의 의는 경건치 아니한 죄인을 의롭게 하시는 신실하신 사랑의 의입니다. 따라서 바울은 "경건하지 아니한 자를 의롭다 하시는 이를 믿는 자에게는 그의 믿음을 의로 여기시나니"(롬 4:5)라고 말합니다. 죄인 된 우리를 값없이 의롭게 하는, 예수 그리스도의 십자가에 나타난 하나님의 의, 하나님의 신실하신 사랑을 받아들이는 믿음을 하나님은 우리의 의로 여기십니다. 바로 이런 의미에서 바울은 "의인은 믿음으로 말미암아 살리라"라고 말합니다.

"의인은 믿음으로 말미암아 살리라"는 바울의 로마서 1:17 본문은 구약성서 하박국 2:4를 인용한 것입니다. 하박국은 이스라엘이 갈대아(바벨론)인들에 의해 침략을 받고 점령당하기 직전의 절망적인 상황에서 하나님을 향해 "하나님은 도대체 무엇을 하고 계십니까?"라는 질문하자 이에 대한 응답으로 들은 하나님의 말씀입니다. 하박국 2:4는 역사적으로 많은 논쟁을 초래해왔습니다. 이 본문에서 '믿음'으로 번역된 히브리어 '에무나'(אֱמוּנָה)는 신실함, 신뢰, 성실, 흔들리지 않는 확고부동함이란 의미를 지닙니다. 한마디로 믿음으로 번역된 '에무나'는 신실함(faithfulness)을 의미합니다.

그러면 하박국에서 "의인은 그의 믿음, 즉 신실함으로 말미암아 살리라."라는 말씀은 무슨 의미입니까? 의인은 누구의 믿음 또는 신실함으로 산다는 것입니까? '에무나'의 주체가 누구입니까? 의인은 하나님의 신실함으로 삽니까? 아니면 인간 자신의 신실함으로 삽니까? 이 본문은 히브리어 텍스트(MT)에서는 "의인은 그(인간)의 신실함으로 살리라."로, 칠십인역(LXX)에서는 "의인은 나(하나님)의 신실함으로 살리라."로, 그리고 바울의 로마서에서는 "의인은 믿음(신실함)으로 살리라."로 각각 다르게 기록 또는 번역되었습니다. 히브리어 텍스트에서는 신실함의 주체가 인간입니다. 여기서 의인은 인간 자신의 신실함(믿음)으로 삽니다. 그러나 칠십인역에서는 신실함의 주체가 하나님입니다. 따라서 여기서 의인은 하나님의 신실하심으로 삽니다. 한편 바울의 로마서에서는 신실함(믿음)의 주체가 밝혀져 있지 않습니다.

'에무나'가 하나님에 관해서 사용될 때는 약속하신 바를 이루시는 하나님의 신실하심을 표현합니다. 이 하나님의 신실하심이 바로 하나님의 의입니다. 그리고 이 '에무나'가 인간에게 사용될 때에는 하나님의 신실하심에 대한 신뢰 안에 살아가는 인간의 신실함을 의미합니다. 이 인간의 신실함이 곧 인간의 의입니다. 톰 라이트는 우리의 믿음은 하나님의 신실하심(faithfulness)에 응답하는 신실함(faithfulness)을 의미한다고 말합니다. 다시 말하면 믿음이란 언약하신 바를 반드시 이루시는 하나님께 대한 신실한 믿음을 가지고 어떠한 절망적인 상황에서도 흔들리지 않고 꿋꿋하게 성실하게 살아가는 것입니다. 하나님은 이러한 믿음, 즉 신실함을 가진 사람을 의롭다고 하십니다.

전통적으로 교회는 로마서 1:17의 믿음(신실함)의 주체를 인간으로 이해해 왔습니다. 즉 의인은 "자신의 믿음(신실함)으로" 삽니다. 그렇다면 믿음(신실함)의 대상은 무엇입니까? 하박국에서 '에무나'란 하나님의 신실하심에 대한 변함없는 신뢰 안에서 신실하게 사는 것을 의미합니다. 하나님은 이스라엘과의 언약을 끝까지 지키시는 신실하신 하나님입니다. 하나님은 우상을 숭배하는 침략자들을 멸망시키고 마침내 이스라엘을 구원하실 것입니다.(합 3:2-9) 하박국은 어떠한 절망적인 상황에서도 이 신실하신 하나님에 대한 신뢰를 잃지 않고 흔들림 없이 신실하게 살아야 한다고 말합니다. 어떠한 상황에서도, 자신의 언약을 지키시는 하나님의 신실하심에 대한 믿음을 가지고 신실하게 사는 사람이 하박국이 말하는 의인입니다. 우리가 아무리 힘들고 어려운 상황에서도 하나님의 신실하심에 대한 신뢰 안에서 하루하루 신실하게 살아갈 때, 우리는 하나님으로부터 의롭다고 인정을 받으며 하나님과 올바른 관계로 들어갑니다.

바울의 복음의 세 번째 초점은 '믿음의 순종'입니다. 하나님의 신실함에 대한 응답으로서의 인간의 신실함은 곧 믿음의 순종으로 나타납니다. 바울에게 믿음은 순종의 행위를 포함합니다. 그는 로마서 1:5-6에서 이렇게 말합니다. "그로 말미암아 우리가 은혜와 사도의 직분을 받아 그의 이름을 위하여 모든 이방인 중에서 믿어 순종하게 하나니 너희도 그들 중에서 예수 그리스도의 것으로 부르심을 받은 자니라." 바울은 자신이 예수 그리스도로 말미암아 은혜로 사도의 직분을 받은 목적이 믿음의 순종에 있다고 말합니다.

이 1:5에서 주목해야 할 구절이 "믿어 순종케 하나니"라는 구절입니다. 이것은 '믿음의 순종', '믿음에서 나오는 순종', '믿음인 순종' 등으로 이해할 수 있습니다. '믿음'과 '순종' 두 단어는 서로를 해석합니다. 즉 믿음은 언제나 순종을 포함하고 순종은 언제나 믿음을 전제합니다. 그러므로 믿음과 순종은 불가분의 관계에 있습니다. '믿음의 순종'은 신실하신 하나님께 대한 절대적인 신뢰 안에서 어떠한 역경에서도 하나님의 뜻을 따라 신실하게 살아가는 것을 의미합니다.

아브라함이 이삭을 하나님께 바치는 이야기는 이 '믿음의 순종'을 잘 보여줍니다. 하나님께 대한 절대적 신뢰 안에서 아브라함은 백 세에 얻은 이삭을 하나님께 바치라는 하나님의 명령에 순종했습니다. 이것이 바로 아브라함의 믿음의 순종입니다. 그러나 누구보다도 이 믿음의 순종을 가장 잘 보여주신 분이 예수입니다. 바울은 아담과 대조해서 예수의 사역 전체를 순종으로 표현했습니다. "한 사람이 순종하지 아니함으로 많은 사람이 죄인 된 것같이 한 사람이 순종하심으로 많은 사람이 의인이 되리라."(롬 5:19) 이 본문에서 바울은 아담도 '한 사람'으로, 예수도 '한 사람'으로 표현합니다. '한 사람' 아담의 불순종으로 많은 사람이 죄인 된 것처럼, '한 사람'

예수 그리스도의 순종으로 많은 사람이 의인이 되었다는 것입니다. 순종은 곧 의의 행동입니다. "그런즉 한 범죄로 많은 사람이 정죄에 이른 것같이 한 의로운 행위로 말미암아 많은 사람이 의롭다 하심을 받아 생명에 이르렀느니라."(롬 5:18) "'한 사람' 예수의 믿음의 순종", 즉 "의의 한 행동"으로 우리가 의롭게 되었습니다.

예수를 주님으로 믿고 고백하는 것은 주님 되신 그분께 순종함을 내포합니다. 우리가 예수를 주님으로 고백할 때 우리는 동시에 우리 자신을 그분의 뜻을 따르는 종으로 고백하는 것입니다. 그러므로 우리가 예수께 순종하지 않는다면 예수를 주님으로 고백하는 우리의 믿음은 공허한 것이 됩니다. 믿음의 순종은 단지 도덕적으로 선한 행위의 한 목록이 아닙니다. 믿음의 순종에는 자기 의나 자기 공로가 들어설 자리가 없습니다. 믿음의 순종에 있어서 하나님의 의, 하나님의 신실하신 사랑, 예수 그리스도의 십자가에 나타난 하나님의 자기희생적인 사랑으로 주어지는 구원, 즉 의롭게 됨의 은혜에 대한 감사 외에 다른 동기는 없습니다. 이 믿음의 순종은 궁극적으로 우리를 위해 고난을 받으신 예수 그리스도의 자취를 따라가도록 우리를 부릅니다. 그러므로 베드로는 다음과 같이 말합니다. "이를 위하여 너희가 부르심을 받았으니 그리스도도 너희를 위하여 고난을 받으사 너희에게 본을 끼쳐 그 자취를 따라오게 하려 하셨느니라."(벧전 2:21) 우리가 모두 믿음의 순종 안에서 그리스도의 자취를 따라가는 주님의 제자들이 되기를 기도합니다.

윤철호

제7장

믿음으로 의롭다 함을 받았으니

로마서 5:1-21

[1] 그러므로 우리가 믿음으로 의롭다 하심을 받았으니 우리 주 예수 그리스도로 말미암아 하
나님과 화평을 누리자 [2] 또한 그로 말미암아 우리가 믿음으로 서 있는 이 은혜에 들어감을
얻었으며 하나님의 영광을 바라고 즐거워하느니라 [3] 다만 이뿐 아니라 우리가 환난 중에도
즐거워하나니 이는 환난은 인내를, [4] 인내는 연단을, 연단은 소망을 이루는 줄 앎이로다 [5] 소
망이 우리를 부끄럽게 하지 아니함은 우리에게 주신 성령으로 말미암아 하나님의 사랑이 우
리 마음에 부은 바 됨이니 [6] 우리가 아직 연약할 때에 기약대로 그리스도께서 경건하지 않은
자를 위하여 죽으셨도다 [7] 의인을 위하여 죽는 자가 쉽지 않고 선인을 위하여 용감히 죽는
자가 혹 있거니와 [8] 우리가 아직 죄인 되었을 때에 그리스도께서 우리를 위하여 죽으심으로
하나님께서 우리에 대한 자기의 사랑을 확증하셨느니라 [9] 그러면 이제 우리가 그의 피로 말
미암아 의롭다 하심을 받았으니 더욱 그로 말미암아 진노하심에서 구원을 받을 것이니 [10] 곧
우리가 원수 되었을 때에 그의 아들의 죽으심으로 말미암아 하나님과 화목하게 되었은즉 화
목하게 된 자로서는 더욱 그의 살아나심으로 말미암아 구원을 받을 것이니라 [11] 그뿐 아니라
이제 우리로 화목하게 하신 우리 주 예수 그리스도로 말미암아 하나님 안에서 또한 즐거워
하느니라 [12] 그러므로 한 사람으로 말미암아 죄가 세상에 들어오고 죄로 말미암아 사망이 들
어왔나니 이와 같이 모든 사람이 죄를 지었으므로 사망이 모든 사람에게 이르렀느니라 [13] 죄
가 율법 있기 전에도 세상에 있었으나 율법이 없었을 때에는 죄를 죄로 여기지 아니하였느

니라 14그러나 아담으로부터 모세까지 아담의 범죄와 같은 죄를 짓지 아니한 자들까지도 사망이 왕 노릇 하였나니 아담은 오실 자의 모형이라 15그러나 이 은사는 그 범죄와 같지 아니하니 곧 한 사람의 범죄를 인하여 많은 사람이 죽었은즉 더욱 하나님의 은혜와 또한 한 사람 예수 그리스도의 은혜로 말미암은 선물은 많은 사람에게 넘쳤느니라 16또 이 선물은 범죄한 한 사람으로 말미암은 것과 같지 아니하니 심판은 한 사람으로 말미암아 정죄에 이르렀으나 은사는 많은 범죄로 말미암아 의롭다 하심에 이름이니라 17한 사람의 범죄로 말미암아 사망이 그 한 사람을 통하여 왕 노릇 하였은즉 더욱 은혜와 의의 선물을 넘치게 받는 자들은 한 분 예수 그리스도를 통하여 생명 안에서 왕 노릇 하리로다 18그런즉 한 범죄로 많은 사람이 정죄에 이른 것 같이 한 의로운 행위로 말미암아 많은 사람이 의롭다 하심을 받아 생명에 이르렀느니라 19한 사람이 순종하지 아니함으로 많은 사람이 죄인 된 것 같이 한 사람이 순종하심으로 많은 사람이 의인이 되리라 20율법이 들어온 것은 범죄를 더하게 하려 함이라 그러나 죄가 더한 곳에 은혜가 더욱 넘쳤나니 21이는 죄가 사망 안에서 왕 노릇 한 것 같이 은혜도 또한 의로 말미암아 왕 노릇 하여 우리 주 예수 그리스도로 말미암아 영생에 이르게 하려 함이라

본문 해설

로마서는 바울 신학의 핵심 교리를 담고 있는 가장 중요한 서신일 뿐만 아니라 성서 전체에서도 벼리가 되는 책으로 평가받아 왔다. 이러한 평가는 특별히 16세기 종교개혁자들에게서 기원한다고 해도 무방할 것이다. 16세기 종교개혁의 선구자인 루터는 로마서를 일러 "복음을 가장 순수하게 표현하는 책", "성서 전체를 조명하기에 거의 충분할 정도로 밝게 빛나는 등불"이라고 했다.(참조. 『로마서』 서문) 루터를 비롯한 종교개혁자들은 로마서에서 바울 신학의 정수로서 이른바 '이신칭의' 교리에 주목했지만, 성서 전체로 범위를 넓혀보면 바울 논증의 요체는 성서가 알려주는 믿음에 대

한 근본 이해를 밝히고 세우는 데 있다고 평가할 수 있을 것이다.

루터는 아마도 현실적인 이유에서 고대, 중세 교회를 거치면서 오랫동안 수면 아래서 잠자고 있던 바울의 믿음 개념이 품은 활화산과 같은 엄청난 힘을 분출할 수 있는 통찰을 제시함으로써 교회 개혁을 촉발했다. 루터가 보여준 바울의 믿음 개념에 대한 개혁적 이해가 지닌 힘은 로마서에 대한 환원적 해석이라는 최근 성서학자들의 비판에도 불구하고 여전히 성서의 믿음 개념에 대한 소진될 수 없는 근본 통찰을 담고 있다고 본다.

도대체 루터는 바울의 믿음 개념을 어떻게 이해하였기에 중세까지의 믿음 이해를 개혁한 것일까? 루터는 로마서 주석 서문에서 이 점을 명확히 설명한다. 그는 선행이 수반되지 않는 믿음으로 인해 믿음에 행위, 이른바 율법의 행위를 더해야 한다고 그릇 주장하는 이들에 대하여 믿음의 진정한 의미를 깨달을 것을 촉구한다. 그는 믿음을 "인간적인 환상"과 구별하면서 "믿음에 도덕적인 진보나 선행들이 수반되지 않음을 보면서 여전히 믿음에 관하여 많은 말을 하게 될 때" 그런 "믿음으로는 충분치 않으며 우리가 올바르게 되고 구원을 얻으려면" 행위들을 해야 한다고 선언하는 오류에 빠진다고 주장한다. 그는 과연 율법의 행위를 더함으로써 율법을 성취할 수 있는지 반문한다. 그에 따르면 율법을 온전히 성취하기 위해서는 믿음에 율법의 행위를 더해야 하는 것이 아니다. 왜냐하면 율법의 행위를 더해야 하는 믿음은 "아무 효력을 발휘하지 못하며 더 나은 삶을 가져오지도 못"하는 그릇된 믿음이기 때문이다. 루터는 믿음의 근본을 돌아볼 것을 제안한다.

그렇다면 루터가 돌아볼 것을 제안하는 믿음은 과연 무엇인가? 그것은 "하나님이 우리 속에서 일으키는 그 무엇"이다. 이 믿음은 "하나님의 은혜에 대한 살아 있고 흔들림 없는 신뢰이자 신앙"이다. 이 믿음을 선물로 받은 사람은 기쁘고 활기차게 열심을 내서 선행을 행한다. 이 믿음이 아담의 후예들을 새로운 아담으로 변화시키며 하나님으로부터 다시 태어나게 한다. 왜냐하면 이 믿음은 반드시 성령을 동반하기 때문이다. 이런 의미에서 참된 믿음은 결코 행해야 할 선행이 어디 있는지 묻지 않고 오히려 그러한 질문이 던져지기 전에 이미 선행을 하고 계속해서 행한다. 성령은 이 믿음을 통하여 역사한다. 이 믿음을 일러 '하나님의 은혜에 의해 선물로 주어진 믿음'이라고 한다. 따라서 하나님의 은혜에 의해 선물로 주어지는 믿음은 마치 "불로부터 열과 빛을 분리하는 것이 불가능한 것처럼" 행위와 결코 분리될 수 없다. 루터는 은혜에 의해 선물로 주어지는 이 믿음만이 우리를 의롭게 하며 율법을 성취한다는 결론에 도달함을 알려주었다.(참조. 『로마서』 서문) 이런 의미에서 참된 선행은 진실로 믿음으로부터 나온다.

로마서 전체의 벼리라고 할 수 있는 은혜에 의한 믿음 이해를 바탕으로 삼고 설교의 본문으로 채택한 5:1-21을 살펴보자. 이 본문은 은혜에 의하여 믿음으로 말미암아 의롭다고 칭해지는 그리스도인의 삶을 권면하는 내용을 담고 있다. 말하자면 하나님의 은혜로 의롭다고 칭해진 사람은 이제 더는 죄의 지배를 받으며 살지 않고 은혜에 의하여 다스려지는 삶을 살아야 한다.(롬 5:21) 이 본문 역시 16세기 종교개혁자들뿐 아니라 오늘날 다양한 관점의 설교자에 의해 두루 조명되고 선포되었다. 차례대로 소개해보자.

먼저 너무나 잘 알려진 대로 종교개혁의 관점은, 앞서 살펴본 대로, 개신교의 가장 권위 있는 해석으로 은혜에 의한 이신칭의를 매우 강조한다. 이 전통적인 종교개혁의 관점을 따르는 이들은 로마서 5장에서 철저하게 은혜에 의해 이루어지는 믿음을 통한 구원의 교리를 당연히 주목한다. 실제로 본문에서 은혜, 믿음, 선물과 같은 단어들이 현저하게 눈에 띈다. "믿음으로 서 있는 은혜"(롬 5:2), "하나님의 은혜와 또한 한 사람 예수 그리스도의 은혜로 말미암은 선물"(롬 5:15-16), 값없이 주어지는 "의의 선물"(롬 5:17)이다. 정리하면 모든 사람은 하나님이 보시기에 죄인이다. 따라서 하나님은 사람에게 선을 행할 것을 요구하시지만, 선한 기준을 충족하는 사람은 하나도 없기에 오직 하나님의 은혜에 의해 예수 그리스도의 대속에 믿음으로 응답하는 사람만을 의롭게 하신다고 선포한다. 종교개혁의 관점은 그리스도인이 얻고 누리는 삶의 변화라는 열매 또는 결과보다는 그 기초가 되는 은혜에 의한 이신칭의 교리를 두드러지게 강조하는 특징을 보인다고 할 수 있다.[스티븐 웨스터홀름, "로마서와 '루터교가 보는' 바울," 스캇 맥나이트·조지프 모디카/전의우 역, 『로마서 설교: 네 관점』(비아토르, 2022), 38-39.]

루터는 이 관점의 주창자로서 로마서 5장에서 하나님의 은혜와 의롭게 하는 믿음을 주목한다. 그에 따르면 이 본문은 "의롭게 하심을 얻게 하는 믿음의 능력"과 "하나님의 은혜와 긍휼하심"의 성격과 풍성함이 얼마나 놀랍게 주어졌는지를 보여준다. 이 본문에서 바울은 "큰 기쁨과 극도의 환희 속에서" 믿음의 능력과 은혜와 긍휼의 풍성함을 말한다. 따라서 그는 "성서 전체를 통해서 이 개가를 알리는 본문과 견줄 수 있는 장은 거의 없다."라고 말한다.[마르틴 루터/박문재 역, 『루터의 로마서 주석』(크리스찬 다이제스트, 2001), 112.]

다음, 전통적인 종교개혁의 관점에 대해 문제를 제기하면서 새로운 전망을 제시하는 새 관점을 살펴보자. 이 관점에 따르면 이스라엘이 그리스도 안에서 변화되는 구속을 촉발하는 것은 하나님의 은혜로운 사랑이지만(롬 5:8), 이것은 성령께서 일으키시는 일이기도 하다.(롬 5:5) 유대인과 이방인의 관계 주제는 5:12-21에서 절정에 이른다. 바울은 아브라함을 거쳐 아담까지 거슬러 올라가며, 아담에서 그리스도로 옮겨가는 종말론적 전망을 제시한다.(스캇 맥나이트, "로마서와 새 관점," 맥나이트·모디카, 『로마서 설교』, 75.)

셋째, 묵시적 관점을 살펴볼 차례이다. 이 관점은 예수 그리스도의 죽음과 부활에 참여함으로써 일어나는 종말론적 변화를 강조한다. 로마서를 관통하는 묵시의 길은 5-8장에서 시작한다. 즉 묵시와 종말의 길은 예수께서 어떻게 우리를 새로운 부활의 실재로, 육신으로 살던 모든 삶, 권세들이 우리의 상태에 침입해 우리를 유혹하고 종으로 삼은 삶, 곧 옛 아담의 현실과 상반된 실재로 바꾸었는지를 설명한다.(더글라스 캠벨, "로마서와 묵시적 바울 읽기," 맥나이트·모디카, 『로마서 설교』, 106.)

넷째, 참여적 관점을 소개할 차례이다. 이 관점은 변화를 일으키는 참여에 초점을 맞추는데 이는 이미 교회사 초기, 특히 동방 전통에서 찾아볼 수 있다. 이 관점은 전통적인 종교개혁의 관점과 달리 칭의론의 법률적 범주보다 참여적 범주를 강조한다. 이 관점에서 로마서 5장을 보면, 1-11절은 하나님이 엇나간 인간을 은혜와 사랑으로 대하심으로써 가능해진 의와 화해의 새로운 삶이 지닌 과거와 현재와 미래의 측면을 요약한다. 이 단락은 그리스도 밖의 삶과 그리스도 안의 삶을 대비시킨다. 이 대비는 '아담' 대 '그리스도'라는 견지에서 묘사된다. 한편으로 아담이 보인 죄와 불순종의 행위는 정죄와 죽음으로 귀결된다. 다른 한편으로 그리스도께서 죽음으로 보이신 의와 순종의 행위는 하나님의 은혜를 특징지으며, 의와 생명으로 이어진다. 이 본문은 칭의의 결과로서 변화를 강조한다. 다시 말하면 이것은 옛 아담이 걸어가는 죄와 죽음의 길이 아니라 새 아담인 예수 그리스도가 열어놓으신 의와 생명의 길이다. 이 본문은 예수 그리스도의 죽음과 부활에 참여함으로써 오는 승리와 해방의 삶을 말한다.(마이클 고먼, "로마서와 참여적 관점," 맥나이트·모디카, 『로마서 설교』, 132-34.)

로마서의 이해에 있어서 전통적인 종교개혁의 관점에 더해 세 가지 관점을 소개했다. 새 관점, 묵시적 관점, 그리고 참여적 관점이 공통으로 제시하는 점은 종말론적 변화의 전망을 주목하는 것이다. 루터는 인간의 공로를 끌고 들어오는('율법의 행위'를 더하는) 그릇된 믿음을 개혁하고 하나님이 은혜로 주시는 믿음으로 말미암은 의에 집중하고(sola gratia, sola fide) 그 의의 풍성한 복 주심에는 주목했지만, 그 종말론적 변화의 전망까지 충분히 밝혔다고 보기는 어려울 것이다. 그러나 위 관점들은 종교개혁의 관점을 대체한다기보다 종말론적 변화의 전망을 주목하게 함으로써 종교개혁 신앙의 당연한 귀결을 밝혀주는 필수적인 보충으로 이해될 수 있다. 따라서 우리는 루터와 종교개혁자들이 밝힌 바울의 믿음 개념을 기초로 삼고 현대의 세 가지 관점이 올바르게 주목하는 종말론적 변화의 전망을 결합하는 것이 로마서를 더욱 온전하게 이해하는 길이라 생각한다. 이렇게 볼 때 로마서 5:1-21 본문은 믿음으로 의롭다 하심을 받은 사람의 종말론적인 변화의 삶을 설교하기 매우 적절한 본문이라고 할 수 있다.

설교 본문

1. 오직 믿음으로

어린 시절 자주 흥미 있게 하던 놀이가 떠오릅니다. 한낮에 돋보기로 종이 위에다 햇빛을 집중시키면 기적처럼 불이 붙어 종이가 타들어 가곤 했습니다. 바울은 성서가 선포하는 내용을 과감하게 한 점으로 응집합니다. 우리가 하나님을 믿음으로 의롭다 하심을 받았다는 것입니다.(롬 4:3) 그야말로 로마서 전체가 믿음으로 출렁거립니다. 그 가운데 이신칭의는 햇빛을 돋보기로 응집해서 만들어낸 불과 같다고 비유할 수 있을 것입니다. 루터를 비롯한 종교개혁자들은 바울의 선포를 한 번 더 강력하게 환원합니다. "오직 믿음으로." 두말할 필요 없이 성서가 알려주듯이 아브라함을 통해서 선보인 이 믿음(참조. 창 22장)은 너무나도 분명하게 하나님의 은혜에 의해 이루어진 놀라운 역사입니다. 그러기에 로마서보다 나중에 쓰인 에베소서는 아브라함을 통해서 일어난 놀라운 믿음의 역사가 하나님의 은혜에 의한 것임을 더욱 분명하게 말해줍니다.

너희는 그 은혜에 의하여 믿음으로 말미암아 구원을 받았으니
이것은 너희에게서 난 것이 아니요 하나님의 선물이라
행위에서 난 것이 아니니 이는 누구든지 자랑하지 못하게 함이라(엡 2:8-9)

그러나 오직 은혜에 의한, 오직 믿음으로 말미암는 의에 대한 의심의 눈초리도 꽤 매서운 것 같습니다. 이 믿음이 선행의 열매뿐 아니라 그리스도인의 종말 신앙의 삶으로 이어지지 않는다는 의혹 때문입니다. 그래서 바울 당대에도 그렇고 종교개혁 이전이나 이후에도 의혹의 눈초리는 끊이지 않고 계속 이어지고 있습니다.

그렇지만 우리는 바울이 말하고 종교개혁자들이 강조한 '믿음'을 희석하지 않을 것입니다. 마태복음 13장에서 예수께서는 하나님 나라에 대한 주옥같은 세 가지 비유를 말씀합니다. 천국은 마치 "밭에 감추인 보화"(마 13:44), "좋은 진주를 구하는 장사"(마 13:45), "바다에 치고 각종 물고기를 모는 그물"(마 13:47)과 같다고 말씀합니다. 얼마나 좋은지 이를 발견한 사람이 "자기의 소유를 다 팔아" 샀다고 합니다. 너무나도 생생한 비유의 향연은 더할 나위 없는 기쁨을 선사합니다. 그렇습니다! '보화'와 '진주'와 같은 천국을 발견하기 위해서는 반드시 먼저 필요한 것이 있습니다. 성서는 그것이 바로 '믿음'이라고 가르쳐줍니다. 우리가 성서에서 발견해야 할 또 다른 '보화'요 '진주'는 바로 이 '믿음'일 것입니다. 우리는 이 위대한 발견자로 아브라함을 기억하고 그를 따라 믿음의 길로 나아갑니다.(참조. 히 11장) 다시 믿음을 돌아볼 때입니다.

바울은 로마서 5장에서 8장까지 이어지는 단락에서 믿음으로 의롭다 하심을 받은 사람 앞에 펼쳐진 파노라마와 같은 새로운 현실, 지평을 보여주고 있습니다. 그런데 이 지평을 눈으로 보고 발로 밟기 위해서는 하나의 전제가 있습니다. 바로 믿음입니다.

> 그러므로 우리가 믿음으로 의롭다 하심을 받았으니(롬 5:1)

루터가 바울에게서 발견한 바로 그 믿음, 즉 '하나님의 은혜에 대한 살아 있고 흔들림 없는 신뢰이자 신앙'입니다. 루터는 이 믿음을 선물로 받은 사람은 기쁘고 활기차게 열심을 내서 선행을 하지 않을 수 없다고 말합니다. 왜냐하면 성령께서 이 믿음을 통하여 역사하기 때문입니다. 더하여 하나님의 은혜에 의해 선물로 주어진 믿음이기 때문일 것입니다. 이 믿음은 마치 "불로부터 열과 빛을 분리하는 것이 불가능한 것처럼" 행위와 결코 분리될 수 없다고 말합니다. 은혜에 의해 선물로 주어진 이 믿음이 기초가 되지 못하면 종말론적 변화의 삶은 온전히 이루어질 수 없다는 뜻일 것입니다. 그러므로 우리는 이 믿음에 더욱 깊이 집중해야 할 것입니다. 우리는 이 기초를 튼실하게 세우기 위해서 종교개혁자들을 따라 '믿음'에 좀 더 집중해야 합니다.

성서 전체를 일이관지하는 주제가 있다면 그것은 바로 믿음일 것입니다. 히브리서 11장이 들려주듯이 구약성서는 믿음의 사람들로 이어지는 역사요 서사입니다. 이 역사와 서사는 오늘 우리에게까지 면면히 이어지고 있습니다. 오늘은 그 정점만을 살펴보려고 합니다. 히브리서 저자가 "믿음의 주(pioneer)요 또 온전하게 하시는 이(perfecter)"라고 소개하는 그분, 바로 예수입니다. 복음서를 보십시오. 예수께서 믿음에 대해 참으로 자주 또 많은 말씀을 하신 것을 알 수 있습니다. 예수께서 믿음에 관해 말씀하신 모든 것을 모조리 다 소개하고 싶지만, 그 가운데 저 유명한 "겨자씨 한 알만큼"의 믿음에 대한 말씀만을 소개하게 되어 몹시 안타깝게 생각합니다.

> 이르시되 너희 '믿음이 작은 까닭'이니라 진실로 너희에게 이르노니 만일 너희에게 믿음이 겨자씨 한 알 만큼만 있어도 이 산을 명하여 여기서 저기로 옮겨지라 하면 옮겨질 것이요 또 너희가 못할 것이 없으리라(마 17:20)

율법의 형식에만 집착하면서 그 근본인 믿음을 버린 서기관들과 바리새인들을 예수께서는 더욱 혹독하게 꾸짖기도 하셨습니다.(마 23:23)

우리는 예수께서 말씀하시는 '겨자씨 하나'의 믿음이 바울과 종교개혁자들이 강조한 그 믿음과 다르지 않을 것이라 믿습니다. 바울과 종교개혁자들이 왜 그렇게 환원적이라는 비판을 감수하면서도 '오직 믿음으로'에 집중했는지 깊이 생각해야 할 것입니다. 이 믿음은 반드시 삶에서 역사를 일으킬 것입니다. 은혜에 의한 믿음은 참으로 보화입니다. 그러나 감추어져 있어서 쉽게 발견되지 않습니다. 좋은 열매가 맺히지 않으면 열매를 탓할 일이 아니라 뿌리를 돌아봐야 한다는 깊은 교훈을 배우게 됩니다. 근원을 돌아볼 때입니다. 원천으로 다시 돌아갈 때입니다. 이 믿음이 부족함을 고백하면서 긍휼과 믿음을 겸허히 구해야 할 것입니다. 바울은 이제 이 믿음이 일으키는 놀라운 지평으로 우리를 초대합니다.

2. 오직 하나님의 영광을 위하여

우리는 바울이 로마서 5장 첫머리에서 말하는 믿음을 점검한 후에 8장까지 이어지는 단락에서 이 믿음에 의해 파노라마처럼 펼쳐지는 새로운 지평을 바라볼 수 있습니다. 바울은 우리 앞에 펼쳐진 이 지평을 힘차게 선포합니다.

> 그러므로 우리가 믿음으로 의롭다 하심을 받았으니
> 우리 주 예수 그리스도로 말미암아 하나님과 화평을 누리자(롬 5:1)

하나님이 은혜에 의해 선물로 믿음을 주셨습니다. 우리는 성령께서 역사하셔서 예수 그리스도를 믿음으로 의롭다 하심을 받습니다. 그러면 우리 눈앞에 복된 현실이 열립니다. 우리는 이 지평에서 너무나도 귀한 선물을 발견하게 됩니다. 그 선물은 '하나님과의 평화, 즉 샬롬'입니다. 우리는 하나님과 화평을 누리는 생명의 길로 초청을 받았습니다.

바울은 과거 우리가 살아온 어두운 현실을 상기시킵니다. 한 사람 옛 아담으로 말미암아 죄가 세상에 들어오고 그 죄로 말미암아 죽음이 들어와 모든 사람에게 이르렀습니다.(롬 5:12) 그러나 이제 옛 아담이 걸은 죄와 죽음의 길은 끝장났습니다. 새 아담, 마지막 아담이신 예수 그리스도께서 행하신 "한 의로운 행위로 말미암아" 의와 생명의 길이 활짝 열렸습니다. "한 의로운 행위로 말미암아 많은 사람이 의롭다 하심을 받아 생명에 이르렀느니라."(롬 5:18)

바울은 은혜에 의한 믿음을 통해서 의롭다 하심에 머무르지 않고 종말론적 변화의 삶이 시작되었음을 힘차게 선포합니다. "하나님의 영광을 바라고 즐거워하느니라."(롬 5:2) 그렇습니다! 예수 그리스도로 말미암은 믿음과 은혜의 길은 칭의에서 대단원의 막을 내리지 않습니다. 소망과 즐거운 가운데 하나님의 영광을 고대하면서 앞으로 힘차게 나아갑니다. 이제 예수 그리스도 안에서 새 창조의 역사가 시작되었습니다. 바울은 고린도교회에 보내는 편지에서 이렇게 선포하고 있습니다. "이전 것은 지나갔으니 보라 새것이 되었도다."(고후 5:17)

그러나 바울은 하나님의 영광을 바라고 즐거워하는 생명의 길이 그저 꽃길만이 아님을 환기합니다. 우리는 하나님의 영광으로 향하는 그 길에서 환난을 만날 것입니다. 우리는 부활과 영생이 곧고다 수난을 통해서 주어졌다는 엄중한 사실 앞에 숙연해지지 않을 수 없습니다. 바울은 얄팍한 승리주의를 찬양하지는 않습니다. 하나님의 영광이 깊고 높은 승리임을 가르칩니다. 그래서 이제 환난은 믿음으로 의롭다 함을 받은 사람을 무너뜨릴 수 없습니다. 하나님의 영광을 바라보기에 환난을 겪지만 즐거워할 수 있습니다. "우리가 환난 중에도 즐거워하니."(롬 5:3) 참으로 역설적인 길입니다.

바울은 이 환난이 어떻게 하나님의 영광을 향한 즐거운 소망을 이루어내는지를 차분히 논증합니다. 바울의 논증을 따라가 봅시다. "이는 환난은 인내를, 인내는 연단을, 연단은 소망을 이루는 줄 앎이로다."(롬 5:3b-4) 어떤 의미에서 환난은 인내를 이룰까요? 믿음으로 의롭다 함을 받지 못한 사람이 환난을 만나면 하나님이 진노한 결과로 여기며 처음에는 두려워하다가 나중에는 불평하다가 결국 무너질 것입니다. 환난은 이 믿음 없는 사람을 더욱 육적이고 연약하고 눈멀고 악하고 화를 잘 내는 사람으로 만들어 결국 멸망으로 인도할 것입니다.(루터) 그러나 믿음으로 의롭다 함을 받은 사람은 환난을 '하나님께서 하신 선한 일의 시작'(빌 1:6)으로 여겨 그 완성을 고대하면서 인내하는 가운데 연단의 계기로 삼을 것입니다. 그렇습니다! 믿음으로 의롭다 함을 받은 사람은 환난을 통해서 연단되어 정금같이 새롭게 빚어질 것입니다. 그는 환난을 만나면 더욱 영적이고 능력 있고 지혜롭고 경건하고 온유하며 겸손하게 될 것입니다. 그러니까 환난은 시금석입니다. 바울은 사도행전 14:22에서 "우리가 하나님의 나라에 들어가려면 많은 환난을 겪어야 할 것이라"라고 말합니다. 그렇습니다! 우리가 환난을 인내하면서 연단의 계기로 삼을 수 없다면 우리의 믿음은 의롭다 함을 받는 믿음이 아닐 것이고, 더욱이 하나님의 영광을 즐거이 바랄 수 없을 것입니다.

바울은 믿음으로 의롭다 함을 받은 사람이 즐거이 바라는 하나님의 영광에 대한 소망이 결코 부끄러움을 당하지 않고 환난에도 흔들릴 수 없는 깊은 뿌리를 지니고 있음을 상기합니다. 그 뿌리는 바로 하나님의 사랑입니다. "우리에게 주신 성령으로 말미암아 하나님의 사랑이 우리 마음에 부은 바 됨이니."(롬 5:5) 하나님의 이 사랑은 뽑힐 수 없는 견고한 뿌리입니다. 왜냐하면 이 사랑은 받는 인간의 공로(행위)에 따라서 조건적으로 주어진 것이 아니기 때문입니다. 이 사랑은 우리가 "아직 연약할 때에 기약대로"(롬 5:6) 또 "아직 죄인 되었을 때에 그리스도께서 우리를 위하여 죽으심으로"(롬 5:8) 하나님이 친히 확증하신 사랑입니다. 우리로 의롭다 함을 받게 하는 이 믿음이 하나님이 은혜로 확증하신 "사랑으로써 역사하는 믿음"(갈 5:6)일 것입니다.

설교를 정리합니다. 우리는 믿음으로 의롭다 함을 받았습니다. 이 모든 일이 하나님의 은혜입니다. 믿음으로 의롭다 함을 받고 은혜의 길에 들어선 우리는 하나님의 영광을 즐거이 소망하면서 힘차게 앞으로 나아갈 것입니다. 이 길에는 여전히 환난이 도사리고 있습니다. 그러나 이 환난은 우리를 결코 거꾸러뜨릴 수 없습니다. 아니 우리는 이 환난을 통해서 더욱 더 인내를 배울 것입니다. 인내하면서 연단을 받아 더욱 정금처럼 변화할 것입니다. 하나님의 영광에 대한 즐거운 소망은 부끄러움을 당하지 않을 것입니다. 왜냐하면 우리 믿음은 맹목이 아니라 예수 그리스도와 성령으로 말미암아 우리 마음에 부어주신 하나님이 확증하신 사랑에 뿌리를 두고 있기 때문입니다. 우리가 믿음으로 의롭다 함을 받았으니 하나님의 영광을 즐거이 바라며 힘차게 앞으로 나아가시기 바랍니다.

박형국

제8장

누구의 종으로 사시렵니까

로마서 6:20-22

[20] 너희가 죄의 종이 되었을 때에는 의에 대하여 자유로웠느니라 너희가 그 때에 무슨 열매
를 얻었느냐 [21] 이제는 너희가 그 일을 부끄러워하나니 이는 그 마지막이 사망임이라 [22] 그러
나 이제는 너희가 죄로부터 해방되고 하나님께 종이 되어 거룩함에 이르는 열매를 맺었으니
그 마지막은 영생이라

본문 해설

로마서 6장 내용은 5장의 연속선상에 있다. '전통적 관점'을 취한 더글라스 무의 해석에 따르면 앞 장에서 바울은 그리스도 안에서 행하시는 하나님의 은혜로운 행동이 믿음에 의해 내 것이 될 때(私有), 그것이 어떻게 각 사람에게 하나님과 새로운 관계를 맺게 하고, 또 마지막 날에 있을 진노로부터 구원받을 것임을 어떻게 보증하는지를 밝혔다. 이제 6장에서는 이 사실이 오늘을 살아가는 우리에게도 해당한다고 단언한다. 그리스도께서 우리를 위해 죽으신 것은 우리를 죄의 벌(penalty)로부터만 해방시키는 것이 아니라 죄의 권능(power)으로부터도 해방시킨다. 칭의(=죄의 무혐의 처리)와

성화(=범죄로부터의 자유)는 혼동되어서는 안 되나 결코 분리될 수도 없다. 칭의에서는 죄가 용서되고, 성화에서는 죄가 진압된다. 이제 죄의 권능을 진압하는 것이 6장의 관심사이다. 죄는 '아담 안에 있는' 모든 사람에게 통제력을 행사하는 주인이다. 그러나 '그리스도 안에 있는' 자에게는 죄의 폭군 노릇이 분쇄된다. 그러므로 '죄의 폭정으로부터 그리스도인이 얻는 해방'이 6장 전체를 지배하는 주제이다.

그런데 무는 여기서 '반드시 ~하다'(must)라는 표현을 유의해서 읽을 것을 제안한다. 새로운 영역으로의 이전이 결정적이라 해도 그것으로 믿는 자가 옛 죄의 영역과 더 이상 일체 접촉을 안 한다고 생각한다면 그것은 바울에 대한 오해이다. 새 영역에 속하기는 해도 믿는 자는 지난 세월 그를 따르던 많은 충동과 성벽을 지닌 채 새 영역으로 들어온 것이며, 그것들이 우리가 새로 얻은 영역에서 신분을 실현하는 데 끊임없는 위협이 된다. 이 '종말론적 유보'(=몸이 부활하고 변화될 때까지는 신자가 옛 아담의 영역과의 접촉에서 완전히 떨어지지 않을 것이라는 사실) 때문에 이 장에서는 직설법/명령법 조합("죄가 너희를 주관하지 못하리니"/"죄가 왕노릇하게 하지 않게 하라", "너희가 육신에 있지 아니하고"/"육신대로 살지 말라")이 특색 있게 나타난다. 어쨌든 그리스도인은 '죄와 사망의 왕노릇'으로부터 '의와 생명의 왕노릇'으로 옮긴 자이며, 믿는 자가 누리는 새로운 '신분'(칭의)이 새로운 '영향력'(성화)을 가져온다는 사실을 분명히 했다.

'새 관점'을 취한 톰 라이트가 보기에도 로마서 6장은 5장의 연속선상에 있다. 그런데 그는 전통적 관점에서 주로 그리스도인의 성화를 위한 '행위'를 강조하던 관행을 비판하고, 본 장의 주안점은 '신분'에 있음을 역설한다. 비록 6:15에서 바울이 "죄를 지으리요"라고 반문하여 마치 행위를 문제 삼는 것처럼 보이지만, 보다 근본적인 질문은 6:1에 나오는 "죄에 거하겠느냐"에 있다. 즉 당신은 지금 아담과 연대하고 있는가, 아니면 그리스도와 연대해 있느냐? 여전히 죄와 사망의 통치 아래 살고 있느냐, 아니면 은혜와

의의 통치 아래 살고 있느냐? 이것이 6장 전체를 끌고 가는 근본 질문이다. 그리고 바울은 이 물음에 대한 정답도 제시하는데, 곧 그리스도인은 옛 연대를 떠나 새 연대의 구성원이 되었으니 이제 그 소속에 합당하게 행해야 한다는 것이다. 이러한 영역 이동은 그리스도와 함께 죽고 부활한 결과로 일어나며, 이런 죽고 부활함이 이루어지는 사건이 바로 세례이다.

라이트는 세례를 매우 강조한다. 사람들은 세례를 그저 믿음을 외적으로 표현하는 의식 정도로 여기며, 이런 외적 행위가 영적 존재 방식에 엄청난 변화를 가져올 수도 있다는 생각은 좀처럼 하지 못한다. 그러나 라이트는 바울이 세례를 '새 출애굽'의 관점에서 이해했다고 주장한다. 이미 바울은 고린도전서 10:2에서 이러한 관점을 인상적으로 제시한 바 있다. 이제 로마서 6장은 골로새서 1:13-14의 내용과 유사한데, 그에 따르면 하나님은 "우리를 흑암의 권세에서 건져내사 그의 사랑의 아들의 나라로 옮기셨으니 그 아들 안에서 우리가 속량 곧 죄 사함을 얻었도다." 이와 유사하게 로마서 5:21에서 두 나라를 설정하고, 6장에서 그리스도인은 첫 번째 나라에서 해방되어 두 번째 나라에 속하게 되었다고 주장하니, 6장 전반적으로 '종살이로부터의 탈출'이라는 주제가 주도적이라는 것이다.

세례를 받은 사람이 들어오는 공동체는 그리스도의 가족, 메시아의 백성이다. 메시아는 그의 백성을 대표하며, 따라서 그에게 적용되는 내용은 그의 백성에게도 적용된다. 라이트는 6:5에 사용되는 '연합'이라는 단어를 강조한다. 바울이 보통 "예수 그리스도를 통해서"(through Jesus Christ)라고 할 때에는 하나님이 나사렛 예수라는 대리인을 통해 역사하신다는 사실을 표현하기 위해서이지만, "예수 그리스도 안에서"(in Jesus Christ)라는 어구를 사용하는 경우에는 바로 이러한 공동체적 의미를 표현하기 위해서라는 것이다. 우리는 세례를 통해 그리스도의 가족으로 가입된다. 즉 우리는 그리스도 안으로(into Christ) 세례를 받는다.(3절) 그러므로 그리스도에게 적용되는 내용이 이제 그의 백성에게도 적용된다. 그에게 일어났던 사건이 그와 함께하는(with him) 이들에게도 일어나며, 이제 그들은 그리스도 안에 있는 신분을 얻는 것이며, 따라서 죄에 대하여 죽고 의에 대해 살아 있는 그리스도의 상황은 그의 백성에게도 동일하게 적용된다. 이런 '연합적 메시아 직책'(incorporative Messiahship)의 논리를 라이트는 6장에서 읽은 것이다.

설교 본문

제목부터 어떤 이에게는 걸림이 될지 모르겠습니다. 누구의 종으로 살려 하냐고요? '종'이라는 단어 자체가 현대인에게는 거북합니다. 누구나 인권이 존중되는 사회에서 당당한 자유인으로 살고 싶을 겁니다. 전근대적이고 미개한 사회에서나 신분에 차별을 두고 인간이 인간을 부려먹는 작태를 보였지만, 지금은 오히려 저더러 타인을 종으로 부리라고 해도 제 마음이 불편해 그렇게 못 하겠습니다. 몇 년 전 중국 베이징에서 인력거를 타본 적이 있습니다. 요금을 지불하고 수레에 앉았지만, 앞에서 땀을 뻘뻘 흘리며 자전거 페달을 밟는 기사를 보니 몹시 마음이 불편했습니다. 노사 관계에서 볼 수 있듯이 물질적, 정신적 재화와 용역을 '임금'(賃金)이라는 형태로 '매매'하는 경우가 있더라도 그것이 '주종'(主從) 관계는 아니라고 현대인은 말하고 싶어 합니다. 종은 주인의 말에 순종해야 합니다. 종에게는 자유가 없습니다. 그러나 존 로크(J. Locke, 1632-1704) 이래, 자유는 천부인권 중 하나로 간주되고 추앙되었습니다. 따라서 누군가의 종노릇하는 것은 인권 유린이며, 그 자체로 마땅히 거부되어야 할 것입니다. 그러나 실제로도 그러할까요?

물론 '종'이나 '자유인' 같은 단어는 정치-사회적 차원과 신학-종교적 차원에서 그 의미와 쓰임새가 동일하지는 않습니다. 그러나 로마서 말씀은

"모든 인간이 종노릇한다."라고 선언합니다. 특히 각자의 정욕이 거침없이 표출되는 ― 따라서 어찌 보면 가장 큰 자유를 만끽하는 ― 그 현장에 온갖 불의, 추악, 분쟁, 악독이 가득하며(롬 1:28-32), 그 죄악의 결과로 인간은 사형 선고를 받아 그저 처형 날짜만 기다리는 옥수(獄囚) 같은 존재라고 선언합니다. 허랑방탕하지 않고 양심의 소리에 상당히 귀를 기울이며 조신(操身)했던 사람이라고 해서 별다를 게 없습니다. 바로 그 양심이 증인이 되어 그들을 고발하기 때문입니다.(롬 2:15) 유대인에게는 율법이 주어져서 선악을 분간하는 일이 조금 더 용이했습니다. 그러나 율법을 아는 것과 지키는 것은 별개 문제이고, 도리어 알면서도 지키지 못하는 자신의 무능과 불의만 뚜렷해질 뿐입니다. 어쨌든 모든 사람은 범죄를 피할 수 없으며, 그에 대한 처벌은 사망입니다. 성서는 말합니다. "무릇 율법 없이 범죄한 자는 또한 율법 없이 망하고, 무릇 율법이 있고 범죄한 자는 율법으로 말미암아 심판을 받으리라."(롬 2:12)

그런데 모든 인간을 죄수로 만들어버리는 이런 논증에 불만이 있는 사람은 그 출발점을 문제삼습니다. 왜 인간에게 율법을 지킬 능력이 없다고 하는지? 왜 인간이 양심에 따라 선하게 살 가능성을 애초부터 인정하지 않는지? 인간의 자존심을 건드리는 듯한 저런 패배주의, 비관주의적 사고에 대해 현대인은 염증(厭症)을 느끼고, 종교적 훈수에 귀 막으려 합니다. 그러고는 그저 청춘의 발랄함과 유쾌한 성공 신화를 떠들어대는 세속 노랫가락에 몸을 맡기려 합니다. 그러나 "인간이 왜 죄를 지을 수밖에 없는가?" 하는 물음에 대한 성서의 답변은 '죽음의 권세'였습니다. 첫 사람 아담의 범죄로 인해 죽음이 세상에 들어왔고, 이후 "아담의 범죄와 같은 죄를 짓지 아니한 자들까지도 사망이 왕노릇"(롬 5:14)하기 때문입니다. 그래서 모든 사람은 태어날 때부터 죽음에 종노릇할 수밖에 없습니다. 어쩔 수 없습니다. 인간은 자기가 뭔가 할 수 있는 양 스스로 과대평가해도, 실상 '원죄'(original sin)라 불리는 어둠의 권세에 눌려 그저 망하는 길로 달려가는 것 외에 다른 방도가 없습니다.

그러나 이제 유대인이나 헬라인이나 모두 죄 아래 있고 사망의 통치를 받는 절망적 상황에 처했으나, 하나님으로부터 한 줄기 해방의 빛이 비취었습니다.(롬 3:21) 곧 예수 그리스도 안에 있는 구속입니다.(롬 3:24) 그것은 "예수 그리스도를 믿음으로 말미암아 모든 믿는 자에게 미치는 하나님의 의"입니다.(롬 3:22) 구원과 해방을 위해 인간이 행한 것은 하나도 없지만, 하나님은 "경건하지 아니한 자를 의롭다 하시는 이를 믿는 자에게는 그의 믿음을 의로" 여기셨습니다.(롬 4:5) 그리하여 전에는 죄와 사망이 왕노릇했지만(롬 5:17, 21), 이제는 "은혜와 의의 선물을 넘치게 받는 자들은 한 분 예수 그리스도를 통하여 생명 안에서 왕노릇"(롬 5:17)하게 되었습니다. 속박된 종의 옷을 벗고 자유인의 옷을 입게 된 것입니다.

이처럼 믿는 자에게는 구원이 선물로 주어집니다. 그런데 그 구원은 죄의 '벌'로부터의 해방일 뿐만 아니라 죄의 '권세'로부터의 해방이기도 합니다. 칭의(=죄의 무혐의 처리)와 성화(=범죄로부터의 자유)는 혼동되어서는 안 되나 결코 별개로 취급될 수도 없습니다. 칭의와 성화는 함께 갑니다. 칭의에서는 죄가 용서되고, 성화에서는 죄가 진압됩니다. 특히 후자, 곧 죄의 권세를 진압하는 것이 우리가 함께 읽은 로마서 6장의 주제입니다. 6장은 두 문단으로 나누어지며, 두 곳 모두에서 그리스도인이 죄의 영역에서 의의 영역으로, 죽음에서 생명으로 넘어가는 이행을 논합니다. 그런데 첫 문단은 구원의 소극적 측면, 즉 죄로부터의 해방에 초점을 맞추고, 뒷 문단은 구원의 적극적 측면, 즉 의에 대한 헌신에 초점을 맞춥니다. 바울은 '아담의 영역'과 '그리스도의 영역'을 대조시키고, 이를 "옛 시대"와 "새 시대"로 부르기도 합니다. 아담으로부터 그리스도로, 또는 옛 시대로부터 새 시대로 넘어간다고 할 때 특히 '주인 교체'가 함축됩니다. 그러므로 그리스도인은 '죄와 사망의 왕국'에서 '의와 생명의 왕국'으로 옮긴 자입니다. 바울은 '탈출' 이미지를 사용하고 '바뀐 통치권'을 상기시킴으로써 믿는 자가 누리는 새로운 '신분'(칭의)이 새로운 성품으로 변화(성화)시킨다는 사실을 분명히 합니다.

그렇지만 한 가지 주의해서 읽어야 할 문구가 있습니다. 6장에 여러 번 나오는 '반드시 ~하다'(must)는 표현입니다. 새로운 영역으로의 이전이 결정되었다 해도 그것으로 그리스도인이 옛 죄의 영역과 더 이상 접촉을 일절 안 할 것으로 생각했다면 그것은 오산입니다. 새 나라로 들어오기는 했어도 지난 세월 몸에 밴 수많은 충동과 성벽을 지닌 채 들어온 것이며, 그것이 우리가 새로 얻은 신분을 실현하는 데 계속 방해가 됩니다. 그래서 로마서 6장에서는 직설법/명령법 조합이 특색 있게 나타납니다. 죄의 종 신분은 벗어났지만, 죄의 종노릇하기를 멈추기 위해서는 우리의 순종과 분투가 여전히 필요하다는 말입니다.

먼저 구원의 소극적 측면을 봅시다. 그리스도인은 죄의 세력권에서 이미 벗어났고, 계속 벗어나야 할 사람입니다. 그런 일이 어떻게 일어날 수 있었을까요? 죽었기 때문입니다. 오늘날도 범죄 혐의로 조사받던 피의자(被疑者)가 죽으면 검사는 '공소권 없음'을 선언하며 사건을 종결짓습니다. 마찬가지로 첫 사람의 범죄 이후 그 형벌인 사망이 모든 인류 위에 군림하였는데 그 지배를 받던 인간이 죽어버린다면 죄와 사망의 주권 요구는 꺾이게 됩니다.(롬 6:7) 그것을 성서는 "죄에 대하여 죽는다"(롬 6:2)라고 말합니다.

그렇다면 그리스도인의 죽음은 언제 일어날까요? 회개하고 복음을 받아들일 때 그런 일이 일어납니다. 예수를 믿을 때 옛사람이 죽고 새사람으로 거듭납니다. 이로써 아담의 후예인 옛사람 위에 군림하던 죄와 사망의 권세는 허공을 치게 됩니다. 신앙을 갖고 새사람이 되는 내면의 변화를 만인이 지켜보는 공적 예식으로 표현하는 것이 '세례식'입니다. 물에 잠길 때 옛사람은 죽어 장사되고, 물에서 다시 올라올 때 새사람이 탄생합니다. 이것은 예수의 죽으심, 그리고 부활하심과 그 패턴이 동일합니다. 그래서 바울은 신자의 세례를 표현하면서 '그리스도 예수와 연합한다.'(롬 6:3-5)라는 수식어를 여러 차례 사용합니다. 바로 이 점을 주목해야 합니다. 단순히 죽는 것이 다가 아닙니다. 누구는 조국을 위해 목숨을 바칠 수 있고, 누구는 예술을 위해 한목숨 바치려 합니다. 누구는 돈 버는 데 눈이 시뻘게져서 평생 탐욕스럽게 살고, 누구는 쾌락의 극치를 맛보기 위해 목숨을 겁니다. 중요한 것은 여기서 '누구와 연합하려 하는지'가 문제입니다. 예수와 하나가 되기 위해 자기 목숨을 바치는 사람만이 아담의 후예인 옛사람을 벗어버리고 예수의 후예인 새사람이 됩니다.

예수는 특별한 분입니다. 무엇보다도 그의 부활이 그를 그 누구와도 비교할 수 없을 만큼 돋보이게 해주었습니다. "이는 그리스도께서 죽은 자 가운데서 살아나셨으매 다시 죽지 아니하시고 사망이 다시 그를 주장하지 못할 줄을 앎이로라."(롬 6:9) 성서를 보면 죽은 자가 다시 살아난 경우가 전혀 없지는 않지만(요 11장의 나사로 등) 다른 경우와는 달리 그리스도의 부활은 죽음의 모든 권세와의 최종적 결별이었습니다. 그런 만큼 그의 부활은 '만민의 부활'을 예고하는 '첫 열매'입니다. 그리고 죄와 사망이 정복된 구속의 새 시대가 시작되었음을 뜻합니다.

그러므로 세례를 통해 그리스도와 연합한 자는 그의 죽으심과 부활하심에 힘입어 죄의 권세에서 벗어납니다. " 우리가 알거니와 우리의 옛 사람이 예수와 함께 십자가에 못 박힌 것은 죄의 몸이 죽어 다시는 우리가 죄에게 종노릇하지 아니하려 함이니."(롬 6:6) 십자가에 못 박히신 그리스도의 수난에 우리가 참예하고, 이로써 우리도 죽은 것입니다. 물론 이 죽음은 육체적 죽음이 아니라 '법정적'인 것이며, 그로 인해 우리는 새로운 위치에 놓이게 됩니다. 그리스도의 십자가에 우리 옛사람이 참예하여 죄의 몸이 멸해졌습니다. 옛사람의 죽음이 의미하는 바는 우리를 죄와 사망의 수레바퀴에 매이게 하는 아담과의 연대가 끝났다는 것입니다. 그리하여 다시는 우리가 죄에게 종노릇하지 않으려는 것입니다. 이처럼 그리스도께서 십자가에 못 박히신 것이 그가 죄와 사망의 권세에서 해방되었음을 의미한 것처럼 우리가 그리스도와 함께 십자가에 못 박히는 것도 우리가 죄와 사망의 영역에서 해방됨을 의미합니다. 그렇기 때문에 그리스도인은 더 이상 죄에 종노릇할 필요가 없습니다. 그 점을 기억하며 살 것을 바울은 권면합니다. "그러므로 너희는 죄가 너희 죽을 몸을 지배하지 못하게 하여 몸의 사욕에 순종하지 말고 또한 너희 지체를 불의의 무기로 죄에게 내주지 말고."(롬 6:12-13)

이제 한 걸음 더 나아갑시다. 구원의 적극적 측면입니다. 예수 그리스도를 믿는 자는 죄의 권세에서 해방된 자유인입니다. 그러나 그 자유를 범죄의 구실로 삼으려 해서는 안 됩니다. 도리어 은혜 아래에서도 인간에게는 순종의 의무가 있으니, 그것은 바로 의의 종이 되는 길입니다. 나는 그 누구의 종도 아니라고 주장하며 스스로 자율적이라고 생각하는 것은 착각이고 허상입니다. 미안하지만 사람들은 죄의 권세 아래 있거나 하나님의 권능 아래 있거나 둘 중 하나입니다.

현대인은 중립지대, 회색지대에 머물기를 선호합니다. 섣불리 어느 한편에 서는 것은 반대편의 공격을 받을 위험이 크다고 생각해서 몸을 사립니다. 그러나 이것은 지독한 이기주의의 발로이며, 결국 자기 '배'를 왕으로 섬기는 것에 다름 아닙니다. 지혜로운 처신인 척 착각하지만, 차지도 덥지도 않은 모습은 불신앙이며 결국 죄의 노예일 뿐임을 깨달아야 합니다. 두 주인 사이의 중도적 입장, '중립'을 표방한 제3지대는 없습니다. 문제는 어떤 주인을 섬길 것인가입니다. 성서는 말합니다. "너희 자신을 종으로 내주어 누구에게 순종하든지 그 순종함을 받는 자의 종이 되는 줄을 너희가 알지 못하느냐 혹은 죄의 종으로 사망에 이르고 혹은 순종의 종으로 의에 이르느니라."(롬 6:16)

성서는 위대한 해방을 선포합니다. "하나님께 감사하리로다 너희가 본래 죄의 종이더니 너희에게 전하여 준 바 교훈의 본을 마음으로 순종하여 죄로부터 해방되어 의에게 종이 되었느니라."(롬 6:17-18) 해방은 인간이 온갖 노예화 세력으로부터 벗어나 자유를 얻는 것을 가리킵니다. 그런데 그리스도인의 해방은 동시에 예속입니다. 왜냐하면 나 자신의 욕망과 방종이 아니라 하나님의 뜻을 따를 때 진정 자유로울 수 있기 때문입니다. 이런 신비를 모르는 사람은 신앙생활을 무거운 짐으로 오해할 수 있으나, 진정한 자유와 행복은 도리어 우리가 하나님께 예속될 때 주어집니다. 내 몸을 자유와 생명의 나라에 전폭적으로 맡기고, 그리스도와 연합하는 것이기 때문입니다.

죄의 권세에 지배받는 노예 같은 인생에게 주어질 형벌은 사망이었습니다. 그러나 예수 그리스도를 믿는 자는 그분의 죽으심과 부활에 연합하여 죄와 사망에서 해방됩니다. 이것이 성서에서 말하는 진정한 자유입니다. 이제 그 자유를 통해 하나님의 종이 되는 길을 선택해야 할 것입니다. 바로 거기에 영생이 있기 때문입니다. "그러나 이제는 너희가 죄로부터 해방되고 하나님께 종이 되어 거룩함에 이르는 열매를 맺었으니 그 마지막은 영생이라 죄의 삯은 사망이요 하나님의 은사는 그리스도 예수 우리 주 안에 있는 영생이니라."(롬 6:22-23)

이제 묻습니다. 당신은 누구의 종으로 사시렵니까?

안윤기

제9장

율법으로부터의 자유

로마서 7:1-13

1 형제들아 내가 법 아는 자들에게 말하노니 너희는 그 법이 사람이 살 동안만 그를 주관하
는 줄 알지 못하느냐 2 남편 있는 여인이 그 남편 생전에는 법으로 그에게 매인 바 되나 만일
그 남편이 죽으면 남편의 법에서 벗어나느니라 3 그러므로 만일 그 남편 생전에 다른 남자에
게 가면 음녀라 그러나 만일 남편이 죽으면 그 법에서 자유롭게 되나니 다른 남자에게 갈지
라도 음녀가 되지 아니하느니라 4 그러므로 내 형제들아 너희도 그리스도의 몸으로 말미암
아 율법에 대하여 죽임을 당하였으니 이는 다른 이 곧 죽은 자 가운데서 살아나신 이에게 가
서 우리가 하나님을 위하여 열매를 맺게 하려 함이라 5 우리가 육신에 있을 때에는 율법으로
말미암는 죄의 정욕이 우리 지체 중에 역사하여 우리로 사망을 위하여 열매를 맺게 하였더
니 6 이제는 우리가 얽매였던 것에 대하여 죽었으므로 율법에서 벗어났으니 이러므로 우리
가 영의 새로운 것으로 섬길 것이요 율법 조문의 묵은 것으로 아니할지니라 7 그런즉 우리가
무슨 말을 하리요 율법이 죄냐 그럴 수 없느니라 율법으로 말미암지 않고는 내가 죄를 알지
못하였으니 곧 율법이 탐내지 말라 하지 아니하였더라면 내가 탐심을 알지 못하였으리라
8 그러나 죄가 기회를 타서 계명으로 말미암아 내 속에서 온갖 탐심을 이루었나니 이는 율법
이 없으면 죄가 죽은 것임이라 9 전에 율법을 깨닫지 못했을 때에는 내가 살았더니 계명이
이르매 죄는 살아나고 나는 죽었도다 10 생명에 이르게 할 그 계명이 내게 대하여 도리어 사
망에 이르게 하는 것이 되었도다 11 죄가 기회를 타서 계명으로 말미암아 나를 속이고 그것

으로 나를 죽였는지라 [12]이로 보건대 율법은 거룩하고 계명도 거룩하고 의로우며 선하도다
[13]그런즉 선한 것이 내게 사망이 되었느냐 그럴 수 없느니라 오직 죄가 죄로 드러나기 위하
여 선한 그것으로 말미암아 나를 죽게 만들었으니 이는 계명으로 말미암아 죄로 심히 죄 되
게 하려 함이라

본문 해설

로마서 7장은 죄로 인한 인간의 비참과 곤경의 문제를 다루고 있다. 중심 주제는 유대의 율법(토라)이다. 여기서 인간론의 문제는 부차적이다. 마르틴 루터에 따르면 죄는 성령이 함께하지 않는 인간의 존재론적 상태이며 오로지 믿음에 의해서 하나님의 의에 의해 보호될 때 인간은 구원받을 수 있다. 더글라스 무는 바울의 죄의 개념을 사람의 외부에서 작용하여 사람으로 하여금 자기가 명하는 것을 하게 만드는 권능이 아니라 사람의 속에 '거하며' 사람을 좌지우지하는 어떤 것으로 파악한다.

죄의 징후는 (1) 인류를 향한 하나님의 목적을 거스르는 행위(롬 1:18-32)와 (2) 구체적으로 하나님의 율법, 즉 토라를 위반하는 행위(롬 6:19)로 구분할 수 있다. 하나님 밖에서 맞이하게 되는 인간의 죽음은 죄의 삯이다. 로마서는 하나님을 거역한 대가로서 죽음의 형벌을 받게 된 인간의 삶을 '법 아래에 있는 삶'으로 규정한다. 하나님과 이스라엘의 관계에서 율법은 그다지 중요한 위치를 차지하지 않으며, 오히려 믿음과 대립 관계에 있는 것처럼 보인다.

그렇다면 우리에게 그리스도를 믿는 믿음에 기초한 구원의 가능성만이 주어진 것인가? 세상은 구원을 받아야 하며, 하나님은 세상을 구원하시기 위해서 그리스도 안에서 행동하셨다. 그리스도가 구원을 위해서 세상에 오셨으므로 율법은 구원의 길이 될 수 없다. 그러나 하나님은 율법도

함께 주셨다. 그렇다면 율법은 그리스도 안에서 드러난 하나님의 목적에 어긋나는가? 샌더스는 그의 책 『바울과 팔레스타인 유대교』(비아토르, 2020)에서 모든 인간을 죄에 내어줌으로써 결국 모든 사람이 그리스도 안에서 하나님의 은혜로 말미암아 구원을 받게 하는 것을 율법의 기능으로 파악한다. 그러므로 로마서 7장에 나타난 율법의 목적은 로마서 1장에 나타난 '이신칭의' 개념과 대립하지 않는다. '의'는 어떻게 오는가? '의'는 오직 그리스도를 믿는 믿음으로 말미암는다. 샌더스에 따르면 그리스도의 죽음은 죄에 대하여 죽고 하나님을 향한 삶에 참여할 계기를 제공하는 사건이다. 즉 은혜로 말미암은 구원은 행위에 따른 형벌 및 보상과 양립할 수 있다는 것이다. 김세윤 역시 칭의론 문제에서 법정적 의미와 관계적 개념을 통합하는 길을 찾는다. 그는 칭의를 의인이 되었다는 법정적·선언적 의미로 볼 뿐 아니라 하나님과 올바른 관계를 갖는 관점에서 통합하고자 한다.

로마서 7장에서 바울은 율법을 폐지된 것으로 선언한다. '의'는 율법으로 말미암아 올 수 있는 것이 아니기 때문이다. 율법이란 무엇인가? 율법의 목적은 정죄를 위해 주어진 것이다. 그러나 샌더스에 따르면 율법과 율법의 목적은 예수 그리스도가 유대인과 이방인을 불문하고 모든 이를 구원하러 오셨다는 구원론에 근거하여 해석되어야 한다. 율법은 바울이 이방인의 사도로 부름을 받았다는 관점에서 보아야 한다는 것이다. 이방인의 구원은 바울 신학에서 중요한 주제이기 때문이다. 바울이 율법을 폐기하며 유대교를 비판한 것은 유대교 자체에 문제가 있어서가 아니라 구원이 오직 예수 그리스도 안에 있다는 사실로부터 인간의 곤경을 본 것에 기인한다. 사람은 율법으로 말미암아 의로워질 수 없다. 진정한 '의'는 그리스도로부터 온다. 이 '의'는 오직 믿음을 통해서 온다. 로마서 5장의 '디카이오'(δικαιόω, 의롭다 하다, 의롭다 하심을 받다)는 죄에서 깨끗함을 받는다는 뜻이며 동시에 화해의 의미로도 사용된다.

육신이라는 영역 안에서 삶은 세 가지 권세, 즉 '죄', '율법', '사망'에 의해서 결정된다. 모든 사람은 죄인이다. 율법은 죄를 드러내고 죄를 범죄로 바꾸며 죄 자체를 낳는다. 율법으로 말미암는 죄가 되는 정욕이 우리 몸 안에서 역사하여 우리로 사망을 위하여 열매를 맺게 한다. 로마서 2-3장은 인간의 비참한 곤경을 인간이 '범죄'를 저질렀다는 말로 정의한다. 인간은 죄를 지음으로 '죄의 노예'가 된다.(5장) 샌더스에 따르면 바울에게 죄의 주된 개념은 죄를 어떤 힘으로 보는 것이다. 6장에서 '죄'라는 말은 범죄를 가리키는 것이 아니라 인간을 노예로 삼아버린 어떤 힘을 가리킨다. 모든 사람은 죄 아래에 있다.(롬 3:9) 그러나 사람이 구원을 받으려면 그 힘에서 벗어나 자유를 얻어야 한다.

유대인과 이방인을 불문하고 모든 사람은 죄에 노예로 사로잡혀 있다. 율법은 이러한 인간이 처한 비참한 곤경에 아무런 답변을 제공하지 않는다. 그리스도의 죽음은 죄에 대하여 죽고 하나님을 향한 삶에 참여할 계기를 제공한다. 로마서 6장에 따르면 사람은 그리스도의 죽음에 참여함으로써 결국 생명에 참여하게 된다. 그리스도의 죽음이 속죄하는 죽음이라는 확신은 죄를 '주'로 섬기던 것에서 그리스도를 '주'로 섬기는 것으로 옮겨가는 것을 말한다. 신자는 더 이상 모세의 율법 아래 있지 않다. 그러나 이것은 신자가 '율법과는 더 이상 아무 관계가 없다.'는 것을 의미하지는 않는다. 이방인의 경우 하나님 나라 백성의 완전한 구성원이 되기 위해서 율법 아래 들어올 필요가 없다. 그러나 바울은 넓은 의미에서 신자가 여전히 '법 아래'에 있음을 분명히 밝힌다.(참조. 갈 6:2, 고전 7:19, 9:20-22) 율법을 행하는 것은 하나님의 백성이 되기 위해서가 아니라 우리가 하나님의 백성이라는 것을 보여주기 위해서이다.

로마서 7:6에서 '영'(하나님의 영)의 개념이 등장한다. 바울은 우리가 "율법 조문의 묵은 것"이 아닌 "영의 새로운 것"을 섬긴다고 말한다. 여기서 의문과 영의 대조가 나타난다. 신자는 율법에 매임으로부터 벗어나 하나님의 영에 의해 만들어진 새로운 상황과 만나게 된다. 바울에 따르면 성령의 역할은 율법이 할 수 없던 일을 행하는 것이다. 여기서 율법과 그리스도 또는 율법과 성령은 대립되는 것이 아니다. 성령의 가장 중요한 역할은 생명을 주는 것이다. 이 생명은 토라가 약속했지만 줄 수 없는 것이다.(롬 7:10) 이는 궁극적으로는 몸의 부활 속에 깃들일 생명이다. 죽을 몸에 생명을 주실 성령은 "그리스도 안에" 있는 이들로 하여금 새로운 마음을 가지게 하고, 마침내 진실로 하나님의 뜻에, 하나님의 법에 복종하게 하고, 그들의 행동으로 하나님을 기쁘시게 함으로써 부활을 미리 맛보게 한다. 성령을 통하여 새로워진 하나님의 백성은 참여와 연합을 통하여 새로운 존재가 된다. 신자는 미래에 이루어질 완전한 구원을 보증하는 성령을 가졌으며, 현재는 그리스도의 몸에 참여하는 자들이다. 이것은 자기 몸을 제물로 드리고 마음을 새롭게 함으로 변화를 받으라고 호소하는 고린도전서 12:1-2에서 발견된다.

기독교 신앙의 내용은 우리를 구원하는 예수 그리스도의 죽음과 부활이다. 예수를 그리스도로 믿음으로써 우리는 하나님의 백성이 된다. 톰 라이트(『톰 라이트의 바울』, 죠이선교회, 2017)에 따르면 하나님은 모든 민족을 하나의 가족으로 만드시려는 목적을 갖고 선택하신다. 그렇다면 하나님은 이 일을 어떻게 이루시는가? 하나님은 메시아의 신실하심을 통해서 유대인이든 이방인이든 차별 없이 모든 믿는 자에게 하나님의 언약적 신실함을 드러내신다. 죄와 죽음에서 세상을 구원하시려는 하나님의 목적은 메시아의 죽음을 통해 성취되었으며, 그의 죽음은 모든 민족을 구속할 속죄를 통해 완성되었다. 예수 그리스도에 관한 복음을 믿는 모든 자는 하나님의 백성이 된다.

설교 본문

바울은 로마서 7:6에서 그리스도인을 율법에 대하여 죽은 새로운 존재로 밝히고 있습니다. 그리스도인에게 주어진 이 자유는 '율법으로부터의 자유'로서 '죄로부터의 자유'와 '죽음으로부터의 자유'를 포함합니다. 율법으로부터, 죄로부터, 죽음으로부터 자유를 얻은 삶은 이전 삶과 전혀 다른 새로운 차원의 삶이라 할 수 있습니다. 이것은 예수 그리스도 안에서 누리는 영원한 삶을 말합니다. 1절에서 바울은 "너희는 그 법이 사람이 살 동안만 그를 주관하는 줄 알지 못하느냐"라고 반문하며 7장을 출발하고 있습니다. 이는 그리스도인이 "법 아래 있지 않다."라는 분명한 선언입니다. 한 사람의 죽음이 어떻게 또 다른 한 사람의 율법과 맺는 관계에 영향을 줄 수 있습니까? 이는 그리스도의 죽음과 합하여 세례를 받음으로써 가능합니다. 그리스도와 합하여 세례를 받는 것은 그의 죽음과 합하여 세례를 받은 것으로, 우리의 옛사람이 예수와 함께 십자가에 못 박힌다는 의미입니다. 그리스도의 죽음과 합하여 세례를 받은 자는 이제 죄로부터 자유롭게 될 뿐 아니라 '죽음의 율법으로부터도 벗어나게 됩니다.'(6절)

로마서 7장 전반부에 나오는 '율법으로부터의 자유'를 가진 삶이 무엇인지를 이해하기 위해서, 우리는 두 가지 중요한 개념을 살펴보아야 합니다. 먼저 헬라어 사륵스(sarx)로 칭하는 '육'의 의미를 이해해야 합니다. 아담은 하나님이 금지하신 명령, 곧 선악을 알게 하는 나무의 과실을 먹지 말라는 명령을 어겼습니다. 아담이 하나님의 명령을 어긴 대가는 '죽음'입니다. 인간이 놓여 있는 상태를 뜻하는 '육' 또는 '육 가운데'는 우리 스스로가 신이 되려는 시도 때문에 생긴 것입니다. 우리는 우리를 창조하신 하나님을 하나님 되게 하지 않고 스스로 우리 삶의 방향과 가치를 결정합니다. 이러한 상태에 있는, 육 가운데 거하는 인간은 죽음을 맞이하게 됩니다. 죽음을 맞이하는 인간은 소망이 없습니다. 죽음은 모든 꿈과 희망이 사라지는 자리이기 때문입니다. 그리스도인의 새로운 삶, 구원 얻은 자의 삶은 '육'으로서는 이룰 수 없습니다. 오직 그리스도의 세례에 참여함으로써만 우리는 새로운 삶을 살 수 있습니다. 우리는 그리스도와 합하여 받는 세례를 통해서 '육 가운데 거하는' 삶, 곧 죄의 지배로부터 구원을 얻을 수 있습니다.

두 번째로 살펴볼 개념은 바로 '율법'입니다. 바울은 율법을 부정해야 할 대상이 아니라 긍정적으로 평가하고 있습니다. 율법은 완전히 악하거나 죄와 동일한 것으로 간주되지 않습니다. 바울은 율법이 유익하며, 율법 자체로는 죄가 없다고 선언합니다. 율법의 중립성은 율법의 약점이 되기도, 장점이 되기도 합니다. 약점이 되는 이유는 율법이 죄에 의해서 지배당할 때 악한 목적을 위해서 사용되기 때문입니다. 율법은 율법을 지킴으로써 사람들이 자신을 죄에서 구원할 수 있다고 믿게 하고, 하나님을 철저히 신뢰하지 않도록 유혹할 수 있습니다. '죄'는 율법의 계명을 사용해서 악을 행하게 하는 주도권을 가지고 우리 안에서 활동합니다.(9-10절) 그러나 바울은 율법과 그 계명들에 대하여 악하지 않고, 오히려 거룩하고 의롭고 선하다는 결론을 내립니다. 율법이 우리를 향한 하나님의 뜻이 무엇인지를 말해주기 때문입니다. 죄의 능력이 파괴될 때 율법은 사람들이 하나님을 섬길 수 있게 하고, 하나님의 뜻에 맞게 살 수 있도록 인도합니다. 그러므로 율법으로부터 자유로운 그리스도인의 삶에서 율법은 여전히 중요합니다. '율법무용론'을 주장하는 이들이 있습니다. 이들은 율법을 필요 없는 것으로, 폐지된 것으로 간주합니다. 예수께서는 율법을 폐하기 위해서 이 땅에 오신 것이 아니라 온전히 하기 위해서 오셨다고 말씀하셨습니다.(마 5:17) 율법으로부터의 자유는 그리스도와 연합하고 그리스도의 죽음에 세례를 받는 것으로서, 율법을 폐하는 것이 아니라 오히려 굳게 세우며 지키는 것입니다. "그런즉 우리가 믿음으로 말미암아 율법을 파기하느냐 그럴 수 없느니라 도리어 율법을 굳게 세우느니라."(롬 3:31)

우리는 어떻게 율법으로부터 자유를 얻을 수 있습니까? 이는 육체의 소욕을 따라 사는 것이 아니라 '영의 새로운 것'으로 사는 것을 말합니다. '영' 안에 사는 것은 '육' 안에서 사는 것의 반대되는 개념입니다. 율법으로부터 자유로운 삶은 하나님의 법, 곧 율법을 여전히 선하며 거룩한 것으로 믿고 따를 뿐 아니라 '영'의 새로운 것으로 하나님을 섬기며 사는 것을 말합니다. 우리 삶을 '육'의 방향으로 이끌고 갈 것인지, '영'의 방향으로 이끌어 갈 것인지의 선택이 우리에게 주어져 있습니다. 죄가 사로잡아 사용하던 율법에서 벗어나고 죄의 지배에서 벗어난 그리스도인은 이제 율법이 아닌 영의 새로운 것으로 살아야 합니다. "그가 또한 우리를 새 언약의 일꾼 되기에 만족하게 하셨으니 율법 조문으로 하지 아니하고 오직 영으로 함이니 율법 조문은 죽이는 것이요 영은 살리는 것이니라."(고후 3:6)

그리스도인의 자유로운 삶은 곧 영(성령)의 인도를 받는 삶입니다. 하나님의 영에 의한 삶 또는 '영' 안에 있는 삶은 하나님에 대해 반항하고 죄에 대해 순종하던 옛사람, 곧 '육' 안에 있는 삶과 대조되는 삶입니다. '영' 안에서 우리는 율법과 죄에 항거하며 하나님께만 순종하는 새로운 삶을 살 수 있습니다. 갈라디아서 5장은, 하나님의 영의 인도를 받아 우리가 자유롭게 될 수 있다고 말합니다. 로마서 6장은 그리스도의 죽음과 합하여 세례를 받은 자의 삶이 어떠해야 하는지를 잘 설명하고 있습니다. 이는 예수와 합하여 세례를 받은 삶은 죄가 우리 몸을 지배하지 못하게 하고, 몸의 사욕에 순종하지 않으며, 우리 몸을 불의의 무기로 드리지 않는 삶입니다. "그러므로 너희는 죄가 너희 죽을 몸을 지배하지 못하게 하여 몸의 사욕에 순종하지 말고 또한 너희 지체를 불의의 무기로 죄에게 내주지 말고 오직 너희 자신을 죽은 자 가운데서 다시 살아난 자 같이 하나님께 드리며 너희 지체를 의의 무기로 하나님께 드리라."(롬 6:12-13)

우리는 율법과 죄에 대해 죽은 사람들입니다. 갈라디아서는 그리스도 예수의 사람들을 육체와 함께 그 정욕과 탐심을 십자가에 못 박은 사람이라고 규정하고 있습니다. 음행과 호색과 우상숭배와 주술과 원수 맺는 것과 분쟁과 시기와 분냄과 당 짓는 것과 분열함과 이단과 투기와 술 취함과 방탕함은 '육체의 일'입니다.(갈 5:19-21) 에베소서 4:31은 "너희는 모든 악독과 노함과 분냄과 떠드는 것과 비방하는 것을 모든 악의와 함께 버리"라고 말합니다. 골로새서 3:5는 "그러므로 땅에 있는 지체를 죽이라 곧 음란과 부정과 사욕과 악한 정욕과 탐심이니 탐심은 우상 숭배니라"라고 말합니다. 이 모든 일은 우리가 싸워야 할 육에 속한 일입니다. 하나님의 백성인 우리는 영의 새로운 것으로 하나님을 섬기기 위해서, 육체에 속한 것과 몸의 사욕에 순종하지 않기 위해서 싸워야 합니다. 육체로 말미암은 것은 사망이지만, 하나님의 영 안에 거하는 삶은 우리에게 생명과 평안을 가져다주기 때문입니다.(롬 8:6)

아담 안에 있는 모든 사람의 운명이 정죄와 사망인 것과는 달리, 그리스도 안에 있는 자들에게는 영원한 생명이 약속으로 주어집니다. 율법으로부터 자유로워지는 삶은 영의 새로운 것으로 사는 것입니다. 이것은 삶의 주도권의 문제입니다. 그리스도 안에 있기 전에는 죄에게 사로잡혀 율법이 주는 정죄를 받았으나, 그리스도의 죽음과 연합한 후 우리는 성령의 법으로 다스림을 받는 자들이 되었습니다. 로마서 8장은 이 영을 생명의 영으로 소개합니다. "그러므로 이제 그리스도 예수 안에 있는 자에게는 결코 정죄함이 없나니 이는 그리스도 예수 안에 있는 생명의 성령의 법이 죄와 사망의 법에서 너를 해방하였음이라."(롬 8:1-2) 그리스도 안에 있는 사람은 죄로부터 영원히 해방되는 복을 받게 됩니다. 우리는 생명의 성령의 법의 통치를 받는 삶을 살아야 합니다. 내 삶의 주도권을 성령께 완전히 내어 맡김으로써 우리는 율법이 스스로 달성할 수 없던 것, 곧 우리에게 율법의 요구를 이루어지게 할 수 있습니다. 성령의 인도를 받는 사람은 결국 율법이 말하는 것을 이룰 수 있게 됩니다. 예수께서는 율법의 내용을 완성하기 위해서, 이 세상에 오셨습니다. 그것은 예수께서 자기 몸을 드려 죽으심으로 이루신 것입니다. 여기서 율법의 내용이란 사람과 세상에 대한 사랑입니다. 우리는 율법으로부터 자유를 얻었지만 예수 그리스도 안에서 율법이 완성되는 일, 곧 세상을 구원하라는 부르심에 응답함으로써 열매를 맺어야 합니다. 하나님의 뜻은 모든 민족과 여러 나라를 한 가족으로 삼으시며 모든 민족과 여러 나라의 하나님이 되는 것입니다.

영으로 사는 것은 하나님이 세상을 사랑하신 것을 따라 사는 것입니다. 하나님과 세상을 화해시키며, 이웃과 이웃을 화해시키는 일을 하는 것입니다. 이웃과 세상을 사랑함으로써 우리는 율법의 내용을 굳게 세우게 됩니다. 우리는 오직 '영의 새로운 것'을 통해서만 율법의 내용을 완성할 수 있습니다. 그 새로운 것이란 매 순간 성령이 주시는 도우심을 따라 사는 것입니다. 우리가 죄로부터, 죽음으로부터, 율법의 형식으로부터 자유를 얻는 것은 하나님의 은혜로만 가능하기 때문입니다. 그러므로 우리가 하나님 앞에서 어떤 선한 일을 이루든지 그것은 우리의 자랑거리가 될 수 없습니다. 그것은 하나님이 우리에게 베풀어주신 은혜의 결과이기 때문입니다. 중요한 것은 우리는 하나님 없이는 아무것도 아니라는 사실을 아는 것이며, 끊임없이 성령의 인도를 받아야 한다는 것입니다.

율법으로부터 자유로운 삶을 사는 자는 지속적인 변화를 향해 나아가야 합니다. 예수의 십자가 죽음은 이스라엘 역사에서 스캔들로 끝나버린 하나의 비참한 사건이 아닙니다. 예수의 죽음은 죄의 권세와 능력을 깨뜨린 사건이며 우리에게 율법으로부터의 자유, 죄로부터의 자유, 죽음으로부터의 자유를 허락하며 인류를 구원한 결정적인 사건입니다. 죄의 능력을 파괴하고 깨뜨린 그리스도의 죽음의 능력은 그리스도와 합하여 세례를 받은 우리의 삶에서 구체적으로 드러나야 합니다. 그것은 예수의 삶을 따르는 것입니다. "무리와 제자들을 불러 이르시되 누구든지 나를 따라오려거든 자기를 부인하고 자기 십자가를 지고 나를 따를 것이니라 누구든지 자기 목숨을 구원하고자 하면 잃을 것이요 누구든지 나와 복음을 위하여 자기 목숨을 잃으면 구원하리라 사람이 만일 온 천하를 얻고도 자기 목숨을 잃으면 무엇이 유익하리요 사람이 무엇을 주고 자기 목숨과 바꾸겠느냐 누구든지 이 음란하고 죄 많은 세대에서 나와 내 말을 부끄러워하면 인자도 아버지의 영광으로 거룩한 천사들과 함께 올 때에 그 사람을 부끄러워하리라."(막 8:34-38)

예수께서는 온 세상을 구원하시기 위해 이 땅에 오셨습니다. 율법으로부터 자유로운 사람은 성령으로 행해야(walk) 하고, 성령의 인도를 받아야 하며, 성령의 열매를 맺어야 합니다.(롬 8:9-14) 이는 그리스도 안에 거하며 그를 따르는 삶의 다른 표현이라 할 수 있습니다. 그리스도 또는 성령 하나님을 삶의 분명한 주(主)로 인정하는 주도권의 변화가 일어나는 과정이 되어야 합니다.

1. 그리스도의 죽음에 참여

우리는 세례를 받아 그리스도와 한 몸이 된 그리스도께 속한 존재입니다. 예수께서는 우리를 악한 세대에서 구원하시고 율법으로부터 자유로운 영원한 삶을 선물하셨습니다. 로마서 6:3-11은 그리스도의 죽음이 지닌 참된 의미를 잘 보여줍니다. 예수 그리스도의 죽음의 목적은 그를 주와 그리스도로 믿는 이들의 죄를 용서하고 구원하는 것입니다. 또한 그와 함께 살게 하는 것입니다. 이는 미래에 임할 구원을 보장하는 것입니다. 그리스도의 죽음에 참여하는 것은 그의 고난을 본받는 것입니다. 그리스도와 함께 고난을 받음으로 결국 그와 함께 영광을 받을 것을 알기에 우리는 그리스도의 죽음에 참여할 수 있습니다. 그리스도의 죽음에 동참함으로 우리는 하나님께 속하게 됩니다. 그리스도와 함께 고난을 받고 죽음으로 말미암아 부활에 이르는 것은 그리스도께서 가져오신 복음의 참된 목표를 향한 걸음을 걷는 것입니다.

2. 율법의 행위

우리는 의롭다 여김을 받은 자로서 그리스도 안에서 하나님과의 관계뿐 아니라 복음에 합당한 삶을 살아야 합니다. 이는 현실 세계의 변화를 위한 일에 동참하는 것입니다. 유대교는 율법에 순종하고 죄를 참회하는 사람을 의로운 사람, 경건한 사람으로 생각합니다. 율법을 폐한 것은 율법이 우리를 구원할 수 없기 때문입니다. 그러나 온 세상을 구원하기 위해 이 땅에 오신 예수 그리스도의 복음이 전파되도록 우리는 율법을 행함으로 하나님의 거룩함과 화해의 정신을 드러내야 할 것입니다. 이것은 자신을 위해 얻고자 하면 잃게 되는 원리입니다. 예수를 위하여 잃으면 얻게 되는 원리를 따르는 삶입니다.

안유경

제10장

생명의 성령

로마서 8:1-11

[1] 그러므로 이제 그리스도 예수 안에 있는 자에게는 결코 정죄함이 없나니 [2] 이는 그리스도
예수 안에 있는 생명의 성령의 법이 죄와 사망의 법에서 너를 해방하였음이라 [3] 율법이 육신
으로 말미암아 연약하여 할 수 없는 그것을 하나님은 하시나니 곧 죄로 말미암아 자기 아들
을 죄 있는 육신의 모양으로 보내어 육신에 죄를 정하사 [4] 육신을 따르지 않고 그 영을 따라
행하는 우리에게 율법의 요구가 이루어지게 하려 하심이니라 [5] 육신을 따르는 자는 육신의
일을, 영을 따르는 자는 영의 일을 생각하나니 [6] 육신의 생각은 사망이요 영의 생각은 생명
과 평안이니라 [7] 육신의 생각은 하나님과 원수가 되나니 이는 하나님의 법에 굴복하지 아니
할 뿐 아니라 할 수도 없음이라 [8] 육신에 있는 자들은 하나님을 기쁘시게 할 수 없느니라 [9] 만
일 너희 속에 하나님의 영이 거하시면 너희가 육신에 있지 아니하고 영에 있나니 누구든지
그리스도의 영이 없으면 그리스도의 사람이 아니라 [10] 또 그리스도께서 너희 안에 계시면 몸
은 죄로 말미암아 죽은 것이나 영은 의로 말미암아 살아 있는 것이니라 [11] 예수를 죽은 자 가
운데서 살리신 이의 영이 너희 안에 거하시면 그리스도 예수를 죽은 자 가운데서 살리신 이
가 너희 안에 거하시는 그의 영으로 말미암아 너희 죽을 몸도 살리시리라

종교개혁적 옛 관점을 대표하는 주석학자 중 한 사람인 더글라스 무는 로마서 8:1-13을 한 단락으로 묶으면서 이 단락의 중심 주제를 '생명'으로 본다.(*The Epistle to the Romans*, 1996, 468-94) 생명의 성령은, 믿는 자를 형벌로부터 해방시키는 칭의의 은총을 통해, 죄의 권능으로부터 해방시키는 성화의 은총을 통해 그리고 죽을 몸을 살리실 부활의 소망을 통해 현재와 미래에 신자에게 생명을 준다. 무는 이 단락이 로마서 7장의 끝부분과 연결되고 있다기보다 5:12-21과 연결되고 있다고 본다. 이는 무가 7장에 묘사된 인물을 거듭나지 않은 사람으로 보기 때문이다.

8장은 성령 안에 거하는 그리스도인의 모습을 다루고 있다는 점에서 새로운 주제로 나아가고 있다. 1절에서 "정죄함이 없나니"라는 말로 신자가 사망에서 생명으로 옮겨지는 현실을 선언하면서 새로운 주제의 단락을 시작하고 있다. 2절에서 4절까지 이 전이는 생명의 성령으로부터 나오는데, 이 성령은 십자가에서 그리스도를 통해 획득한 모든 혜택을 신자들에게 적용하여 주어서 율법의 정당한 요구를 성취할 수 있도록 하신다. 5절에서 9절은 육신이 필연적으로 하나님과 대립하며 모든 사람을 하나님과 그의 법에 반역하도록 만들어 결과적으로 사망을 거두게 됨을 진술하는데 이는 왜 "성령 안에 있음" (롬 8:9)과 "성령을 따라 행함"(롬 8:4)을 통해서만 생명과 평안을 얻을 수 있는지 설명해준다. 성령께서 주시는 그 생명은 무덤에서 끝나지 않는데 성령의 현존이 신자의 몸의 부활을 보증하기 때문이다.(롬 8:10-11)

무는 2절에서 사용된 '법'(νόμος, 노모스)이 그리스도 안에서 정죄함으로부터의 구원을 묘사하기 위해 모세의 율법(토라)으로 볼 수도 있고, 비유적인 의미로 원리나 권세로 해석할 수도 있다고 전제하면서도 여기서 대조는 성령과 죄와 사망의 대조이기 때문에 후자로 해석하는 것이 더 합당하다고 주장한다. 즉 새 시대를 지배하는 생명의 성령의 권세가 옛 시대를 지배하던 죄와 사망의 권세로부터 신자를 해방하고 있다는 것이다. 이 점에서 무는 묵시적 종말론의 관점을 수용하고 있다고 할 수 있다. 하지만 3절에서 율법(νόμος)은 분명히 모세의 율법, 즉 토라를 가리키는 것으로 이해한다. 4절의 율법(νόμος)에 대해서 무는 모세의 율법보다 더 광의의 의미, 즉 '하나님의 영원한 도덕적 요구들'로 이해하면서 이러한 율법의 정당한 요구(δικαίωμα, 디카이오마)는 신자 스스로 순종의 행위를 함으로써가 아니라 그리스도와 연합하여 그리스도의 순종이 우리를 위해 받아들여질 때에 이루어질 수 있다고 설명한다. 7절에서 하나님의 법(νόμος)은 모세의 법을 가리킨다고 볼 수도 있고 하나님의 일반적인 규범을 지칭할 수도 있다고 보면서, 이 구절이 그리스도 안에 구속받지 못한 사람들의 전적인 부패를 표현하고 있다고 이해한다. 무는 9-10절에서 신자 안에 "하나님의 영"이 거하시고 "그리스도의 영"이 있으며 "그리스도"께서 그 안에 계신다는 바울의 진술을 통해 그리스도와의 연합 교리와 더불어 사실상 삼위일체 신앙을 반영하고 있다고 해석하고 있다.

새 관점을 대표하는 톰 라이트는 8:1-11의 열한 구절이 로마서 5-8장 전체의 정중앙에 위치하고 있고, 7:1에서 시작된 단락의 내용을 결론지으면서 8:30까지 이어지는 위대한 논의의 출발점이라고 이해한다.(*Romans*, 313-43) 이 논의의 핵심 모티프는 바로 '생명'이다. 1-4절은 율법이 줄 수 없던 생명을 하나님이 어떻게 우리에게 주셨는지를 보여주며 5-8장의 내용을 요약하고 있다고 본다. 5-8절은 육신에 속한 자들에게는 생명에 이르는 길이 없다고 주장하며, 성령이 그 생명의 중요한 원천이라고 선언한다. 9-10절은 이 내용을 그리스도 안에, 즉 성령 안에 있는 사람들에게 적용하면서 11절의 결론, 즉 육체의 죽음을 피할 수 없던 이 사람들은 성령으로 말미암아 새로운 생명을 얻게 될 것이라고 마무리짓는다.

라이트는 이 단락에 등장하는 법/율법(νόμος, 2, 3, 4, 7절)을 토라의 의미로 일관되게 해석한다. 대다수 주석가들과 달리 2절에 대한 설명으로 3-4절을 이해해야 한다고 주장한다. 왜냐하면 그는 7:21-25에서 마주친 문제에 대해서 이 단락이 답변하고 있다고 해석하기 때문이다. 라이트는 바울이 "그리스도 예수 안에 있는 생명의 성령이 너를 해방시켰다."라고 더 단순하게 쓸 수 있는데 "생명의 성령의 법(토라)"이라고 쓴 것에 주목하면서 하나님의 구원 역사에서 율법의 역할이 있다고 주장하고 있다. 율법의 정당한 요구(τὸ δικαίωμα τοῦ νόμου)가 그 영을 따라 행하는 우리에게 이루어졌다는 4절의 말씀은 그리스도께서 이루신 구속의 사역을 가리키면서도 동시에 내주하시는 성령으로 말미암아 육신에 거하는 죄 때문에 사망에 이르게 한 그 계명이 성령을 따라 걷는 이들을 생명에 이르게 한다. 라이트는 이 단락의 초점이 "성령의 능력 안에서 하나님의 율법에 복종하는 사람들, 그렇기 때문에 그들 안에서 율법(νόμος)에 대한 긍정적인 판결, 즉 율법의 요구(δικαίωμα)가 성취되는 사람들"이라고 단언한다. 이를 통해 라이트는 유대인 랍비 바울의 신학에서 토라의 정당한 위치를 변호하려고 노력하고 있다.

묵시적 종말론의 관점을 대표하는 케제만은 "성령 안의 존재로서 그리스도인의 삶"이라는 소제목하에 8:1-11을 주해하면서, 율법(토라)의 긍정적 의미를 성령론적으로 회복하려는 라이트와는 달리, 이 단락에서 마치 사도 바울이 소위 율법의 제3 용도를 염두에 두고 있다는 식으로는 이해할 수 없다고 단언한다.(*Commentary on Romans*, 212-25) 케제만에 따르면 "성령의 법은 그리스도의 영역에서 통치 기능이라는 점에서 다름 아닌 성령 그 자체이다. 성령은 생명을 창조하고 죄와 죽음으로부터뿐만 아니라 그들의 도구인 수리 불가능하게 왜곡된 모세의 율법으로부터도 분리시킨다." 이런 점에서 케제만은 바울의 열광주의자들(enthusiasts)과 유사한 모습에 주목한다. 하나님의 뜻은 오직 성령을 통해서만 깨닫게 된다. "그리스도인의 자유의 본질적인 부분은 새로운 법의 권위 아래 살아가는 것이 아니며, 그 순종은 최종적으로 토라가 아니라 오직 주(Kyrios)에게로 향한다."

케제만에 따르면 토라(Torah)는 육체에 의해 왜곡되어 더 이상 하나님의 뜻을 성취하게 할 수 없고 성령께서 우리를 옛 세력의 지배로부터 해방할 때에 새로운 순종을 가능케 한다. 성령을 단지 신적 조명에 의해 바르게 이해되고 그리스도인의 삶과 도덕의 원리로서 그 원래 의미를 회복한 율법과 동일시하는 것을 기독론적인 이유로 반대한다. "하나님 한 분만이 당신께서 요구하신 것을 성취하신다. 그는 역설적으로 십자가에서 당신의 아들을 속죄제로 보내심으로 우리의 협력과 별도로, 심지어 반대해서 그렇게 하신다." 4절을 주해하면서 케제만은 율법주의적 접근을 배제할 뿐 아니라 모호한 신비주의적 해석을 경계하면서 이렇게 성령의 역할을 설명한다. "성령께서는 우리를 구원의 장소인 그리스도의 십자가로 향하게 하신다. 성령은 계속해서 이신칭의를 실현하며, 십자가에 달리신 분(the Crucified)의 능력의 영역에 중단 없이 우리를 두시고, 승귀하신 주의 지상적 현존이 되신다. 만일 연합의 모티프가 사용되어야 한다면 십자가에 달리신 분의 주재권을 받아들이는 것으로 이해되어야 한다."

5-8절을 주석하면서 케제만은 여기에 바울의 인간론의 공리가 전제되고 있다고 본다. "사람은 그 자신의 힘으로 살 수 없다. 그는 그의 주, 그의 주의 능력 때문에 그 자신이 된다. 그리고 그는 그의 행동으로 이것을 나타낸다." 케제만은 바울의 신학에 있어서 성령론과 기독론이 얼마나 밀접하게 관련을 맺고 있는지를 잘 보여주면서 동시에 묵시적 종말론의 관점에서 그리스도의 왕국으로서 교회 공동체가 세상에 굴복하는 영역으로서 육신과 투쟁 관계에 있음을 주목하고 있다.

설교 본문

성령강림절 다음 주일인 오늘은 바로 삼위일체주일(Trinity Sunday)입니다. 성령께서 오순절 마가의 다락방에서 기도하는 제자들에게 능력으로 임하셨고, 교회가 시작되었습니다. 그리고 교회 시대, 성령 시대가 열렸습니다. 성령께서는 지혜와 계시의 영으로 우리에게 임하셔서 창조주요 주권자이신 아버지 하나님을 알게 하시고, 대속의 사역을 감당하신 중보자 예수의 구원의 공로가 우리의 것이 되게 하십니다. 예수께서는 승천하셔서 육체로는 하나님 보좌 우편에서 우주를 다스리시지만, 성령의 능력으로 지금 우리 안에 계시고 우리 삶을 인도하십니다. 예수와 성령, 두 분 다 보혜사로서(요 14:16, 26) 예수께서 하나님과 우리 사이에 중보자가 되신다면 성령은 성육신하신 예수를 현재 우리와 연결하는 역할을 감당하십니다. 예수가 우리를 위한 하나님이라고 한다면 성령은 우리 안에 계시는 하나님입니다. 예수의 생명을 우리에게 전달하시는 분이 성령입니다. 하나님이 구원의 계획을 세우시고 예수께서 구원의 기초를 만드셨다면 성령은 우리 삶에서 구원을 완성해 가십니다.

로마서 8장은 다이아몬드 반지의 다이아몬드처럼 성서에서 구원의 진리를 가장 찬란하게 보여주는 부분입니다. 특별히 성령의 사역이 어떠한지 우리에게 보여주기 때문에 '성령장'이라고도 하고, 성화의 진리를 가르쳐주기 때문에 '성화장'이라고도 하고, 믿음의 승리의 비밀을 우리에게 알려주기 때문에 '승리장'이라고도 합니다. 생명의 영이신 성령께서 우리를 위해 무엇을 하실까요?

1. 성령은 우리를 해방하십니다

로마서 8:1-2를 함께 읽겠습니다. "그러므로 이제 그리스도 예수 안에 있는 자에게는 결코 정죄함이 없나니 이는 그리스도 예수 안에 있는 생명의 성령의 법이 죄와 사망의 법에서 너를 해방하였음이라."

성령께서 우리를 무엇으로부터 해방하십니까? 정죄함으로부터입니다. 누가 우리를 정죄합니까? 우리 대적자 사탄입니다. 사탄은 우리를 끊임없이 정죄합니다. 비난하고 정죄하는 것이 사탄의 일입니다. 사탄은 우리가 마음과 말과 행동으로 짓는 죄를 근거로 해서 우리를 공격합니다. "너는 또 죄를 지었어." "너는 또 실패했어." "너는 무가치한 존재야." "그래서 너는 없어져야 해." "너 같은 인간은 사랑받을 자격이 없어." 사탄의 정죄는 너무도 정확해서 우리가 반박할 방법이 없는 것같이 느껴집니다. 그렇지만 그건 사실이 아닙니다. 우리 느낌이 아무리 진짜 같더라도 그것은 사실이 아닙니다.

하나님이 우리를 어떻게 보시고 어떻게 생각하시는지가 사실입니다. 하나님의 말씀과 판단만이 진리입니다. 성령께서는 우리에게 하나님의 진리를 상기시킵니다. "너는 혼자가 아니야." "내가 너를 사랑한단다." "너는 내 안에 있단다." "네 죄의 대가는 십자가에서 다 치렀단다." "내가 너를 용서한단다." 사탄이 우리 죄를 정죄할 때 우리는 이 영적 진리를 기억해야 합니다. 우리는 우리 자신으로 존재하지 않습니다. 우리는 그리스도 예수 안에서 존재합니다. 그리스도 예수 안에서 우리는 의롭고 선하고 아름다운 존재입니다. 하나님이 우리를 그리스도 예수 안에 있는 존재로 보시기 때문입니다. 예수 그리스도께서 우리의 의와 선과 아름다움이 되시기 때문입니다. 성령께서 하시는 이 사역을 신학 개념으로 '칭의'(justification)라고 합니다. 그래서 예수 그리스도 안에 있는 자에게는 결코 정죄함이 없습니다. 절망이 없습니다. 좌절이 없습니다. 사도 바울은 이렇게 선언했습니다. "그런즉 누구든지 그리스도 안에 있으면 새로운 피조물이라 이전 것은 지나갔으니 보라 새 것이 되었도다."(고후 5:17) 우리는 그리스도 예수 안에서 새로운 피조물이 되었습니다. 우리는 예수 그리스도 안에서 새로운 존재입니다. 죄와 사망의 권세로부터 해방된 존재입니다.

사랑하는 성도 여러분, 사탄의 정죄함에 상처받고 주눅 들지 마십시오. 그리스도 예수 안에 있는 우리에게는 결코 정죄함이 없습니다. 우리는 죄와 사망의 권세 아래 있지 않습니다. 이제 생명의 성령께서 우리 삶을 지배하십니다. 사탄의 정죄함의 도구로 사용되지 마십시오. 그리스도 예수 안에 있는 우리에게는 결코 정죄함이 없습니다. 성령께서 전하는 생명의 말씀을 마음에 품으십시오. 우리는 사탄의 정죄하는 권세에서 해방되어 하나님 나라 자유민이 되었습니다. 예수의 십자가 보혈로 우리는 의롭다 하심을 입었음을 기억하십시오. 서로 정죄하는 것이 아니라 그리스도 예수 안에 있는 존재로 서로 인정해주십시오. 성령께서 이루시는 생명은 정죄함으로부터 자유하고 해방하는 것입니다. 이러한 성령의 자유를, 성령의 생명을 누리시는 여러분 되시기를 축원합니다.

2. 성령은 우리에게 영적인 생각을 주십니다

로마서 8:5-6을 읽어보겠습니다. "육신을 따르는 자는 육신의 일을, 영을 따르는 자는 영의 일을 생각하나니 육신의 생각은 사망이요 영의 생각은 생명과 평안이니라."

성령께서는 우리를 정죄함으로부터 자유케 하고 의롭다 하는 '칭의'의 사역에 그치지 않습니다. 생명의 성령께서는 더 나아가 우리를 거룩하게 하고 하나님의 말씀을 순종하게 하는 '성화'(sanctification)의 역사를 이루십니다. 사탄의 영향력하에 정죄함을 받을 때에 하나님의 말씀은 우리에게 부담이었지만, 성령께서 우리 안에서 역사하실 때에 하나님의 말씀은 우리에게 삶의 기쁨과 보람과 의미가 됩니다. 하나님이 독생자 예수 그리스도를 이 땅에 보내어 죄인들을 대표해서 십자가에서 죄의 형벌을 다 담당하게 하심으로 우리에게 새로운 살길을 열어주셨습니다. 우리를 그리스도 예수 안에 있는 존재로 새롭게 창조하셨습니다.

에스겔의 예언을 새번역성경으로 한번 읽어보겠습니다. "너희에게 새로운 마음을 주고 너희 속에 새로운 영을 넣어 주며, 너희 몸에서 돌같이 굳은 마음을 없애고 살갗처럼 부드러운 마음을 주며, 너희 속에 내 영을 두어, 너희가 나의 모든 율례대로 행동하게 하겠다. 그러면 너희가 내 모든 규례를 지키고 실천할 것이다."(겔 36:26-27) 죄를 짓는 것이 체질이고 습관인 우리였는데 성령께서 우리 마음에 좌정하신 후에 우리 마음이 달라지게 됩니다. 하나님 말씀에 순종할 수 있는 체질로 바뀌게 됩니다. 예수의 마음이 우리 안에 형성됩니다. 겸손히 순종하고 감사함으로 사랑할 수 있는 사람으로 바뀌어갑니다. 이것이 성령께서 우리 안에서 지금 행하시는 일입니다.

사도 바울은 성화의 출발점을 생각의 변화로 말합니다. 성령께서 역사하실 때에 우리의 생각이 달라집니다. 생각의 내용이 달라집니다. 육신을 따르는 자는 육신의 일을 생각합니다. 육신의 생각이 무엇입니까? '죽을까' 염려하는 생각입니다. '목구멍이 포도청'이라는 말이 있지요. 생존이 삶의 우선순위가 됩니다. 생존을 위해 뭐든 허용된다고 생각합니다. 살려고 한다는데 정작 죽을까 하는 염려가 늘 마음속에 가득합니다. 염려는 본성적인 것이지만 지나친 염려, 쓸데없는 염려는 오히려 건강을 해치게 됩니다. 그래서 육신의 생각은 사망이 되는 것이지요. 또한 육신의 생각이 무엇입니까? 육체의 본성을 따르는 생각이지요. 육체는 하나님이 만드신 피조물의 본성을 가리키는 것이 아닙니다. 타락해서 왜곡되고 변질된 인간의 본성을 말합니다. 이러한 본성을 따르는 자는 하나님의 법을 거부합니다.

육신의 생각은 또한 '죽일까' 궁리하는 생각입니다. 미움과 시기가 가득 찬 인간은 타인의 존재를 제거하려 하고 심지어 죽이기까지 합니다. 자신의 정욕에 이끌리는 자는 간음을 저질러 가정을 파괴합니다. 자신의 탐욕을 채우기 위해 남의 것을 훔쳐 사회적 선을 파괴합니다. 자신의 이익을 위해서 서슴지 않고 거짓말을 둘러대어 신뢰를 파괴합니다. 이러한 죽음의 생각에 사로잡힌 육신적인 사람은 하나님과 원수가 됩니다.

반면에 성령을 따르는 사람은 영적인 일을 생각합니다. 영적인 일이 무엇입니까? 기도하고 성서 읽고 예배하고 전도하는 종교적인 일을 말합니까? 그럴 수도 있지만 아닐 수도 있습니다. 무엇을 하는지보다 더 중요한 것은 어떻게 하는가, 어떤 동기로 하는가입니다. 영적인 일은 하나님을 믿는 믿음으로 하는 일입니다. 히브리서 기자는 이렇게 말했습니다. "믿음이 없이는 하나님을 기쁘게 해드릴 수 없습니다. 하나님께 나아가는 사람은, 하나님이 계시다는 것과, 하나님은 자기를 찾는 사람들에게 상을 주시는 분이시라는 것을 믿어야 합니다."(히 11:6, 새번역) 하나님이 우리 삶의 심판자이기에 하나님을 기쁘시게 하려는 동기로 살아가는 것을 말합니다. 하나님을 기쁘시게 하는 믿음은 하나님이 늘 우리와 함께하시며 하나님을 의지하며 신뢰하는 자에게 좋은 것으로 상 주심을 믿는 믿음입니다. 하나님을 언제나 우리 삶의 가장 중요한 분으로 인정하는 자세입니다. 하나님이 어떻게 보실지를 늘 생각하며 살아간다는 말입니다. 또한 영적인 일은 내 뜻이 아니라 하나님의 뜻을 행하기 위해 하는 일입니다. 내 영광이 아니라 하나님의 영광을 위해 하는 일입니다. 사도 바울이 이렇게 말했습니다. "그런즉 너희가 먹든지 마시든지 무엇을 하든지 다 하나님의 영광을 위하여 하라."(고전 10:31)

소위 영적인 일을, 주의 일을 한다고 하면서도 자신의 뜻을 위해, 자기 영광을 위해 하는 경우가 있습니다. 우리가 영적인 일을 영적으로 하는지 안 하는지 여부를 확인할 수 있는 시금석이 있습니다. 자기 뜻대로 안 될 때에도 그 사명에 충실할 수 있는지, 자기 명예가 드러나지 않을 때에도 그 사역을 감당하겠는지 스스로 돌아보면 됩니다. 만일 그렇지 못하다면 우리는 하나님의 일을 하나님의 일로 하지 않는 것입니다. 주의 일은 주관하는 자세가 아니라 종 된 자세로 감당해야 합니다. 자기를 부인하지 않는 헌신은 하나님의 일이 될 수 없습니다. 예수처럼 "내 뜻대로 마옵시고 아버지의 뜻대로 하옵소서"(막 14:36), 이런 기도를 드릴 때에 영적인 일을 생각하고 감당하는 준비가 된 것입니다. 성령께서는 우리에게 영적인 일을 생각하며 영적인 일에 헌신하도록 우리의 생각을 바꾸어가십니다.

여러분은 어떤 생각을 하며 살고 계십니까? 여러분의 마음에 어떤 생각이 가득 차 있습니까? 염려와 근심입니까? 나의 만족과 유익을 구하는 것입니까? 아니면 생명과 평안입니까? 무엇을 하든지 하나님의 뜻을 구하며 하나님께 영광을 돌리는 것입니까? 우리가 육신을 따라 살고 있다면 회개해야 합니다. 만일 우리 마음에 나에 관한 생각으로 가득 차 있다면 회개해야 합니다. 성령께서 우리 마음을 바꾸시도록 기도하십시오. 성령께서 우리에게 영적인 생각을 주시도록 간구하십시오. 성령께서 우리 삶을 변화시키기를 기대하십시오. 성령께서는 우리 삶을 하나님의 계획대로 변화시켜 가십니다.

3. 성령은 우리를 그리스도의 사람으로 변화시킵니다

로마서 8:8-10을 함께 읽겠습니다. "육신에 있는 자들은 하나님을 기쁘시게 할 수 없느니라 만일 너희 속에 하나님의 영이 거하시면 너희가 육신에 있지 아니하고 영에 있나니 누구든지 그리스도의 영이 없으면 그리스도의 사람이 아니라 또 그리스도께서 너희 안에 계시면 몸은 죄로 말미암아 죽은 것이나 영은 의로 말미암아 살아 있는 것이니라."

성령께서는 우리를 정죄함에서 자유케 하시고, 마음과 생각을 변화시키시고 우리를 그리스도의 사람으로 새롭게 하십니다. 성령께서 우리로 하여금 영적인 생각을 하게 하시면 우리에게 변화가 나타납니다. 처음에는 생각이 달라집니다. 부정적인 생각이 긍정적인 생각으로 바뀌게 됩니다. 사망의 생각이 생명의 생각으로 바뀌게 됩니다. 염려가 감사로 바뀌게 됩니다. 근심이 소망으로 바뀌게 됩니다. 판단과 정죄가 이해와 용납으로 바뀌게 됩니다. 미움과 시기 질투가 사랑으로 바뀌게 됩니다. 우리의 말이 달라지고 우리의 우선순위가 달라지고 우리의 행동과 습관이 달라집니다. 하나님을 기쁘시게 하는 것이 우리 삶의 가장 큰 기쁨이 됩니다.(롬 8:8)

이것이 가능할까요? 우리 힘으로는 할 수 없지만, 하나님께는 가능합니다. "이는 힘으로 되지 아니하며 능력으로 되지 아니하고 오직 나의 영으로 되느니라."(슥 4:6) 성령 하나님이 이러한 변화를 이루십니다. 새롭게 하는 것은 성령의 역사입니다.(딛 3:5) 우리에게 변화에 대한 믿음이 있을 때, 성령의 역사에 대한 믿음이 있을 때 가능합니다. 우리 안에 하나님의 영, 즉 그리스도의 영이 거하신다면 우리 삶에 성령의 역사가 나타납니다. 변화가 나타납니다. 이제 우리는 그냥 우리 자신이 아닙니다. 그리스도의 영이 거하시는 그리스도의 사람입니다. 성령께서 거하시는 성령의 전이 됩니다. 그래서 우리가 점점 하나님을 기쁘시게 하는 사람으로 변화되어 갑니다. 비록 이 땅에서 우리 몸은 죽음의 영향에서 완전히 벗어날 수 없지만, 성령을 따르는 우리 삶에는 하나님의 생명이 나타납니다. 생명은 성장합니다. 생명은 변화됩니다. 성년 이후로 육신적으로는 나이가 들면서 점점 약해지고 추해지지만, 영적으로는 점점 아름다워지고 온전해집니다. 점점 예수를 닮아가게 됩니다. 성령이 여러분 안에 거룩한 변화를 이루실 것을 믿으십니까? 여러분이 점점 그리스도의 사람으로 변화될 것을 믿으십니까? 믿는 자에게 성령께서 역사하십니다. 성령의 임재를 구하고 누리는 사람에게는 부활의 소망이 있습니다.(롬 8:11) 부활의 성령께서 우리 죽을 몸도 살리실 것을 소망하며 오늘을 살아갑니다.

말씀을 맺겠습니다. 생명의 성령께서 저와 여러분을 위해 행하시는 일들을 기억하십시오. 성령 하나님은 우리를 정죄함에서 자유케 하십니다. 성령의 지배를 받으며 살아가는 사람에게는 정죄당함도 없고 정죄함도 없습니다. 성령 하나님이 우리에게 영적인 생각을 주십니다. 부정적인 생각, 이기적인 생각 대신에 긍정적인 생각, 주를 기쁘시게 할 생각을 주십니다. 성령 하나님이 우리를 그리스도의 사람으로 바꾸십니다. 하나님의 영광을 위해, 하나님의 뜻을 이루기 위해 살아가는 사람으로 변화시키십니다. 성령께서 우리를 지배하실 때에 우리는 이 땅에서 영광스러운 사명을 감당하는 주의 몸 된 교회가 됩니다. 주 안에서 거룩한 생명의 성령의 역사에 참여하시는 성도들 되시기를 예수 그리스도의 이름으로 축원합니다.

김상윤

제11장

고난 중의 탄식과 소망

로마서 8:18-27

18생각하건대 현재의 고난은 장차 우리에게 나타날 영광과 비교할 수 없도다 19피조물이
고대하는 바는 하나님의 아들들이 나타나는 것이니 20피조물이 허무한 데 굴복하는 것은
자기 뜻이 아니요 오직 굴복하게 하시는 이로 말미암음이라 21그 바라는 것은 피조물도 썩
어짐의 종 노릇 한 데서 해방되어 하나님의 자녀들의 영광의 자유에 이르는 것이니라 22피
조물이 다 이제까지 함께 탄식하며 함께 고통을 겪고 있는 것을 우리가 아느니라 23그뿐 아
니라 또한 우리 곧 성령의 처음 익은 열매를 받은 우리까지도 속으로 탄식하여 양자 될 것
곧 우리 몸의 속량을 기다리느니라 24우리가 소망으로 구원을 얻었으매 보이는 소망이 소
망이 아니니 보는 것을 누가 바라리요 25만일 우리가 보지 못하는 것을 바라면 참음으로 기
다릴지니라 26이와 같이 성령도 우리의 연약함을 도우시나니 우리는 마땅히 기도할 바를
알지 못하나 오직 성령이 말할 수 없는 탄식으로 우리를 위하여 친히 간구하시느니라 27마
음을 살피시는 이가 성령의 생각을 아시나니 이는 성령이 하나님의 뜻대로 성도를 위하여
간구하심이니라

본문 해설

종교개혁적 관점에 서 있는 더글라스 무는, 로마서 8:18-30 단락은 5:1-11의 주제를 반복하며 종말론적 '영광'에 초점을 맞추고 있다고 본다. 고난의 현실은 그리스도인에게 약속된 영광스러운 미래를 빛나게 만드는 어두운 배경으로 설정된 것이다. 하나님의 자녀로서 예수 그리스도의 길을 따라 걸으며 그리스도를 닮아간다면, 예수께서 고난을 통과하여 영광에 이르신 것처럼 그리스도인도 마찬가지 과정을 거치게 된다. 그 영광은 우리 죽을 몸이 변화될 때, 종말에 가서야 비로소 드러난다. 이러한 고난의 현실에서 그리스도인이 소망을 가질 수 있는 것은 성령께서 처음 익은 열매, 곧 하나님이 우리에게 주시는 선물의 약속, 또는 첫 불입금으로 장차 임할 영광을 기대하고 보증하기 때문이다. 로마서 8:18-30은 영광에 대한 소망을 5:1-11보다 상세하게 묘사하며 우주적인 배경하에서 문제를 설정하고 있지만 기본적인 메시지는 거의 차이가 없다고 본다.

18절에서 "현재의 고난"은 그리스도를 주로 고백함으로써 겪게 되는 여러 시련뿐만 아니라 고난의 모든 경험을 망라한다. 무는 그리스도인의 모든 고난은 그리스도와 함께하는 고난이라고 할 수 있다고 이해한다. 이 단락에서 주요 주어로 등장(롬 8:19-22)하는 '피조물'(κτίσις, 크티시스)[1]을

1) 신약학자 천세종은 크티시스(κτίσις)의 의미에 대한 해석의 역사를 연구한 크리스토퍼슨(Christoffersson)의 연구 성과를 소개한다. 그에 따르면 첫째는 '우주적 해석'인데 이는 초대 교부 오리겐의 해석으로 크티시스가 인간과 다른 피조물들을 포함할 뿐만 아니라 영적인 피조물들, 즉 천사들과 하늘의 별들도 포함한다고 이해한다. 둘째는 '우주적-천사학적 해석'으로 크티시스가 인간을 제외한 피조물들과 천사들을 가리키는 것으로 해석하는 입장이 있다, 셋째는 '우주적 해석'으로 크티시스가 인간을 제외한 창조세계를 가리킨다는 입장이다. 넷째는 아우구스티누스와 중세 학자들에 의해서 강조된 입장인 '인류학적 해석'으로 크티시스가 인간을 가리키는 것이라고 해석한다. 다섯째는 '천사학적 해석'으로 크티시스는 다른 존재가 아니라 바로 천사들을 가리키는 것이라

바울이 어떤 의미로 사용했는지에 대해 무는 다수 학자들의 견해를 따라(Godet, Zahn, Cranfield) 인간을 제외한 '인간 이하의 피조물'을 가리키는 것으로 본다. 그래서 인류의 타락과 회복이 미치는 우주적인 범위를 독자들에게 전하기 위해서 인간 이하의 피조물을 의인화하고 있다고 해석한다. 20절에서 허무한 데 "굴복하게 하시는 이"를 하나님으로 해석하는 무는 바울이 창세기 3:15의 원복음(protoevangelium)을 염두에 두고 있다고 생각하면서 이 굴복케 하는 판결이 소망의 맥락에서 주어졌다고 해석한다. 22절의 '함께 탄식한다'는 것은 종말론적 기대감을 반영하고 있다고 보면서, 피조물이 신음하고 고통을 겪는 현장에 신자들과 함께하고 있다는 것이 아니라 여러 피조물이 함께 신음하고 함께 고통받고 있다고 해석한다.

무는 23절에서 "성령의 처음 익은 열매를 받은 우리"라는 표현에 대해서, 바울이 우리가 성령의 처음 익은 열매를 가지고 있기 때문에 탄식하는 것으로 이해하든, 성령의 처음 익은 열매를 가지고 있음에도 불구하고 탄식한다고 이해하든, 모두 바울의 성령관에 부합하지만 "우리가 성령을 우리의 완전한 구원을 위한 첫 불임금이자 담보로 소유하고 있기 때문에, 그 구원이 완전히 이루어지기를 갈망하느라 신음하는 것으로" 이해하는 것이 낫다고 판단한다. 26-27절에서 성령의 탄식에 대하여 무는 방언으로 이해하는 것이 가능하지 않다고 보면서 이 탄식을 우리 마음속에서 일어나는 중보의 사역으로서 우리가 직접 느끼지 못하는 성령의 기도의 소리로 보며 사실상 "탄식"은 은유적인 표현으로 이해하는 것이 낫다고 주장한다. 바울이 말하려고 하는 바는, 우리는 하나님의 뜻을 알지 못할 때가 많지만, 그럴 때에 성령께서 우리 안에서 하나님의 뜻에 부합하는 중보기도를 친히 드리신다는 것이다.

고 이해하는 견해이다. 천세종, "로마서 8장 18-25절에 나타난 바울의 창조 이해와 종말론적 구원," 「장신논단」 45/2(2013): 93-116.

새 관점으로 바울을 해석하는 라이트는 이 단락이 5:3-5의 내용을 심화하고 있다고 이해하며 "만물의 갱신"이라는 제목으로 주해한다.(*Romans*, 350-60) 이 단락의 배경에는 새 하늘과 새 땅에 대한 성서의 약속(사 65:17, 66:22), 하나님의 형상으로 창조된 인간이 피조 세계를 다스리는 하나님의 청지기로 임명된 창조 이야기, 그리고 창세기 3장의 인간의 타락과 이로 인한 피조 세계의 타락 이야기가 있다. 22절의 "함께 탄식하며 함께 고통"이 해산의 고통으로 신음하는 것임을 밝히면서 이 새 시대의 산통이라는 이미지가 처음에는 세상에(롬 8:22), 그다음에는 교회에(롬 8:23), 그리고 성령에게(롬 8:26) 적용됨을 주목하고 있다. 라이트는 구약 전승의 재발견에 힘을 써서 23절에 등장하는 속량(ἀπολύτρωσις, 아폴뤼트로시스)이 3:24 이후 처음 사용되면서 출애굽의 이미지를 되살리고 있다고 해석한다. 24-25절을 주해하면서 라이트는 그리스도인의 구원 경험의 중심에 소망이 있는데 이 소망은 꾸준한 인내와 더불어 열렬한 기대감을 포함한다고 설명한다.

26-27절에서 라이트는 세상의 탄식과 교회의 탄식, 그리고 성령의 탄식이 중보기도 가운데 만나고 있음에 주목한다. "탄식하는 세상 한가운데서 교회도 함께 탄식한다. 이 교회의 탄식을 유지시키며 심지어는 고취시키고 있는 것이 성령의 탄식이다. … 성령의 영감을 받은 기도는 개시된 종말론의 경험에서 핵심 요소에 해당한다. … 바울은 여기서 교회가 중보 기도를 하도록 부름받았다는 사실, 하지만 교회는 이 역할에 대해 매우 곤혹스러워한다는 사실, 둘 다를 당연한 것으로 간주한다." 성령께서 친히 말할 수 없는 탄식으로 기도하신다는 바울의 진술이 무슨 의미인지에 대해서 방언(glossolalia)의 은사를 언급하고 있다는 주장과 현대 서구 신자들의 개인 경건 생활에서 종종 나타나는 침묵 기도와 연관지을 수 있다는 견해에 반대하면서 라이트는 이렇게 말한다. "오히려 여기에서 바울은 애통과 갈망이 뒤섞인 가운데 기도하며 고뇌하는 모습을 이야기하고 있다. … 여기

에서 바울이 내세우는 주장은, 세상의 파멸과 참상에 직면한 그리스도인들이 그 허무감과 구속을 향한 갈망을 어떤 말로 표현해야 할지 몰라 당황하고 있을 바로 그 순간, 다름 아닌 성령 자신이 그리스도인들 안에서 중보기도를 하신다는 것이다."

묵시적 종말론의 관점의 대표자인 케제만은 현재의 고난과 미래의 영광 사이, 이미 구원받았으나 아직 온전히 구원이 성취되지 않은 종말론적 긴장이 이 단락의 핵심 주제라고 이해한다.(*Commentary on Romans*, 229-43) 이 종말론적 긴장 속에서 성령 안에 있는 신자는 소망을 품고 몸부림치며 살아가게 되는데 이때 성령은 장차 올 것의 보증이 되신다. "현재적 종말론은 확신과 약속의 두 가지 의미를 가지는 복음의 시간을 의미한다." 종말론적 긴장(롬 8:18-27)은 구원의 확신을 내포하는 14-17절과 28-30절 사이에 위치하고 있다. 18절의 선언은 단지 현재의 고통을 정당화하거나 최소화하려는 것이 아니다. 고통을 심각하게 다루되 그 고통이 중요하지 않다고 말할 뿐이다. 왜냐하면 그 고통이 곧 끝날 것이라는 임박한 기대를 가지고 있기 때문이다.

19-22절의 '피조물'(κτίσις, 크티시스)의 의미에 대한 해석에서 케제만은 현대에는 주된 강조가 인간을 제외한 피조물에 주어지고 있지만, 피조물(κτίσις)이 그리스도인들—23절부터 다루어지는—을 제외한 모든 인간을 가리킨다고 이해하는 것이 바울의 신학에 부합하다고 본다. 바울이 일반적으로 자신의 서신서들에서 인간 역사에 강조점을 두고 세계를 생각했기 때문이다.(Käsemann, 233. 비교. 천세종, 103-107) 케제만은 적어도 22절의 "피조물이 다"(πᾶσα ἡ κτίσις)라는 표현은 인간을 포함하는 피조물을 의미한다고 해석한다. 그럼으로써 케제만은 인간과 다른 창조물 전체를 포함하는 포괄적인 개념으로 '피조물'을 이해할 가능성을 열었다.

26-27절에서 "성령이 말할 수 없는 탄식으로 친히 간구"한다는 표현에 대해서 케제만은 서구 학자로서는 독특한 견해를 제시한다. 일반적으로

성령께서 하나님의 뜻에 합당한 기도를 하도록 도우신다는 생각은 26절과 상관이 없다고 믿는다. 바울은 26절에서 종종 오해되어 온 신앙생활의 문제, 즉 표현할 수 없는 탄식(στεναγμοῖς ἀλαλήτοις)을 다루고 있다. 케제만은 바울이 여기에서 방언(glossolalia)을 언급하고 있다고 생각한다. 예배 시간에 성령의 역사로서 하늘의 언어를 들을 수 있다는 것이다. 이를 통해서 승귀하신 그리스도께서 하나님 보좌 우편에서 중보하시는 것처럼 승귀하신 주님의 지상적 현존이신 성령께서 교회 공동체의 영역에서 그 사역을 통해서 중보기도를 포함한 당신의 일을 하신다는 것이다. 케제만은 고난으로부터 영광에 이르는 과정을 순례의 신학, 소망의 신학이라고 지칭한다. "참된 신학은 영광의 신학일 수 없다. 그것은 온 세상을 위한 약속으로서 복음 메시지 아래에서 순례자의 신학 — 소망의 신학 — 이 되어야 한다. … 만일 믿음이 인내가 되기를 그친다면, 사랑을 가능하게 하기를 그친다면, 소망의 기초가 되기를 그친다면, 우리를 모든 피조물 위에 고양시키는 대신에 그들과 더 깊은 연대로 이끌어가기를 그친다면 믿음은 더 이상 믿음이 아니다."

설교 본문

사는 게 힘드시지요? 교인 중에 몸이 한 군데라도 아프지 않으신 분이 없는 것 같습니다. 어디가 삐걱대고 통증이 있으면 생활 자체가 힘이 듭니다. 노화의 자연스러운 현상으로 받아들이기에는 고통이 전혀 자연스럽지 않습니다. 아픈 것은 아무리 해도 적응이 되지 않습니다. 노후 자금도 충분치 않은데 이런 몸으로 앞으로 몇 년을 더 살아야 하나 생각하면 갑갑할 때도 있습니다. 아직 몸이 건강한 젊은이들도 사는 것은 힘이 듭니다. 직장에서 일하기도 결코 만만치 않습니다. 맡은 일을 잘 해내기도 쉽지 않지만, 일을 하면서 그 의미를 찾기 어려운 경우도 있습니다. 직장 상사나 선후배 관계도 많은 사람에게 큰 부담입니다. 공부를 하는 학생들도 학업 부담과 스트레스로 어려움을 겪습니다. 나이와 세대와 상관없이 마음대로 안 되는 인간관계로 인해서 힘들어하는 분들이 적지 않습니다. 남편이 남의 편같이 느껴지고, 시댁 식구들은 날 못 잡아먹어서 안달인 것 같고, 날로 고집불통이 되어가는 연로하신 부모님을 돌보는 일은 무거운 짐입니다.

교회에서 인간관계도 만만치 않습니다. 뭔가 좀 열심히 해보려고 하면 왜 그리 말이 많은지 아무것도 안 하고 편안하게 교회 생활을 하는 것이 낫겠다 싶을 때가 있습니다. 기도 제목이라고 털어놓으면 한 주 만에 전 교인이 내 문제를 다 알고 있는 상황에 직면하여 다시는 누군가를 의지해서는 안 되겠다고 마음을 닫기도 합니다. 교인들이라도 내 인생에 별 도움이 되지 않는다고 포기를 하지요.

왜 이렇게 사는 게 힘들까요? 고생스럽고 힘든 삶을 살고 있다고 느끼는 분들은 오늘 말씀을 통해 고난을 이기는 방법을 배우실 수 있습니다. 고난받는 사람들에게 우리 주님이 말씀해 주십니다. 현재의 고난을 이길 수 있는 첫걸음은 고난의 의미를 깨닫는 것입니다. 오늘 바울을 통해 고난의 현실에서 살아가는 우리에게 주님은 뭐라고 말씀하실까요?

1. 고난 속에서 미래의 영광을 소망하라고 말씀하십니다

로마서 8:17-18을 함께 읽어보겠습니다. "자녀이면 또한 상속자 곧 하나님의 상속자요 그리스도와 함께 한 상속자니 우리가 그와 함께 영광을 받기 위하여 고난도 함께 받아야 할 것이니라 생각하건대 현재의 고난은 장차 우리에게 나타날 영광과 비교할 수 없도다."

여기에 고난을 이기는 비결이 있습니다. 우리가 하나님의 자녀라면 예수 그리스도와 함께 모든 것을 상속할 것이라는 사실을 기억해야 합니다. 예수께서 십자가 고난을 통해 부활의 영광에 이르신 것처럼 우리도 현재 예수의 고난에 동참함으로 미래 주님의 영광에 동참할 것입니다. 십자가 없이 부활이 없는 것처럼 현재의 고난 없이 미래의 영광도 없습니다. 그렇기 때문에 현재의 고난 속에서 미래의 영광을 소망하라는 것입니다. 사도 바울은 그리스도 안에 있는 성도, 하나님의 자녀들이 현재 겪는 고생은 장차 주님 재림하실 때 하나님의 자녀들이 동참하게 될 주님의 영광과 비교할 수 없다고 하십니다. 지금 우리가 느끼기에 너무 힘들고 삶의 짐이 무겁게 느껴지더라도, 우리가 신앙 안에서 치르는 대가가 크게 느껴지더라도 주님이 우리에게 주실 가슴 벅찬 칭찬과 영광스러운 상급에 비하면 아무것도 아니라고 하십니다.

바울이 고린도교회에 남긴 말을 함께 읽어보겠습니다. "그러므로 우리는 낙심하지 않습니다. 우리의 겉사람은 낡아가나, 우리의 속사람은 날로 새로워집니다. 지금 우리가 겪는 일시적인 가벼운 고난은, 비교할 수 없을 정도로 영원하고 크나큰 영광을 우리에게 이루어 줍니다. 우리는 보이는 것을 바라보는 것이 아니라, 보이지 않는 것을 바라봅니다. 보이는 것은 잠깐이지만, 보이지 않는 것은 영원하기 때문입니다."(고후 4:16-18, 새번역) 이 땅에서 고통을 겪는 순간은 정말 끝나지 않을 것 같기도 합니다. 시간이 멈춘 것처럼 느껴집니다. 그렇지만 다 지나갑니다. 어머니는 열 몇 시간이라는 너무 힘든 산통을 겪지만, 태어난 아기 울음소리를 들으며 새 생명의 온기를 가슴에 느낄 때는 기쁨으로 출산의 모든 고통의 기억을 잊어버립니다. 그리스도인이 겪는 고난은 하나님의 생명이 우리 삶에 드러나는 필수적인 과정이라고 할 수 있습니다.

베드로 사도에 따르면 그리스도인이 겪는 고난에도 몇 가지 종류가 있습니다. 함께 읽어보겠습니다. "부당하게 고난을 받아도 하나님을 생각함으로 슬픔을 참으면 이는 아름다우나 죄가 있어 매를 맞고 참으면 무슨 칭찬이 있으리요 그러나 선을 행함으로 고난을 받고 참으면 이는 하나님 앞에 아름다우니라 이를 위하여 너희가 부르심을 받았으니 그리스도도 너희를 위하여 고난을 받으사 너희에게 본을 끼쳐 그 자취를 따라오게 하려 하셨느니라."(벧전 2:19-21)

첫째, 부당하게 받는 고난입니다. 자신이 잘못을 하지 않아도 불의하고 악한 세상에서 억울하게 고난받는 일들이 있습니다. 이때 어떻게 하라고요? 하나님을 생각함으로 참아야 합니다. 심판자 하나님이 다 보고 계십니다. 하나님이 억울함을 신원하여 주시고 정의를 실현하실 것입니다. 둘째, 죄로 인해, 악을 행함으로 받는 고난입니다.(벧전 2:20, 4:17) 그리스도인들도 죄를 짓는데 이로 인해서 징계의 고난을 받기도 합니다. 이럴 때는 겸손히 회개하며 하나님의 자비하심을 구해야 합니다. 다윗이 범죄함으로 받았던 고난을 생각하면 되겠지요. 셋째, 선을 행함으로, 의를 위하여 고난을 받는 경우입니다.(벧전 2:21, 4:14) 이렇게 고난받는 것은 하나님 보시기에 아름다운 것입니다. 하나님 보시기에 복된 것입니다. 이러한 고난에는 큰 의미가 있습니다. 바로 그리스도의 고난을 본받는 것이고 그리스도의 고난에 동참하는 것이기 때문입니다.(벧전 2:21, 4:13) 이러한 고난이야말로 그리스도인들이 환영하며 기뻐해야 하는 고난입니다. 그리스도 안에서 의롭고 충성되게 살려고 하는 사람은 이러한 고난을 예상해야 합니다. 이러한 고난 너머에 예수 그리스도의 영광이 예비되어 있습니다.

여러분이 하나님의 자녀인 것을 믿으십니까? 예수 그리스도의 제자로 부름받았음을 고백하십니까? 그렇다면 현재 고난 속에서 낙심하지 마십시오. 고난과 연단의 시간은 지나갑니다. 오히려 기뻐하십시오. 주께서 허락하실 영광스러운 미래를 소망하십시오. 현재 눈앞의 고난보다 장래 영광은 훨씬 크고 영원합니다. 사도 바울의 고백을 함께 읽겠습니다. "다만 이뿐 아니라 우리가 환난 중에도 즐거워하나니 이는 환난은 인내를, 인내는 연단을, 연단은 소망을 이루는 줄 앎이로다."(롬 5:3-4) 우리가 당하는 고난과 고생이 헛된 것이 아닙니다. 어려움을 통해 우리는 인내함을 배우게 되고 그리스도의 인격을 닮아갑니다. 더 이상 현재에 안주하지 않고 미래의 영원한 영광을 소망하게 됩니다. 현재의 고난을 믿음으로 잘 인내한다면 "예수 그리스도께서 나타나실 때에 칭찬과 영광과 존귀를 얻게" 하실 것입니다.(벧전 1:7) 하나님의 영광스러운 미래를 소망하며 살아가십시오. 따라해 주십시오. "고진감래"(苦盡甘來, 고생 끝에 낙이 온다.), "노 크로스, 노 크라운"(No Cross, No Crown, 십자가 없이 왕관도 없다.), "노 페인, 노 게인"(No Pain, No Gain, 고통 없이 얻는 것도 없다.), "노 스웨트, 노 스위트"(No Sweat, No Sweet, 땀 흘림 없이 달콤함도 없다.). 예수의 고난에 동참하십시오. 예수의 영광을 소망하십시오.

2. 고통받는 피조 세계를 기억하라고 말씀하십니다

로마서 8:19-22를 새번역으로 함께 읽겠습니다. "피조물은 하나님의 자녀들이 나타나기를 간절히 기다리고 있습니다. 피조물이 허무에 굴복했지만, 그것은 자의로 그렇게 한 것이 아니라, 굴복하게 하신 그분이 그렇게 하신 것입니다. 그러나 소망은 남아 있습니다. 그것은 곧 피조물도 썩어짐의 종살이에서 해방되어서, 하나님의 자녀가 누릴 영광된 자유를 얻으리라는 것입니다. 모든 피조물이 이제까지 함께 신음하며, 함께 해산의 고통을 겪고 있다는 것을, 우리는 압니다."

고통 중에 있을 때 우리는 자기중심적이 되고 자기 연민에 빠질 수 있습니다. 나만 고통받는 것 같을 때에 그 고통의 무게는 더 무겁게 느껴지지요. 그런데 고난 중에 있는 것이 나만이 아님을 깨달아야 합니다. 고난 중에 있는 타자를 생각할 때에 우리 고통의 무게는 줄어듭니다. 고난의 연대를 통해 고난을 이겨낼 힘을 얻습니다. 사도 바울은 고난받는 것이 인간만이 아니라고 합니다. 바로 우리가 살아가는 이 세상이, 모든 피조물이 고통 속에서 신음하고 있다고 하십니다.

창세기 3장의 인간의 타락은 모든 피조물에게 부정적인 영향을 주었습니다. 함께 읽어보겠습니다. "아담에게 이르시되 네가 네 아내의 말을 듣고 내가 네게 먹지 말라 한 나무의 열매를 먹었은즉 땅은 너로 말미암아 저주를 받고 너는 네 평생에 수고하여야 그 소산을 먹으리라 땅이 네게 가시덤불과 엉겅퀴를 낼 것이라."(창 3:17-18) 땅이 저주를 받았습니다. 인간이 수고해서 겨우 먹을 수 있고, 땅은 인간에게 순응하지 않고 인간의 노동의 수고를 더하게 되었습니다. 죄로 말미암아 인간 속에 하나님의 형상이 왜곡되고 파괴되자 만물의 영장으로서 인간은 피조 세계를 잘 관리하고 다스리는 것이 아니라 자신의 생존을 위해 피조물들의 생존을 위협하게 되었습니다. 인간이 찬란한 물질문명을 창조할 때에 그 대가를 피조물들이 치르게 되었습니다. 피조물들이 인간의 욕심과 어리석음 때문에 고통받으며 탄식하고 있습니다. 하나님의 자녀들이 하나님의 대리자로서 역할을 제대로 감당해주기를 소망하고 있습니다. 피조물도 썩어짐과 허무의 상황에서 해방되어 하나님 자녀들이 누리는 영광의 자유에 동참하는 날을 기다리고 있습니다.

지난 3세기 동안 산업화가 진행되어 인간은 더 편리하고 풍요롭게 살게 되었지만, 그 결과 생태계는 점차 심각하게 파괴되었습니다. 21세기 들어서 매년 이탈리아 국토 면적만큼의 숲이 사라지고 있습니다. 중국에서만 매년 서울시 면적의 여섯 배만큼의 땅이 사막화되어 현재는 국토의 27%가 사막입니다. 호주는 2019년부터 2년 동안 나라 전체에 산불이 번졌습니다. 육지로부터 수천 킬로미터 떨어진 태평양 한곳에는 한반도 면적의 16배에 해당하는 쓰레기섬이 생겨났고, 지구 전체에 이런 쓰레기섬이 적어도 5개 이상 있다고 합니다. 북극의 빙하가 녹아 해수면이 상승하고 남극의 빙하도 녹고 있어서 몇 년 후면 물에 잠겨 사라질 위기에 처한 섬나라도 있고, 지구의 온도가 지금보다 0.5도 더 올라가면 바다에 인접한 많은 도시가 물에 잠길 것이라고 경고합니다. 지구온난화로 인한 기후 변화로 지구촌이

가뭄과 폭염과 폭우와 한파와 홍수와 태풍 등 자연재해로 심각하게 고통받고 있습니다.

고통받고 신음하고 있는 피조 세계에 대해 하나님의 자녀들은 연민과 책임의식을 느껴야 합니다. 우리가 당장 편하자고 무책임하게 행동해서는 안 됩니다. 불편하게 사는 법을 훈련해야 합니다. 그리스도인의 성화의 과정에는 분명 환경 보호에 민감한 삶의 훈련도 포함될 것입니다. 많은 분이 이미 실천하고 있는 내용이라고 믿습니다만 다음 항목들을 한번 읽으며 확인해보기 바랍니다. (1) 분리배출 잘 하기, (2) 전기 절약하기, (3) 일회용품 사용 줄이기, (4) 대중교통 이용하기, (5) 장바구니 이용하기, (6) 음식물 쓰레기 줄이기, (7) 육식 줄이고 채식 늘리기, (8) 천연세제 사용하기, (9) 하절기, 동절기 실내 적정온도 유지하기, (10) 헌옷 기부하기.

하나님의 구원 대상은 인간만이 아님을 기억하셔야 합니다. 하나님의 구원은 온 피조 세계에 미칩니다. 구원의 완성은 새 하늘과 새 땅을 창조하는 것입니다. "보라 내가 새 하늘과 새 땅을 창조하나니 이전 것은 기억되거나 마음에 생각나지 아니할 것이라 … 이리와 어린 양이 함께 먹을 것이며 사자가 소처럼 짚을 먹을 것이며 뱀은 흙을 양식으로 삼을 것이니 나의 성산에서는 해함도 없겠고 상함도 없으리라 여호와께서 말씀하시니라."(사 65:17, 25) 새 하늘과 새 땅의 창조, 온전한 구원의 날을 소망하는 모든 신자는 현재 고난 속에서 피조물의 탄식에 귀를 기울입니다. 피조 세계의 고통에 연대하며 책임 있게 행동해야 합니다. 그것이 온전한 구원의 날을 소망하는 신자의 모습입니다.

3. 우리를 위해 성령께서 함께 기도하신다고 말씀하십니다

로마서 8:26-27을 새번역성경으로 읽겠습니다. "이와 같이, 성령께서도 우리의 약함을 도와주십니다. 우리는 어떻게 기도해야 할지도 알지 못하지만, 성령께서 친히 이루 다 말할 수 없는 탄식으로, 우리를 대신하여 간구하여 주십니다. 사람의 마음을 꿰뚫어 보시는 하나님께서는, 성령의 생각이 어떠한지를 아십니다. 성령께서, 하나님의 뜻을 따라, 성도를 대신하여 간구하시기 때문입니다."

우리가 고통 가운데 있을 때에 우리의 탄식에 함께하시는 분이 계십니다. 우리 연약함을 도우시는 분이 계십니다. 바로 성령 하나님입니다. 고난 가운데 너무 힘들면 기도하기도 어려울 때가 있습니다. 기도해도 눈앞의 상황이 달라지지 않을 때가 있습니다. 다 포기하고 싶을 때가 있습니다. 그럴 때 기억하십시오. 바로 그런 우리 연약함을 돌보시는 분이 계십니다. 우리에게 소망을 일깨우시는 분이 성령입니다. 우리로 낙심하지 않고 기도하도록 도우시는 분이 성령입니다. 우리는 결코 혼자가 아닙니다. 고난 가운데 어떻게 해야 할지 모를 때에 성령을 의지하십시오. '성령님 도와주세요.' 하고 구하십시오.

우리가 어떻게 기도해야 할지 모를 때에도 우리 안에 계신 성령 덕분에 기도할 수 있습니다. 우리가 뭐라고 기도하는 것이 중요하지 않습니다. 말이 안 나와도 괜찮습니다. 탄식과 간절함으로 하나님 앞으로 나아가십시오. 도우시는 성령을 의지하십시오. 성령께서 하나님 아버지의 뜻대로 기도하도록 이끄실 것입니다. 성령과 함께 기도할 때에 우리를 향한 하나님 아버지의 선하신 뜻을 깨닫게 될 것입니다. 성령과 함께 기도할 때에 우리 안에 영광스러운 미래의 소망이 생겨날 것입니다. 성령께서 내 안에 없던 소망을 품게 하십니다. 성령께서 내 입술에 아버지의 뜻을 담아 구하게 하십니다. 기도하기를 포기하지 마십시오. 기도는 우리 성화의 과정에서 필수입니다. 진실하게, 간절히 기도하는 만큼 여러분은 성화될 것입니다. 꾸준히 기도하셔야 여러분의 속사람이 성령의 능력으로 강건해지고 성령의 역사로 거룩해져 갈 것입니다.

말씀을 맺겠습니다. 고난 가운데 살아가는 성도 여러분, 예수를 따라 영광스러운 미래를 소망하며 살아가십시오. 죄 지으며 징계의 고통을 자초하지 마시고, 하나님의 일을 위해 그리고 선한 목적을 위해 수고와 고생을 묵묵히 감당하며 주께서 재림하실 때에 칭찬과 상급을 주실 것을 기대하십시오. 현재의 고난은 장차 허락될 영광과 비교될 수도 없습니다. 또한 피조물이 함께 고난받으며 탄식하는 것을 기억하십시오. 하나님의 자녀들이 온전히 성화되어 피조 세계를 책임 있게 돌보기를 피조물이 소망하고 있습니다. 환경 문제를 중요하게 생각하십시오. 하나님의 사람들은 고통받는 생태계를 위해 기꺼이 불편함을 감수하셔야 합니다. 그리고 고난 가운데서 성령을 의지하여 기도하십시오. 성령께서 함께 탄식하며 기도해주실 때 우리 안에 영광스러운 미래의 소망이 피어날 것입니다. 고난 중에 소망하고 연대하며 성령으로 기도하면서 하나님의 자녀로서 성화되어가는 모든 성도들 되시기를 우리 주 예수 그리스도의 이름으로 축복합니다.

김상윤

제12장

동족 유대인의 구원

로마서 9:19-29

19 혹 네가 내게 말하기를 그러면 하나님이 어찌하여 허물하시느냐 누가 그 뜻을 대적하느냐
하리니 20 이 사람아 네가 누구이기에 감히 하나님께 반문하느냐 지음을 받은 물건이 지은
자에게 어찌 나를 이같이 만들었느냐 말하겠느냐 21 토기장이가 진흙 한 덩이로 하나는 귀히
쓸 그릇을, 하나는 천히 쓸 그릇을 만들 권한이 없느냐 22 만일 하나님이 그의 진노를 보이시
고 그의 능력을 알게 하고자 하사 멸하기로 준비된 진노의 그릇을 오래 참으심으로 관용하
시고 23 또한 영광 받기로 예비하신 바 긍휼의 그릇에 대하여 그 영광의 풍성함을 알게 하고
자 하셨을지라도 무슨 말을 하리요 24 이 그릇은 우리니 곧 유대인 중에서뿐 아니라 이방인
중에서도 부르신 자니라 25 호세아의 글에도 이르기를 내가 내 백성 아닌 자를 내 백성이라,
사랑하지 아니한 자를 사랑한 자라 부르리라 26 너희는 내 백성이 아니라 한 그 곳에서 그들
이 살아 계신 하나님의 아들이라 일컬음을 받으리라 함과 같으니라 27 또 이사야가 이스라엘
에 관하여 외치되 이스라엘 자손들의 수가 비록 바다의 모래 같을지라도 남은 자만 구원을
받으리니 28 주께서 땅 위에서 그 말씀을 이루고 속히 시행하시리라 하셨느니라 29 또한 이사
야가 미리 말한 바 만일 만군의 주께서 우리에게 씨를 남겨 두지 아니하셨더라면 우리가 소
돔과 같이 되고 고모라와 같았으리로다 함과 같으니라

본문 해설: 옛 관점과 새 관점

바울은 로마서 9-11장에서 동족 이스라엘의 구원 문제를 다룬다. 바울이 보기에 동족 유대인은 하나님께 받은 것이 많은 사람들이다. 로마서 9:4-5에서 바울은 "그들에게는 하나님의 자녀로서의 신분이 있고, 하나님을 모시는 영광이 있고, 하나님과 맺은 언약들이 있고, 율법이 있고, 예배가 있고, 하나님의 약속들이 있습니다. 족장들은 그들의 조상이요, 그리스도도 육신으로는 그들에게서 태어나셨습니다."(새번역)라고 언급한다. 하지만 바울은 자신들의 혈통을 신뢰하고 자기들의 의를 자랑하여 자기 확신에 빠져 있는 유대인을 보고 마음 아파한다. 이스라엘 사람으로 태어났다고 이스라엘 사람이 아니요, 육신의 자녀가 하나님의 자녀가 되는 것은 아니라는 것이다.(롬 9:6-8) 바울이 보기에 이스라엘은 하나님이 자신을 선택하신 이유와 목적을 잘못 이해하고 있다.

누가 하나님께 구원을 받고 구원에서 제외되는지의 문제를 논증하고 이스라엘의 선택이 거부된 근거를 찾기 위해 바울은 로마서 9:6-29에서 구약성서 내러티브의 순서대로 이야기를 전개한다. 즉 족장 이야기(7-13절)에서 출발하고 출애굽 사건을 거쳐(14-18절) 예언자들의 시대로 나아가면서(21, 24-29절) 구약성서를 인용한다. 이러한 본문의 흐름 가운데 9:19-29가 위치하고 있다.

"네가 누구이기에 감히 하나님께 반문하느냐"(롬 9:20)라는 바울의 수사의문문을 보면, 구원에 대한 하나님의 절대적인 주도권에 대하여 저항하는 유대인이 있었음을 알 수 있다. 바울은 피조물로서의 사람과 창조주로서의 하나님을 대조하고 있다. 유대인은 자신의 혈통과 의에 비추어 볼 때 구원은 당연한 것으로 여겼지, 하나님께 버림받을 것으로 생각하지 않았던 것이다. 이들의 문제는 사람이 세워놓은 윤리 질서에 하나님마저 가둔 것이었지만 그들은 이러한 사실을 알지 못했다. 오히려 만약에 하나님이 사람의 의와 상관없이 사람의 구원 여부를 결정하시는 분이라면, 하나님은 정의로우신 분이 아니라며 하나님의 정의를 문제삼았다. 이러한 유대인들의 반항 섞인 가상의 질문에 대하여 바울은 유대인들이 가장 중요한 책으로 여기는 오경을 인용하여 대답하는데(롬 9:15-18), 하나님은 긍휼히 여길 자를 긍휼히 여기시고 완악한 바로를 사용하신 이유를 설명하는 출애굽기 33:19를 인용한다. 사람들이 하나님을 버린다고 하더라도 어떻게 하나님이 그들을 탓할 수 있겠느냐는 계속되는 질문에 바울은 수사적인 질문으로 답한다.(롬 9:20-23) 도드(C. H. Dodd)는 여기서의 논의를 잘못된 조치라고 비판하고, 오닐(J. C. O'Neill)은 이러한 가르침이 철저하게 부도덕한 것이라고 주장하면서, 많은 교부의 예를 따라 이 구절들을 바울 아닌 다른 사람에게 돌리기도 한다.(더글라스 무)

바울은 19절에서 "혹 네가 내게 말하기를 그러면 하나님이 어찌하여 허물하시느냐 누가 그 뜻을 대적하느냐 하리니"라고 가상의 '너'와 질문하고 대답하는데, 바울은 대화 형식인 디아트리베(διατριβή) 문체를 사용하여 유대인의 대표자로서 그의 대화 상대자에게 말한다. 디아트리베는 가상의 대화라는 문학 장치로서 고대의 디아트리베 양식으로 가장 뛰어난 예는 에피크테투스(기원후 55-135)의 강론에서 볼 수 있다.(Moo) 이처럼 바울은 자신의 정경인 구약성서를 증거 본문으로 사용하여 자신의 주장을 논증하는 동시에 그리스-로마의 문학과 철학 양식을 적극적으로 활용하고 있다. 이러한 가상의 유대인이 하는 질문에 대해 바울은 질문하는 자가 무엇이기에 감히 하나님께 따져 묻고 만들어진 존재가 만든 존재에게 왜 자신을 이렇게 만들었느냐고 말할 수 있느냐고 반대로 질문한다. 이러한 바울의 질문은 이사야 29:16을 반영하는 것으로 보이는데, 톰 라이트는 사람이 어떤 기준을 세워놓고 하나님께 그 기준을 지키도록 요구하는 태도 안에 이미 반역의 조짐이 존재한다고 해석한다.

20절에서 바울은 이사야 29:16에 의존하는 듯하며, 21절 후반절은 솔로몬의 지혜서 15:7의 진술과 매우 비슷하다.(케제만) 21절에서 바울이 하나님을 토기장이에 비유하는 것은 구약성서와 유대교의 여러 문헌이 창조주로서의 하나님에 대해 묘사한 것인데, 바울은 창세기 2:7('여호와 하나님이 땅의 흙으로 사람을 지으시고 생기를 그 코에 불어넣으시니 사람이 생령이 되니라')에서 '짓다'를 번역한 그리스 동사 '플랏소'(πλάσσω, 형성하다, 흙으로 짓다)를 사용함으로써 강조한다. 토기장이로서의 하나님은 귀하게 사용할 그릇과 천한 곳에 사용할 그릇을 만들 권한을 가지고 계시다는 것이다. 당시 일반 그리스어에서 '그릇'은 사람을 지시하는 데 비유적으로 사용되었고, 쿰란에서는 사람을 '진흙의 형상'이라고 통상 칭하였다.(케제만)

22절에서 바울은 앞의 17절에서 하나님이 바로를 상대하시는 것에 관한 것임을 다시 반복한다. 바로의 완강함 때문에 하나님은 자신의 목적을 확고하게 하시기 위해 이적을 거듭하여 행하셨다는 것이다. 이 구절에서 바울은 하나님이 진노의 그릇을 참으신다고 말하는데, 로마서 2:4와 디모데전서 1:16의 다른 두 곳에서 '참으심'을 하나님의 속성으로 돌린다. 여기에서 바울은 참으심에 관하여 긍정적인 목적으로 회개의 기회를 주시는 것으로 가정한다. 하나님이 최후 심판을 보류하고 참으시는 것은 역설적으로 역사의 과정을 통해 죄를 향한 하나님의 분노를 드러내는 동시에 더욱 많은 사람에게 복음의 구원 능력을 알 수 있도록 하기 위한 것이다. 선택한 백성에 대한 하나님의 참으심은 이스라엘의 가장 흔한 후렴구 가운데 하나이다.(출 34:6, 9:15 등, 던) 여기에서 '하나님의 진노의 대상이 된 그릇'을 의미하는 "진노의 그릇"이 근본적으로 이방인을 포함한다고 하더라도, 우선은 유대인의 구원을 다루는 9-11장의 문맥에서 예수 그리스도의 복음을 받아들이지 않는 유대인을 가리킨다고 보아야 할 것이다.(케제만, 던)

바울은 많은 유대인이 복음을 받아들이지 않은 것은 하나님이 받아들이지 못하도록 하셨기 때문이라고 보는데, 바로에게 하셨던 것처럼 하나님이 그들을 완악하게 하셨고 하나님의 진노가 임하는 그릇이 되었다는 것이다. 하나님은 구원과 선택에서 자유로우시고, 완악한 이스라엘을 심판의 그릇으로 사용하신다. 이집트 바로의 경우와 마찬가지로 이스라엘의 일부가 완악해져서 하나님의 이름이 이방인에 대한 사명을 통하여 온 땅에 전파된다고 본 것이다.

23절에서 바울은 진노의 그릇과 달리 하나님이 "영광 받기로 예비하신 바 긍휼의 그릇에 대하여 그 영광의 풍성함을 알게 하고자 하셨을지라도 무슨 말을 하리요"라고 질문하는데, 상반절에서의 영광이 신적 위엄을 나타낸다면 하반절에서 영광은 종말론적으로 영광 받음을 의미한다. 하나님의 '부'는 은혜의 충만함이니, "긍휼의 그릇"을 창조한다.(케제만) 바울은 무엇보다 유대인이 긍휼의 그릇에 해당하는데 그만큼 하나님이 유대인의 구원을 위해 참고 기다리신다고 말한다. 24절에서 바울은 '영광의 그릇' 속에는 유대인뿐 아니라 이방인도 포함될 것이라고 언급한다.

23절까지 구원과 심판에 대한 하나님의 절대적인 주도권을 논한 바울은 24-29절에서 이방인과 유대인의 구원에 대한 하나님의 계획을 밝힌다. 무의 관찰에 따르면 24-29절은 아래와 같은 교차 대구로 이루어져 있다.

A. 하나님이 유대인을 부르심(롬 9:24)
　B. 하나님이 이방인을 부르심(롬 9:24)
　B′. 하나님이 이방인을 부르심에 대한 구약의 확인(롬 9:24-26)
A′. 하나님이 유대인을 부르심에 대한 신약의 확인(롬 9:27-29)

24절에서 바울은 "긍휼의 그릇"이 유대인이라고 밝히고, 다른 끝에 있는 테두리에 해당하는 27-29절에서는 구약의 예언자 이사야가 선포한 남은 자가 바로 유대인 가운데 구원을 받는 남은 자로 성취될 것이라고 언급한다. 양쪽 테두리 안에 있는 부분에서 바울은 하나님이 이방인 가운데에서도 부르시는데(롬 9:24) 이것은 구약의 예언자 호세아를 통해 하나님이 약속하신 것이라고 논증한다.(롬 9:25)

무가 바르게 지적하고 있듯이 유대인의 부름에 대해 호세아의 구절을 인용하는 것은 호세아의 맥락을 떠난 자의적인 해석으로 보이는데, 호세아가 반역하는 북쪽의 이스라엘 지파를 향해 하나님의 긍휼에 대한 회복을 예언하고 있는 것이지 이방 민족을 대상으로 하지 않기 때문이다. 때로 바울은 구약을 인용할 때 이처럼 문맥을 뛰어넘어 자신의 논리를 입증하기 위해 구약을 자유롭게 사용하기도 한다.(던) 바울이 인용한 호세아서 구절의 더 큰 맥락 가운데에서 하나님이 아브라함에게 행하신 약속이 열방으로 이어지는 약속을 함축하는 것으로 해석한다. "바다의 모래"는 창세기에 나오는 아브라함과 족장의 몇몇 약속 본문에서 사용된 표현과 비슷한 문구이다. 바울은 이방인을 부르시는 하나님의 뜻을 확증하기 위하여 더 큰 성서의 맥락에서 호세아 본문을 읽어야 할 합당한 이유를 발견한다.

27-28절에서 바울은 하나님이 "긍휼의 그릇"을 유대인 가운데서 부르신다는 결론을 내린다. 또한 이러한 논증을 위하여 바울은 구약의 예언서 이사야를 활용하고 있다. 하나님이 이스라엘 가운데서 일부를 선택하여 새로운 이스라엘로 삼으신다는 사실을 구약 자체가 증명하는 어조로 끝맺는다. 남은 자를 보존하시는 하나님의 약속은 백성이 하나님께 신실하지 않더라도 하나님은 백성에게 여전히 신실하실 것임을 알려준다. 바울은 이스라엘에서 남은 자들이 점차 늘어나 동족 이스라엘이 하나님의 구원에 이르게 되기를 바란다.

설교 본문: 감히 하나님께 반문하느냐

바울은 로마서 9장부터 이스라엘 백성의 구원 문제를 다룹니다. 이스라엘의 특권은 하나님의 말씀을 맡은 것이었습니다. 하지만 자신들이 맡은 하나님의 말씀에 불순종하여 심판을 받는 존재가 되었습니다. 바울은 자신도 한 명의 유대인으로서 그리스도에게서 끊어지더라도 동족 이스라엘의 구원을 위해서라면 괜찮다고 말합니다. 마치 모세가 십계명을 받으러 시내산에 올라갔을 때 그를 기다리지 못하고 금송아지 우상을 섬겨 하나님의 심판을 받는 백성을 위하여 자기 이름이 생명책에서 지워지더라도 좋으니 용서해달라고 하나님께 기도한 것과 같습니다.(출 32:32)

바울은 하나님의 백성으로 선택받은 이스라엘의 구원과 심판을 결정하시는 하나님의 주권에 관해 설명합니다. 당시 하나님의 주권에 대해 따져 묻는 사람들이 있던 것으로 보입니다. 하나님에게 절대주권과 결정권이 있다면 사람이 할 수 있는 일이 대체 무엇이 있느냐고 따져 묻는 사람들이 있던 것입니다. 사람이 하나님의 주권을 인정하지 않고 어떤 기준을 스스로 세워놓은 채 하나님께 그 기준을 지키도록 요구하는 태도 안에는 이미 반역의 조짐이 존재합니다. 사람의 제한된 생각에 하나님을 가두어 놓는 죄를 저지르는 것입니다. 바울은 이러한 사람에게 누구도 하나님께 반문할 수 없다고 말하며 구약의 예언자 이사야와 예레미야가 든 토기장이 비유를 반복합니다. 그리고 계속해서 예언자 호세아와 이사야의 선포를 통해 하나님이 행하시는 구원의 뜻을 로마에 있는 교회 교인들에게 설명합니다.

먼저 이사야서와 예레미야서에 나오는 토기장이 비유입니다. 토기장이 비유는 만들어진 토기가 토기장이에게 왜 나를 이렇게 만들었냐고 따질 수 없다는 내용의 비유입니다. 그릇을 용도에 따라 만드는 것은 토기장이의 뜻과 계획에 달려 있습니다. 하나는 고상하게 장식되어 궁전을 아름답게 꾸밀 수 있지만, 다른 하나는 같은 진흙에서 만들어졌더라도 가정의 변기로 사용될 것입니다.

바울은 하나님이 진노의 그릇(롬 9:22)과 긍휼의 그릇(롬 9:23)을 만드실 수 있다고 비유를 듭니다. 이 그릇들은 각각 하나님의 심판과 긍휼히 여기심의 대상을 가리킵니다. 하지만 하나님은 심판을 아직 수행하지 않으셨는데(롬 9:22) 그것은 하나님의 긍휼의 풍성하심을 펼쳐 보이시기 위해서입니다.(롬 9:23) 하나님이 최후 심판을 보류하고 참으셔서 역사의 과정을 통해 죄를 향한 분노를 드러내시는 동시에 더욱 많은 사람에게 복음의 구원 능력을 알 수 있도록 하십니다.

사람이 보기에 죄인에 해당하는 가치 없는 그릇에 하나님이 긍휼을 베푸시고, 사람이 보기에는 선해 보이는 그릇을 깨뜨리시는 데 하나님이 자유를 사용하신다고 하더라도 그릇 입장에서는 어찌할 도리가 없습니다. 그러면서 바울은 하나님이 우리를 불쌍히 여기실 그릇으로 만드셨다고 말합니다. 그것은 단지 유대 사람에게서만 아니라 이방인 가운데에서도 그렇게 하셨다고 합니다. 교회에는 유대인과 이방인이 함께 있는데 하나님은 모든 사람을 구원의 백성으로 부르셨습니다. 다만 문제는 어떤 사람은 하나님의 부르심에 응답하고, 어떤 사람은 하나님의 부르심을 무시한다는 데 있습니다. 이것은 우리 가운데 우열을 가릴 수 없음을 말합니다. 구원의 주도권은 사람에게 있지 아니하고, 오직 하나님께 있기 때문입니다.

우리는 단지 자신이 하나님께 긍휼의 그릇으로 만들어졌을 것이라고 믿고 살지만, 언제라도 진노의 그릇이 될 수 있는 사실을 명심해야 합니다. 사람이 피조물로서의 제한을 스스로 뛰어넘을 수 있다고 끊임없이 착각하고 이런 계속되는 착각이 우리가 갖는 문제들의 핵심이라고 바울은 주장하고 있습니다. 우리의 운명은 하나님의 손에 달려 있지, 내 힘과 능력과 노력으로 삶의 운명을 결정하지 못합니다. 이것을 통해 바울은 사람이 개인적인 성취를 자랑하려는 유혹에서 벗어날 가능성을 강조합니다. 구원은 하나님의 은혜와 긍휼로만 받을 수 있기 때문입니다.

바울은 토기장이의 비유를 든 다음에 하나님이 베푸시는 구원의 뜻에 대하여 자신보다 800년 전에 활동한 예언자 호세아의 선포를 예로 듭니다. 하나님이 아무런 가치도 없는 사람들을 불쌍히 여기셨다고 호세아가 선포했다는 것입니다. 내 백성이 아닌 자를 자기 백성 삼으시고, 사랑받지 못하는 여자를 사랑받는 여자로 삼으시며, 너희는 내 아들과 딸이 아니라고 심판하셨던 곳에서 살아 계신 하나님의 아들딸로 불릴 것이라는 선포를 바울은 인용합니다.

이 모든 것이 다 하나님의 은혜입니다. 하나님은 구원받을 자격 없는 자를 구원해주십니다. 예언자 호세아가 백성에게 말한 것이 바울 당시 가치 없는 사람들에게서 이루어졌다고 말합니다. 이는 구원에 대한 인간의 생각, 하나님의 구원 행위에 대한 찬성과 반대에 대하여 하나님의 말씀이 가지고 있는 절대적 우위성을 부각하는 것이며 제한 없는 하나님의 주권을 강조하는 것입니다. 사람이 스스로 한 일이 없는데도 생명과 구원을 얻게 되었다고 말합니다. 바울은 하나님이 세상의 창조자이며 역사의 통치자이기 때문에 세상의 주권을 가진 주로서 일을 처리하신다는 것을 분명하게 인식하고 있습니다.

하지만 바울은 여기에서 멈추지 않습니다. 하나님의 긍휼과 구원의 제한에 대해 말하는데 이것은 예언자 이사야의 선포에 근거합니다. 그것은 바로 남은 자만 구원받을 수 있다는 이사야의 선포입니다. 이사야는 이스라엘의 수가 바다의 모래와 같이 많을지라도 하나님께 남아 있는 사람만 구원받을 수 있다고 선포합니다. 여기에서 '바다의 모래'는 창세기에 나오는 아브라함과 족장의 약속에서 사용된 표현과 비슷한 문구로 이사야가 창세기의 전승을 사용한 것입니다. 남은 자의 사상은 예언자 이사야의 중요한 사상으로 남은 자의 신학, 그루터기의 신학이라고 합니다. 땅 위에 있는 마른 나무가 겉으로는 다 죽은 것 같아도 그루터기, 밑동이 땅속에서 살아 있기만 하면 아직 죽지 않고 나무가 살아 있듯이, 남은 자가 살아 있으면 백성에게 희망이 남아 있습니다. 남은 자를 보존하시는 하나님의 약속은 그의 백성이 아무리 하나님께 신실하지 않았더라도 하나님은 백성에게 변치 않고 여전히 신실하실 것임을 알려줍니다.

오늘 본문에서 그리스도인은 몇 가지 신앙의 깨달음을 얻을 수 있습니다. 먼저 하나님은 토기장이이고, 우리는 하나님이 만드신 그릇이라는 사실입니다. 진노의 그릇일 수도 있고, 긍휼의 그릇일 수도 있습니다. 그저 우주 만물을 지으신 하나님, 구세주이신 하나님께 주권을 드리고 우리의 운명을 맡길 뿐입니다. 우리의 죄를 용서해주시고 우리를 구원해달라고 기도하며 간구할 따름입니다. 세상 모든 사람이 하나님을 무시하여 하나님을 떠날 때, 우리는 남은 자들이 점점 늘어나기 바라며 하나님 곁에 남은 사람이 되겠다고 결심해야 합니다. 남은 자, 나무의 그루터기가 되어 하나님이 행하시는 구원의 역사에 참여하시기 바랍니다. 그리스도인이라면 나에게 하나님은 어떤 분이신지, 나는 하나님 앞에 어떤 존재인지 늘 묵상하며 살아야 합니다. 나는 남은 자인지, 긍휼의 그릇인지, 아니면 진노의 그릇인지 자신을 돌아보아야 합니다. 하나님께 모든 주권을 맡기고 모든 인생을 하나님께 맡기며 살아갈 때 참 평안을 누릴 수 있습니다.

둘째로, 역사에 대한 그리스도인의 책임의식의 중요성을 깨달을 수 있습니다. 하나님의 구원은 개인과 개인의 영혼만을 대상으로 하지 않습니다. 공동체와 피조 세계까지 구원의 대상에 포함됩니다. 또한 건강한 신앙인은 하나님 앞에서뿐만 아니라 역사 앞에서도 바로 서 있어야 합니다. 하나님과 백성의 수직적인 신앙과 사람과 사람 사이의 수평적인 신앙이 조화를 이루는 신앙인입니다. 이러한 점에서 바울이 동족 유대인의 구원을 위해서 그리스도에게서 끊어져도 좋다고 한 결의는 특별히 한국교회의 그리스도인에게 도전과 귀감이 됩니다.

오늘날 그리스도인은 개인의 영성과 개교회 중심의 태도를 넘어서 공동체의 회복과 나라와 겨레와 온 누리의 구원을 위한 교회로서의 사명을 다해야 합니다. 오늘날 그리스도인은 죄와 죽음과 고난에서 구원해주신 하나님께 감사하고, 자신이 구원받은 것에만 만족하지 않고 하나님의 구원 사역을 위하여 남은 자로서의 사명을 감당해야 합니다. 하나님을 알지 못하는 사람에게 예수 그리스도의 복음을 전하고, 남북으로 갈라진 겨레의 평화통일을 위해 이바지하며, 생태계 파괴로 신음하는 세상을 살리는 교회가 되어야 합니다.

마지막으로 바울의 모습에서 신앙의 모본(模本)을 발견할 수 있습니다. 바울은 전통적인 유대 신앙 전통을 가지고 태어났습니다. 보수적인 바리새파에 속한 사람이었습니다. 가말리엘의 문하생으로 율법 교육을 받았고, 당시 그리스-로마 문화에서 최고의 교육을 받았습니다.

그는 환상 가운데 예수 그리스도를 인격적으로 만나 새로운 인생관과 세계관과 종교관을 갖게 됩니다. 비록 그가 이전에 가지고 있던 모든 것을 배설물로 버렸다고 말하지만, 그는 자신의 출신과 전통을 부정하지 않았습니다. 그가 받아들인 복음 전파를 위하여 적극적으로 사용합니다. 하나님이 행하시는 구원의 역사를 변증하기 위하여 구약성서의 창세기와 이사야와 호세아를 증거 본문으로 사용한 점에서 알 수 있습니다. 때로는 과감하게 본래의 문맥에서 벗어나 자신의 논증을 정당화하기 위해 사용하기도 합니다. 동시에 그가 익힌 그리스 문학과 철학의 용례를 적절하게 활용합니다. 이사야와 예레미야 예언자가 제시한 토기장이 비유에서 바울이 사용하는 그리스어 '그릇'은 일반 그리스어에서 사람을 지시하기도 하는데, 이런 점에서 그러합니다. 시간적으로 고대의 신앙 전통을 유지하고, 수평적으로는 당대의 철학과 문학과 조우하고 있습니다. 철저히 신앙 전승을 자기화하여 신학화합니다. 온고이지신(溫故而知新)이라고, 과거의 전통을 이어받아 창조적으로 재해석합니다. 과거를 이어받아 미래를 향해 나아갑니다.

그리스도교는 이 땅을 부인하는 종교가 아닙니다. 과거를 지워 부인하는 종교가 아닙니다. 그리스도인은 철저히 역사적이면서 동시에 초월적인 삶을 살아냅니다. 오늘날 그리스도인은 바울이 그랬듯이 구원에 대한 하나님의 절대주권을 인정하고, 공동체의 영성을 회복하여 겨레의 통일과 온 누리의 평화에 기여하며, 과거의 전승을 이어받아 열린 미래를 향해 나아가야 하겠습니다. 그러할 때라야 비로소 이 땅에 하나님 나라와 구원이 온전히 이루어질 것입니다.

김선종

제13장

우리가 전파하는 믿음의 말씀

로마서 10:1-17

1 형제들아 내 마음에 원하는 바와 하나님께 구하는 바는 이스라엘을 위함이니 곧 그들로 구
원을 받게 함이라 2 내가 증언하노니 그들이 하나님께 열심이 있으나 올바른 지식을 따른 것
이 아니니라 3 하나님의 의를 모르고 자기 의를 세우려고 힘써 하나님의 의에 복종하지 아니
하였느니라 4 그리스도는 모든 믿는 자에게 의를 이루기 위하여 율법의 마침이 되시니라
5 모세가 기록하되 율법으로 말미암는 의를 행하는 사람은 그 의로 살리라 하였거니와 6 믿
음으로 말미암는 의는 이같이 말하되 네 마음에 누가 하늘에 올라가겠느냐 하지 말라 하니
올라가겠느냐 함은 그리스도를 모셔 내리려는 것이요 7 혹은 누가 무저갱에 내려가겠느냐
하지 말라 하니 내려가겠느냐 함은 그리스도를 죽은 자 가운데서 모셔 올리려는 것이라 8 그
러면 무엇을 말하느냐 말씀이 네게 가까워 네 입에 있으며 네 마음에 있다 하였으니 곧 우리
가 전파하는 믿음의 말씀이라 9 네가 만일 네 입으로 예수를 주로 시인하며 또 하나님께서
그를 죽은 자 가운데서 살리신 것을 네 마음에 믿으면 구원을 받으리라 10 사람이 마음으로
믿어 의에 이르고 입으로 시인하여 구원에 이르느니라 11 성경에 이르되 누구든지 그를 믿는
자는 부끄러움을 당하지 아니하리라 하니 12 유대인이나 헬라인이나 차별이 없음이라 한 분
이신 주께서 모든 사람의 주가 되사 그를 부르는 모든 사람에게 부요하시도다 13 누구든지
주의 이름을 부르는 자는 구원을 받으리라 14 그런즉 그들이 믿지 아니하는 이를 어찌 부르
리요 듣지도 못한 이를 어찌 믿으리요 전파하는 자가 없이 어찌 들으리요 15 보내심을 받지

아니하였으면 어찌 전파하리요 기록된 바 아름답도다 좋은 소식을 전하는 자들의 발이여 함
과 같으니라 16 그러나 그들이 다 복음을 순종하지 아니하였도다 이사야가 이르되 주여 우리
가 전한 것을 누가 믿었나이까 하였으니 17 그러므로 믿음은 들음에서 나며 들음은 그리스도
의 말씀으로 말미암았느니라

본문 해설

톰 라이트는 바울이 전하는 로마서 전체 논의에서 9-11장은 핵심 부분이며, 9-11장에서 암시하는 주제는 하나님과 이스라엘의 언약 관계라고 보고 있다. 로마서 10:1-21 본문의 주제는 예수 그리스도 안에서 일어난 언약 갱신과 언약의 재정의이다. 라이트는 이 세상의 진정한 주이신 예수 안에서 일어난 언약 갱신이 바로 신명기 30장이 말하는 갱신이라고 주장한다. 그 언약 갱신의 핵심에 '믿음'이 자리 잡고 있다. 즉 예수를 믿는 믿음, 모든 사람에게 열려 있는 믿음, 이를 통해서 모든 사람이 구원을 받게 될 그 '믿음'이다. 메시아 안에서 일어난 언약 갱신을 통해서 얻게 된 것이 바로 '구원'이다.

로마서 10:1에서 바울은 그의 동족 유대인들이 구원을 얻도록 기도하고 있다. "만일 네 입으로… 시인하며… 믿으면 구원을 받으리라."(롬 10:9) "마음으로 믿어 의에 이르고 입으로 시인하여 구원에 이르느니라."(롬 10:10) "누구든지 주의 이름을 부르는 자는 구원을 받으리라."(롬 10:13) 이러한 구절들은 이방인도 믿음으로 하나님의 백성에 속한 동등한 구성원이 되었음을 말한다. 1절에서 바울은 유대인들도 이 믿음으로 구원받게 되기를 기도한다.

10:2-3에 따르면 유대인들은 하나님이 자신의 말씀과 약속에 신실하심으로 해오셨던 일의 의미가 무엇인지 알지 못했으며, 하나님의 언약적

신실하심, 즉 그 약속의 성취로서 메시아 예수 안에서 하나님이 행하신 일을 받아들이지 않았다. 다시 말해서, 하나님의 언약적 신실하심은 메시아 예수의 복음을 통하여 세계로 전파되지만, 이스라엘은 여전히 복음을 거부했다.

4절에서 '텔로스'(τέλος)는 '마침'으로 번역되는데 영어의 '엔드'(end)처럼 종결(termination), 목적(goal), 성취(fulfillment)라는 의미가 될 수 있다. 라이트에 따르면, 이 단어로 바울은 "율법을 끝내는 것"이 아닌 "율법을 완성하고 이루는 것"이라는 의미를 의도했다. 이스라엘의 언약 헌장인 율법(토라)은 아브라함에서 메시아까지 이르는 길 전체를 보게 하는데 그 메시아가 바로 토라의 목적이다. 토라 안에 담겨 있던 하나님의 목적이 메시아 안에서 그 목표에 도달했고, 그 결과 '믿는 모든 사람'이 '의'에 접근할 수 있게 되고 그 '의'를 얻을 수 있게 되었다. 이제 유대인과 이방인을 막론하고 메시아를 믿는 사람은 누구나 "율법을 성취하고 있는" 것이다.

바울은 신명기 30장의 주제를 "믿음으로 말미암는 의"로 이해한다. 로마서 3:21-4:25는 하나님 자신이 아브라함에게 하신 약속을, 그리고 신명기 30장에서 하셨던 약속을 마침내 메시아 안에서 이루셨다는 바울의 확신을 포함한다. 하나님은 그렇게 하심으로써 갱신된 언약을 이루셨다. 사람들이 향유할 수 있는 상태로서의 '의'는 그 언약 구성원의 자격을 가리키고, 그 자격을 보여주는 표찰이 '믿음'이다.

바울에게 메시아 사역의 초점은 그의 '내려옴'과 그의 '올라감'이다. 메시아가 '하늘로부터 내려왔다'는 말은 메시아가 하나님으로부터 오신 사건, 즉 선재하는 하나님의 지혜가 성육신한 사건을 가리킨다. 메시아가 하나님으로부터 그분의 '말씀'을 우리에게 가까이 가져오셔서 우리가 예수를 '주'(κύριος, 퀴리오스)라고 시인할 때 우리가 구원을 받는다.(롬 10:8) 그리고 '올라감', 즉 예수의 부활은 로마서 처음 시작부터 주요한 전제였다.(롬 1:4) 9절은 기독교 신앙을 가장 분명하게 표현한 진술이다. 기독교 신앙은 예수를 '주'라고 시인하며 하나님이 그를 죽은 자 가운데서 살리셨음을 믿는 것이다. 바울에게 예수의 부활은 그가 진정으로 메시아임을 증명하는 사건이었다.

바울은 10:10에서 '의'와 '구원'을 구별한다. 그는 보통 "믿음에 의한 구원"이 아닌, "믿음에 의한 의"라고 말한다. '구원'과 '의'가 밀접하게 관련되어 있는 것은 사실이지만, 그렇다고 동일한 실재는 아니다. '의'는 믿음에 기초하여 사람들이 소유하게 되는 상태를 가리킨다. 즉 하나님의 법정에서 내려질 미래의 판결을 미리 보여주는 현재의 법적인 상태를, 그리고 하나님 백성의 일원이라는 자격을 최종적으로 확인받을 것을 미리 보여주는 현재의 언약적 상태를 가리킨다. 반면 '구원'은 죄와 죽음으로부터의 실제적인 구출을 가리킨다. '구원'은 상태가 아닌 사건으로서 '의'의 상태를 소유한 사람들에게 약속된다.

바울은 로마서 10:11에서 이사야 28:16을 인용한다. 이 구절은 로마서 9:33과 관련된다. "누구든지 그를 믿는 자는 부끄러움을 당하지 아니하리라." 그를 믿는 '모든'(πᾶς, 파스) 사람이 구원을 받을 것이다. 바울은 예수를 율법의 진정한 성취이자 목적으로 본다. 예수는 넘어지게 하는 돌이요 동시에 믿음의 대상이다.

바울은 10:12-13에서 모든 사람이 똑같이 죄를 범했고, 모든 사람이 똑같이 메시아 안에서 행하신 하나님의 언약에 대한 믿음을 통해서 구원받고 의롭다 함을 얻는다고 강조한다. 요엘 2:28-29에서 하나님은 그 공동체의 모든 일원에게 하나님의 영을 부어줄 것이라고 약속하신다. 이 본문은 성령이 오심으로써 사람들을 예수를 주로 고백하는 믿음으로 이끌고 그리하여 의와 구원으로 이끌 것이라고 말씀한다.

14-15절은 바울의 사도적 소명인 이방인 선교의 필요성을 설명한다. 사람들이 하나님의 언약 아래에서 구원을 받도록 하기 위해서 하나님은 사람들을 '사도'로 임명하여 '보내시는' 일을 하신다. 바울은 이사야 52:7을

인용한다. "아름답도다 좋은 소식을 전하는 자들의 발이여." 여기서 바울은 이사야 52-53장의 야웨의 종에 관한 메시지를 예수 메시아에 관한 메시지로 이해했다. 따라서 바울 당시에 그 종에 관한 메시지를 선포하는 사람들은 바로 예수를 선포하는 사람들이다.

16-17절은 1:5의 "믿음의 순종"에 대해 이야기한다. 이사야가 "들음"에 사용한 히브리어는 '아코에'(ἀκοή)이다. 이 단어는 들은 내용, 즉 '전언' 혹은 '메시지'이다. 이 내용을 기반으로 바울은 17절 내용의 흐름을 구성한다. 믿음은 메시지에서 나며, 메시지는 '메시아의 말씀' 혹은 '메시아에 관한 말씀' 혹은 '메시아이신 말씀'으로 말미암았다. 여기에서 '말씀'에 해당되는 단어는 '레마'(ῥῆμα)이다. 바울이 여기서 레마를 사용한 이유는 8절에서 인용한 신명기 30:14, "말씀이 네게 매우 가까워서"를 염두에 두었기 때문이다. 바울이 인용한 시편 19:4에서 "그 말씀은" 땅끝까지 이른다. 17절을 8절과 나란히 보면, 그 흐름이 분명해진다. 믿음은 메시지에서 나며, 메시지는 "네게 가까이 있는 말씀", 즉 하늘로부터 내려오고 무저갱에서 올라오신 말씀, 메시아 자신이요, 하나님의 자기 계시이며, 또한 하나님의 지혜이자 몸을 입은 토라이신 그 말씀으로 말미암는다. 따라서 먼저 온전한 의미에서 '말씀'이 있고, 다음으로 이 '말씀'(즉 메시아요 주이신 예수에 관한 말씀)이 선포되며, 이어서 믿음이 온다.

이제 언약 백성의 일원이 되는 '의'의 새로운 방식이 시작되었다. 즉 예수를 주로 고백하고 하나님이 그를 죽은 자 가운데서 다시 살리셨음을 믿는 사람들은 그 신분에 참여하고 그 결과로서 약속된 구원에 동참하게 된다. 바울은 전 세계를 돌아다니며 복음을 선포하면서 이방인들이 이 지위(언약 백성의 일원)로 들어오는 모습을 목도했다. 그는 자신의 동족 유대인들 역시 이 지위로 들어오기를 기도하고 있다.

설교 본문

예수께서는 이 땅에 오시어 공생애를 시작하면서 하나님의 복음을 전파하시며 "하나님의 나라가 가까이 왔으니 회개하고 복음을 믿으라."라고 선포하셨습니다. 인간의 죄를 대속하기 위해 십자가에서 죽임당하고 부활하신 후 제자들에게 보이고 승천하시면서 제자들에게 남기신 예수의 마지막 지상명령은 땅끝까지 이르러 예수의 증인으로서 복음을 전하라는 것이었습니다. 복음은 예수 그리스도를 통하여 주어지는 구원의 복된 소식입니다. 다시 말해서 복음의 핵심은 구약의 메시아 예언의 성취자이신 예수 그리스도의 성육신과 대속적 십자가 죽음, 부활과 승천, 그리고 다시 오심에 대한 약속입니다.

오늘 본문에서 바울은 자신의 동족 이스라엘과 하나님의 관계가 회복되기를 소망했습니다. 즉 바울은 이스라엘 백성이 새 언약 백성으로 구원받기를 간절히 기도했습니다. 이스라엘 민족에게는 거치는 돌처럼 여겨지던 예수를 믿는 믿음으로 의롭게 된 이방인들처럼 말입니다.

바울은 본래 유대교의 바리새파 율법사로서 누구보다도 율법에 능통했으며, 예수를 믿고 따르는 사람들을 핍박하던 사람입니다. 그러나 그는 다메섹 도상에서 부활하신 예수를 만나 회심한 이후에 더 이상 복음을 부끄러워하지 않게 되었으며, 복음의 전파자가 되었습니다. 바울은 "복음은 모든 믿는 자에게 구원을 주시는 하나님의 능력이 됨이라"(롬 1:16)라고 선포합니다. 또한 그는 "복음에는 하나님의 의가 나타나서 믿음으로 믿음에 이르게 하나니"(롬 1:17)라고 증언합니다. 복음은 모든 믿는 자에게 구원을 주시며 하나님과의 관계를 회복시키는 구원의 능력입니다.

하나님은 바울을 택하여 유대인들이 무시하던 이방 사람들에게 복음을 전하는 사도의 사명을 주셨습니다. 바울은 하나님이 주신 복음 전도의 사명을 신실하게 잘 감당했습니다. 이방인들이 예수 그리스도를 믿는 믿음으로 의롭다 하심을 받고 구원받는 역사가 일어나는 것을 경험하면서, 바울의 내면에는 더욱 간절한 기대와 소망으로 자신의 동족 이스라엘의 회복과 구원을 위하여 기도하는 마음이 생겨났습니다.

그러나 바울의 소망과는 다르게 동족 이스라엘은 하나님의 의를 따르기보다는 자신들의 율법적 의를 내세우며 예수 그리스도로 인해 나타난 하나님의 의를 거부했습니다. 지금도 여전히 유대인들은 하나님께 열심은 있으나 이 하나님의 의를 거부하고 예수 그리스도를 주로 인정하지 않고 있습니다. 그래서 흔히 땅끝에 있는 복음 전할 대상자들은 이스라엘의 유대인이라고 합니다.

율법의 목적은 예수 그리스도입니다. 왜냐하면 율법은 예수 안에서 완성되었으며, 예수께서 모든 믿는 자에게 하나님의 의를 얻을 수 있게 해주셨기 때문입니다. 유대인은 자기의 의가 되는 율법 조문에 매여서 완고해졌습니다. 율법은 믿음으로 의롭다 함을 얻는 하나님의 의로 인도하는 초등교사의 역할을 합니다. 갈라디아서 3:23-25는 "믿음이 오기 전에 우리는 율법 아래에 매인 바 되고 계시될 믿음의 때까지 갇혔느니라 이같이 율법이 우리를 그리스도께로 인도하는 초등교사가 되어 우리로 하여금 믿음으로 말미암아 의롭다 함을 얻게 하려 함이라 믿음이 온 후로는 우리가 초등교사 아래에 있지 아니하도다"라고 말씀합니다.

바울은 로마서 10:6-8에서 신명기 30:11-14를 인용합니다. 바울은 하나님이 아브라함에게 하신 약속을, 그리고 신명기 30장에서 하셨던 언약을 마침내 메시아 예수 안에서 이루셨다고 말합니다. 하나님의 '의'는 언약 구성원의 자격입니다. 그 자격을 보여주는 증거가 '믿음'입니다. 그리고 믿음의 대상은 예수 그리스도입니다. 로마서 3:21에서 바울은 예수 그리스도를 믿음으로 말미암아 모든 믿는 자에게 하나님의 의가 주어진다고 말합니다.

로마서 10:8은 "말씀이 네게 가까워 네 입에 있으며 네 마음에 있다 하였으니 곧 우리가 전파하는 믿음의 말씀이라"라고 말씀합니다. 나의 입으로 예수를 주님(우주 만물의 주관자 되시며 믿음의 순종을 요구하시는 주)이라고 고백하고 믿음으로 순종할 때 구원이 이루어집니다.

바울이 전하는 복음의 핵심은 '신실하신 하나님의 사랑으로 인해 인간을 구원하시려고 십자가에서 죽임을 당하시고 다시 사신 예수 그리스도'입니다. 이 복음을 전파하는 것은 그 당시나 오늘날이나 모든 그리스도인에게 주어진 사명입니다.

로마서 10:9를 읽어보겠습니다. "네가 만일 네 입으로 예수를 주로 시인하며 또 하나님께서 그를 죽은 자 가운데서 살리신 것을 네 마음에 믿으면 구원을 받으리라." 예수를 주라고 시인하는 것과 예수의 부활을 믿는 것은 바울이 전한 구원의 조건입니다. 로마서 10:10은 "사람이 마음으로 믿어 의에 이르고 입으로 시인하여 구원에 이르느니라"라고 말씀합니다. 여기서 의는 믿음을 근거로 사람들이 소유한 상태입니다. 구원은 죄와 죽음에서 벗어나서 의의 상태를 소유한 백성에게 주시는 은혜의 선물입니다. 에베소서 2:8에서 바울은 "너희는 그 은혜에 의하여 믿음으로 말미암아 구원을 받았으니 이것은 너희에게서 난 것이 아니요 하나님의 선물이라"라고 말합니다.

로마서 10:13, "누구든지 주의 이름을 부르는 자는 구원을 받으리라"는 요엘 2:32, "누구든지 여호와의 이름을 부르는 자는 구원을 얻으리니"에서 인용한 구절입니다. 바울은 요엘의 '여호와'를 '주'로 표현하며, 주 예수 그리스도에 대한 믿음의 고백으로 인도하고 있습니다. 바울의 복음은 주 그리스도 예수 안에서 하나님의 주권이 성취되고 인간의 구원이 이루어졌다는 것입니다.

로마서 10:14-15는 복음 전도, 즉 선교의 중요성을 설명합니다. 복음을 전파하는 사람이 없으면 들을 수 없으며, 들을 수 없으면 믿을 수 없습니다. 더군다나 현대처럼 인터넷이나 정보통신 기술이 발달하기 전인 그 당시에는 소식을 전달하는 전령의 역할이 중요했습니다. 기원전 490년 그리스 마라톤 지역에서 벌어진 페르시아군과 아테네군의 전쟁에서 그리스의 승리 소식을 알리려 아테네까지 달려간 병사 페이디피데스를 기념하게 된 마라톤 대회의 유래에서 알 수 있듯이 승전보를 알리는 것은 전령의 필수 사명입니다. "아름답도다 복음을 전하는 자들의 발이여"는 이사야 52:7, "좋은 소식을 전하며 평화를 공포하며 복된 좋은 소식을 가져오며 구원을 공포하며 시온을 향하여 이르기를 네 하나님이 통치하신다 하는 자의 산을 넘는 발이 어찌 그리 아름다운가"에서 인용한 구절입니다. 전령을 통하여 바벨론 포로로 끌려갔던 이스라엘 백성들에게 평화와 구원이 선포되며 바야흐로 하나님의 통치가 이루어진다는 좋은 소식을 듣게 됩니다. 바울에 따르면 보내심을 받은 자가 전해야 할 좋은 소식은 예수 그리스도가 우리의 주님이 되시고 부활하신 주님을 부르며 그 주님을 믿는 사람들에게 구원의 은혜가 성취된다는 것입니다.

복음을 듣고 예수를 주로 고백하는 믿음은 인격적인 것입니다. 우리에게 자유의지를 주신 하나님은 우리가 인격적으로 예수 그리스도를 만나기를 바라십니다. 하나님은 우리에게 결코 억지로 믿음을 강요하시지 않습니다. 하나님은 우리에게 믿음이 생기도록 돕고 기다려주시는 신실한 분입니다. 그 믿음은 바로 들음에서 생겨납니다. 그러므로 주님에 대한 믿음이 생기도록 우리는 복음의 말씀을 자주 들어야 합니다. 믿음은 우리 안에 내재되어 있는 것이 아니기 때문에 우리는 하나님 말씀을 매일 듣고 주님을 만나야 합니다. 믿음은 하나님의 말씀을 들음에서 생겨납니다.

사도 바울은 이방인을 위한 선교에 온전히 헌신했지만 또한 로마서 11장을 보면 자신의 동족, 즉 골육의 친척 이스라엘이 구원받기를 간절히 바라며 기도했습니다. 오늘 이 시대 우리나라의 상황에서 이 민족의 구원을 생각합니다. 한반도는 74년째 분단되어 있습니다. 선교사들에 의해 한반도에 복음이 전해진 이후 1883년에 한국 최초의 개신교 교회인 소래교회가 서상륜에 의해 지금의 북한 지역인 황해도 장연군에 세워졌습니다. 1907년 장대현교회에서 길선주 목사의 회개 운동으로 시작된 평양대부흥도 북한 지역에서 일어났습니다.

구한말 척박한 조선 땅에 들어와 복음을 전했던 선교사들의 헌신적인 사역으로 이 민족이 복음으로 변화되고, 곳곳에 교회가 세워지고, 지금의 한국교회와 대한민국이 있게 된 것을 누구도 부인할 수 없습니다. 그러나 복음을 완강히 거부하는 공산독재정권의 사슬 아래에서 여전히 신앙의 자유를 박탈당한 북한 주민을 생각하면 통분을 금할 수 없습니다. 믿음은 들음에서 나며, 들음의 메시지는 예수 그리스도의 죽으심과 부활을 믿는 믿음의 말씀입니다. 이 믿음의 말씀을 북한에 전해야 할 사명이 한국교회에 있습니다.

하나님의 섭리 가운데 북한 주민들에게 신앙의 자유가 있게 되기를 소망하며 예수 그리스도의 복음 안에서 한반도에 평화통일이 이루어지기 길 간절히 기도합니다. 하나님께서 주의 이름을 부르는 모든 북한 주민들에게 구원과 자유를 주시기를 기도합니다.

우리 한국교회가 하나님께서 이 시대에 주시는 거룩한 사명인 복음 안에서 한반도가 자유민주주의 가치로 평화통일되는 데 도구로 쓰임받기를 기도합니다. 복음 전도자 바울의 결연한 고백이 담긴 로마서 14:7-8을 읽어보겠습니다. “우리 중에 누구든지 자기를 위하여 사는 자가 없고 자기를 위하여 죽는 자도 없도다 우리가 살아도 주를 위하여 살고 죽어도 주를 위하여 죽나니 그러므로 사나 죽으나 우리가 주의 것이로다.” 우리 자신도 이와 같이 고백하며 주님께서 이끄시는 대로 믿음으로 순종의 삶을 살아 훗날 하나님 심판대 앞에 섰을 때 “내가 너를 잘 아노라! 착하고 충성된 종아”라고 칭찬받는 신실한 믿음의 그리스도인들이 되기를 소망합니다.

김혜자

제14장

하나님의 윈윈 게임

로마서 11:11-36

[11] 그러므로 내가 말하노니 그들이 넘어지기까지 실족하였느냐 그럴 수 없느니라 그들이 넘
어짐으로 구원이 이방인에게 이르러 이스라엘로 시기나게 함이니라 [12] 그들의 넘어짐이 세
상의 풍성함이 되며 그들의 실패가 이방인의 풍성함이 되거든 하물며 그들의 충만함이리요
[13] 내가 이방인인 너희에게 말하노라 내가 이방인의 사도인 만큼 내 직분을 영광스럽게 여
기노니 [14] 이는 혹 내 골육을 아무쪼록 시기하게 하여 그들 중에서 얼마를 구원하려 함이라
[15] 그들을 버리는 것이 세상의 화목이 되거든 그 받아들이는 것이 죽은 자 가운데서 살아나
는 것이 아니면 무엇이리요 [16] 제사하는 처음 익은 곡식 가루가 거룩한즉 떡덩이도 그러하
고 뿌리가 거룩한즉 가지도 그러하니라 [17] 또한 가지 얼마가 꺾이었는데 돌감람나무인 네가
그들 중에 접붙임이 되어 참감람나무 뿌리의 진액을 함께 받는 자가 되었은즉 [18] 그 가지들
을 향하여 자랑하지 말라 자랑할지라도 네가 뿌리를 보전하는 것이 아니요 뿌리가 너를 보
전하는 것이니라 [19] 그러면 네 말이 가지들이 꺾인 것은 나로 접붙임을 받게 하려 함이라 하
리니 [20] 옳도다 그들은 믿지 아니하므로 꺾이고 너는 믿으므로 섰느니라 높은 마음을 품지
말고 도리어 두려워하라 [21] 하나님이 원 가지들도 아끼지 아니하셨은즉 너도 아끼지 아니하
시리라 [22] 그러므로 하나님의 인자하심과 준엄하심을 보라 넘어지는 자들에게는 준엄하심
이 있으니 너희가 만일 하나님의 인자하심에 머물러 있으면 그 인자가 너희에게 있으리라
그렇지 않으면 너도 찍히는 바 되리라 [23] 그들도 믿지 아니하는 데 머무르지 아니하면 접붙

임을 받으리니 이는 그들을 접붙이실 능력이 하나님께 있음이라 24 네가 원 돌감람나무에서
찍힘을 받고 본성을 거슬러 좋은 감람나무에 접붙임을 받았으니 원 가지인 이 사람들이야
얼마나 더 자기 감람나무에 접붙이심을 받으랴 25 형제들아 너희가 스스로 지혜 있다 하면
서 이 신비를 너희가 모르기를 내가 원하지 아니하노니 이 신비는 이방인의 충만한 수가 들
어오기까지 이스라엘의 더러는 우둔하게 된 것이라 26 그리하여 온 이스라엘이 구원을 받으
리라 기록된 바 구원자가 시온에서 오사 야곱에게서 경건하지 않은 것을 돌이키시겠고
27 내가 그들의 죄를 없이 할 때에 그들에게 이루어질 내 언약이 이것이라 함과 같으니라
28 복음으로 하면 그들이 너희로 말미암아 원수 된 자요 택하심으로 하면 조상들로 말미암
아 사랑을 입은 자라 29 하나님의 은사와 부르심에는 후회하심이 없느니라 30 너희가 전에는
하나님께 순종하지 아니하더니 이스라엘이 순종하지 아니함으로 이제 긍휼을 입었는지라
31 이와 같이 이 사람들이 순종하지 아니하니 이는 너희에게 베푸시는 긍휼로 이제 그들도
긍휼을 얻게 하려 하심이라 32 하나님이 모든 사람을 순종하지 아니하는 가운데 가두어 두
심은 모든 사람에게 긍휼을 베풀려 하심이로다 33 깊도다 하나님의 지혜와 지식의 풍성함이
여, 그의 판단은 헤아리지 못할 것이며 그의 길은 찾지 못할 것이로다 34 누가 주의 마음을
알았느냐 누가 그의 모사가 되었느냐 35 누가 주께 먼저 드려서 갚으심을 받겠느냐 36 이는
만물이 주에게서 나오고 주로 말미암고 주에게로 돌아감이라 그에게 영광이 세세에 있을
지어다 아멘

본문 해설: 더글라스 무의 관점을 기본으로

바울은 로마서 11:1에서 "하나님이 자기 백성을 버리셨느냐"라는 수사의문문을 사용하는데 11:11도 다시 한번 수사의문문 "그들이 넘어지기까지 실족하였느냐"를 사용하면서 새로운 단락이 시작된다는 것을 알려준다. '이스라엘의 실족'은 이스라엘이 그리스도를 배척하고 하나님이 그리스도를 통해 제시한 의를 배척한 것을 가리키고, '넘어짐'은 다시는 돌이킬 수

없는 영적인 파멸을 가리킨다. 1절의 질문의 답이 "그럴 수 없느니라"였듯이 11절의 질문의 답도 "그럴 수 없느니라"이다.

바울은 앞에서 이스라엘 모든 백성이 버림을 받은 것이 아니라 "은혜로 택하심을 따라 남은 자"(롬 11:5)가 있다고 말했다. 그러면 택하심을 받지 못한 그 나머지 백성들은 어떻게 되는가? 영원히 버림을 받는가? 바울의 대답은 '그렇지 않다'이다. 바울은 이스라엘의 배척은 단지 하나님의 계획이 전개되는 과정에서 첫 단계일 뿐이라고 말한다. 두 번째 단계에서 이스라엘이 자신에게 자연스럽게 속해 있던 복을 거부하자 지금 그 복은 방향을 바꾸어 이방인에게로 흘러가고 있다. 그러나 이것이 이 이야기의 끝이 아니다. 왜냐하면 이 복들의 물줄기는 언젠가는 다시 이스라엘을 향하게 될 것이기 때문이다. 지금은 유대인 중에서 소수만이 복음을 받아들이고 있지만 결국 마지막 날에 훨씬 더 많은 수의 유대인이 복음에 순종하게 될 것이다. 따라서 바울이 자신의 유명한 주장을 통해 표현하듯이 "온 이스라엘이 구원을 받을 것이다."(롬 11:26)

이스라엘이 그리스도를 배척한 범죄는 중대한 영적 실패였다. 그리고 12절에서 말하듯이 이스라엘의 손해는 이방인들의 이익이 되었다. 이스라엘의 범죄는 세상의 풍성함을 의미했고 이스라엘의 실패는 이방인들의 풍성함을 의미했다. 하지만 바울은 여기서 전체로서의 이스라엘의 충만함이 이루어질 때 이방인들에게 임할 복은 훨씬 더 클 것이라고 말한다.

이 단락에서 바울은 뿌리와 가지의 비유를 통해 족장과 그들에게 하나님이 그들에게 주신 약속들을 나무의 뿌리에 비유하고 유대인들을 참감람나무 가지에, 이방인들을 돌감람나무 가지에 비유한다. 나무 자체는 구속사 전체와 이방인과 유대인을 포함하는 하나님의 백성 전체를 나타낸다. 바울이 감람나무의 비유를 통해서 말하고자 하는 것은 두 가지이다.

첫 번째로, 로마의 이방인 그리스도인들에게 그들의 구원이 유대인 족장들과 약속이라는 토양에 뿌리를 내리고 거기에서 자양분을 공급받고 있음을 깨우쳐준다. 톰 라이트는 바울이 뒤에 15:12에서 이사야 11:10을 인용하며 "이새의 뿌리"를 부각하게 됨을 말하면서 여기서 뿌리가 메시아를 가리킨다고 주장한다. 하지만 뿌리를 메시아로 보는 것은 유대인들이 본래 가지였고, 이방인들이 접붙임을 통해 뿌리와 연결되었다는 표현과 어울리지 않는다. 바울은 이방인들의 구원이, 유대인들이 본성적으로 속해 있는 나무에 참여하는 방식으로 이루어진다는 것을 강조한다. 그러므로 이방 그리스도인들이 유대인들에 대해 우월감을 가지는 것은 잘못된 것이다.

두 번째로, 바울은 유대인들이 원가지였기에 자기 감람나무에 다시 접붙임을 받는 것은 쉬운 일이라고 강조함으로써 11:11-32의 핵심 주제인 이스라엘의 영적 미래에 대한 밝은 소망과 관련된 근거를 제시한다.

돌감람나무 가지들이라는 표상은 이방 그리스도인들을 가리킨다. 그들은 이방인들이기 때문에 족장들이나 족장들에게 주어진 약속과 본성적으로는 아무런 관계가 없다. 오직 하나님의 은혜와 그들의 믿음으로 말미암아 그들은 참감람나무 뿌리의 진액을 유대 그리스도인들과 함께 받는 자들이 될 수 있었다.

바울은 접붙임의 비유를 사용하면서 야생나무인 돌감람나무가 재배된 나무인 참감람나무에 접붙임을 받는 것으로 표현하고 있는데 이것은 일반적으로 접붙임을 하는 방법과는 반대된다. 접붙임의 목적은 열매가 잘 맺히지 않는 나무에 열매가 잘 맺히는 더 개량된 나무의 가지를 접붙임으로 더 좋은 열매를 얻기 위한 것이기 때문이다. 그래서 어떤 학자는 바울이 도시 출신이어서 조경에 대해 무지했기 때문에 접붙임을 잘못 이해했다고 주장한다. 또 어떤 학자는 고대 자료들에서 농부들이 종종 돌감람나무 가지를 참감람나무에 접붙였음을 보여주는 증거를 제시하며 바울을 옹호해 왔다. 어떤 학자는 이방인들이 하나님의 백성으로 들어오는 것이 오직 하나님의 은혜로 가능했다는 것을 강조하기 위해 이렇게 본성을 거스르는 관행을 일부러 인용했다고 주장한다. 하지만 바울은 여기서 접붙임의 방식 자체를 진지하게 고려하기보다는 예수께서 "나는 포도나무요 너희는 가지니"라고 말씀하신 것과 같이 접붙임을 구원을 이미지화하기 위한 단순한 방편으로 사용하고 있는 것이다.

바울은 25절과 26절에서 구원의 역사라는 드라마의 마지막 시기를 자세히 들려준다. 그리고 이 드라마의 마지막 장이자 신비의 핵심인 이스라엘의 회복에 초점을 맞춘다. 하나님은 이방인들이 구원받고 있는 동안에는 이스라엘 대부분을 우둔하게 하셨지만, 이방인들의 구원을 통해 이스라엘이 시기하게 하셔서 그들도 결국 구원으로 나아오게 하신다. 온 이스라엘이 구원을 받는 방식은 이렇게 여러 정해진 단계들로 전개되는 과정을 포함한다.

바울은 26절에서 "그리하여 온 이스라엘이 구원을 받으리라"라고 선언한다. 여기서 구원받기로 정해져 있는 '온 이스라엘'은 무엇인가? 라이트는 '온 이스라엘'에 유대인과 이방인 모두가 포함된다고 본다. 이 주장은 이 단락에서 바울이 유대인들에게 구원에 있어서 지나친 특권을 부여하는 것이 아닌가 하는 의구심을 해소해줄 수 있다는 면에서, 그리고 이스라엘이라는 말이 하나님의 백성 전체를 의미하는 것으로 사용하는 용례들을 통해 지지될 수 있다. 하지만 더글라스 무는, 바울은 로마서 11장에서 이방인들이 하나님 백성의 권리와 명칭을 독점적으로 그들 자신에게 적용하려는 경향에 제동을 거는 것이 목적이기 때문에 바울이 교회 일반을 가리키기 위해 '이스라엘'이라는 단어를 사용했을 수는 없다고 본다. 더군다나 바울이 25b절에서 '이스라엘'을 이스라엘 민족을 지칭했다가 26a절에서는 이스라엘 내의 택하신 자들을 지칭했다고 볼 수 없기 때문에 본문의 맥락상으로 '이스라엘'은 민족으로서의 이스라엘 전체를 가리킨다고 보는 것이 더 적절하다.

그러면 '온 이스라엘'이 역사적으로 존재해온 이스라엘 민족 전체를 가리킨다고 보아야 할 것인가? 아니면 그 당시에 혹은 그때가 언제가 되었든 마지막 종말의 순간에 존재하는 이스라엘 민족 전체를 가리킨다고 보아야 할 것인가? 바울은 최종적인 구원의 완성이 이루어지는 때가 멀지 않았다고 생각하고 있었기 때문에 바울이 역사상의 특정 시점에 존재하는 이스라엘 민족이라는 공동체적인 실체를 가리키는 데 '온 이스라엘'이라는 어구를 사용했을 가능성이 높다.

이 구절이 유대인 모두의 구원을 그들의 믿음과 상관없이 보장한다고 볼 수는 없다. 바울이 앞에서도 강조했듯이 유대인들도 예수 그리스도를 믿음으로써 구원을 받게 될 것이다. 바울이 종말에 일어날 것이라고 예상하는 유대인들의 대규모의 회심은 오직 그들이 메시아이신 예수의 복음을 믿음으로써만 일어나게 될 것이다.

바울은 하나님의 구원의 신비가 담긴 이 단락을 하나님을 찬송하는 송영으로 마무리하고 있다. 바울은 하나님의 주권적인 선택과 이스라엘의 미래에 관한 신비에 직면해서 하나님의 판단과 하나님의 길은 우리가 헤아리지 못하고 찾지 못할 것이라고 고백한다. 바울은 이스라엘의 구원에 대해서 이야기하면서 하나님의 주권과 인간의 책임의 상호작용같이 인간인 우리의 능력으로는 궁극적으로 온전히 이해할 수 없는 문제들을 포함했기 때문에 이런 고백은 당연하다고 볼 수 있다.

하지만 다른 한편으로 바울은 이스라엘의 미래에 관한 신비에 대한 계시를 깨닫고 우리에게 전해주었기 때문에 이 고백의 의미를 인간의 전적인 무능으로 연결할 수는 없다. 로마서 9-11장에는 여전히 깨닫기 어려운 신비가 담겨 있기는 하지만 이 장들에서 바울은 또한 자신의 독자들이 읽고 응답해야 하는 진리를 전하고 있다. 그리고 바울은 다른 곳들에서도 그리스도 안에서 성령으로 말미암아 우리는 은밀한 가운데 있는 감추어져 있던 하나님의 지혜에 접근할 수 있다고 가르친다. 따라서 바울이 이러한 찬송을 하게 된 것은 하나님의 길들은 감춰져 있다는 인식 때문이 아니라 하나님이 우리에게 알게 해주신 계시들이 우리의 생각을 훨씬 뛰어넘었기 때문이다.

설교 본문

개인이나 집단 간의 관계를 설명하는 모델 중에 제로섬 게임이 있습니다. 여러분도 잘 아시겠지만 '섬'(sum)은 합한다는 말이고, '제로'(zero)는 영(零)입니다. 그러니까 양쪽의 득실을 다 합하면 영이 되는 관계를 말합니다. 다시 말하면 내가 얻은 만큼 상대방은 잃게 되고 상대방이 잃은 많큼 내가 얻게 되어서 다 더하면 영이 되는 것입니다. 모두 합하면 영이 된다고 해서 영합(零合) 게임이라고 말하기도 합니다. 대표적인 제로섬 게임이 입시같이 정원이 정해져 있고 서로 경쟁을 하는 경우가 될 것입니다. 내가 붙으면 상대방은 떨어지고 상대방이 붙으면 내가 떨어질 수밖에 없습니다. 아무리 시험을 잘 봐도 모두 합격할 수는 없습니다.

제로섬이라는 말은 어떤 면에서 상당히 냉정한 인간관계의 현실을 보여주는 말입니다. 누군가가 손해를 봐야 내가 이익을 얻을 수 있습니다. 그 가운데서 이해관계의 충돌과 갈등을 피할 수 없습니다. 이기면 살고 지면 죽는 것, 승자독식의 세계를 숫자상으로 정확하게 묘사하고 있습니다.

하지만 제로섬 게임은 물질적인 세계, 그것도 상당히 정적인 세계를 전제로 한 것입니다. 사람들이 유용하다고 생각하는 재화가 한정되어 있어서 한정된 수량을 놓고 서로 경쟁하고 다투게 되는 경우를 묘사한 것입니다. 하지만 만일 한 나라의 경제가 발전하고 있다면, 일자리가 계속 늘어나고 있다면 나도 얻고 너도 얻는 것이 가능하게 될 것입니다. 내가 잃어야 네가 얻고 네가 잃어야 내가 얻는 것이 아니라 나도 얻고 너도 얻을 수 있는 관계를 논제로섬 게임(Non Zero Sum Game), 혹은 포지티브섬 게임

(Positive Sum Game), 양(陽)의 합 게임이라고 말합니다. 다른 말로는 너도 이기도 나도 이긴다고 해서 '윈윈 게임'(Win-win Game)이라고 말하기도 합니다.

바울이 로마서를 쓰고 있을 때 교회 안의 대표적인 갈등의 소지는 이방인들과 유대인들의 관계였습니다. 당시에 많은 사람이 이방인과 유대인의 관계를 일종의 제로섬 게임으로 이해했습니다. 마치 천국에는 단 한 자리만 있는 듯 생각해서 그 자리를 유대인이 차지하면 이방인들에게는 자리가 없고, 그 자리를 이방인이 차지하면 유대인들에게는 더 이상 자리가 없는 것처럼 생각했습니다.

구약 시대에 이스라엘 백성들은 하나님이 그들을 택하셔서 하나님의 백성이 되었고 이방인들은 버림을 받은 부정한 사람들이라고 생각했습니다. 하나님의 백성의 자리는 공유될 수 없고, 내가 먼저 차지했으니까 너는 이 자리를 얻을 수 없는 것이라고 생각하여 선택받은 집단으로서 자부심을 가지고 살았습니다. 하지만 성서를 잘 읽어보면 하나님의 계획은 달랐습니다. 하나님이 이스라엘 백성들을 택하신 것은 그들만을 구원하시려는 것이 아니었습니다. 하나님은 전능하고 무소부재하고 능력이 무한하신 분입니다. 하나님은 이 세상 모든 백성에게 나눠주고도 남은 은혜의 사랑을 가지고 계십니다. 쩨쩨하게 자리를 제한하실 이유가 없습니다.

하나님은 이 세상을 사랑하셔서 모든 사람이 구원에 이르기를 원하십니다. 하나님은 먼저 이스라엘 백성들을 택하셔서 그들로 하나님의 거룩하심과 공의로우심, 은혜와 사랑을 알게 하시고, 장차 하나님이 행하실 구원의 계획을 들려주시고 선포하게 하셨습니다. 그리고 하나님이 정하신 때가 되었을 때에 독생자 예수 그리스도를 이 땅에 보내셨고, 십자가 위에서 모든 사람을 구원하기에 충분하고도 남은 놀라운 사랑을 보이고 베풀어주셨습니다. 이제 천국의 문은 활짝 열렸고 누구든지 들어갈 수 있습니다. 이전에 유대인들이 생각했듯이 무슨 혈통과 핏줄과 민족의 제약이 있는 것이 아닙니다.

그런데 이렇게 은혜로 구원을 받게 된 이방인 중에 그들의 지위를 특별한 것으로, 배타적인 것으로 생각하는 사람들이 나타납니다. 당시에 하나님의 백성이라고 생각했던 유대인들이 오히려 복음을 잘 받아들이지 않고, 이방인들이 도리어 복음을 받아들이고 믿음을 갖게 되는 일들이 자주 나타나게 되었습니다. 그러니까 이방인 중에서 이제 이스라엘 백성, 유대인들은 하나님의 백성의 자리에서 밀려나고 그들이 버림을 받게 되었다고 생각하고, 자신들이 이전에 유대인들이 차지하던 자리에 앉게 되었다고 생각하는 사람들이 나오게 된 것입니다. 하지만 그것은 원래 그런 것이 아니라 그들의 사고가 세상의 물질적인 사고, 제로섬 게임의 사고에서 벗어나고 있지 못했기 때문입니다. 마치 하나님의 나라에는 자리가 하나만 있어서 과거에 그것을 유대인들이 차지했다가 밀려나게 되었고 이제는 이방인들이 차지하게 되었다고 생각한 것입니다.

바울은 유대인과 이방인의 관계가 결코 그런 관계가 아니라고 가르쳐 줍니다. 오늘 본문에서 바울은 복음을 거부하는 유대인들이 있다고 해서 결국 유대인들이 다 실족하여 넘어지게 되는 것이 아니라고 말하고, 더 나아가서 유대인들의 구원과 이방인들의 구원이 어떻게 연결되어 있는지를 보여줍니다.

11절에서 바울은 "그러므로 내가 말하노니 그들이 넘어지기까지 실족하였느냐 그럴 수 없느니라"라고 말합니다. 11절의 '넘어지기까지 실족한다'에서 실족한다는 말은 지금 예수 그리스도의 구원의 복음을 받아들이지 않는 것이고, 넘어진다는 말은 그래서 결국 구원에 이르지 못하게 된다는 의미입니다. 하지만 바울은 그것이 아니라고 말합니다. 그러면서 이어서 "그들이 넘어짐으로 구원이 이방인에게 이르러 이스라엘로 시기나게 함이니라"라고 말합니다.

이 말은 두 단계로 이루어져 있습니다. 첫 번째 단계는 '그들이 넘어짐으로 구원이 이방인에게 이르는 것'입니다. 바울은 복음을 전하며 선교여행을 할 때 대개 먼저 그 지역에 있는 유대인의 회당에서 복음을 전했습니다. 그런데 사도행전을 보면 유대인 중에 믿는 사람도 있었지만 많은 유대인이 복음을 거부하고 바울을 핍박하는 일이 일어나고, 그래서 바울이 이제는 이방인에게로 가겠다고 선언하는 장면을 여러 번 볼 수 있습니다. 이 과정에서 바울은 유대인들이 복음을 거부한 일이, 이방인들이 복음을 듣는 기회로 이어지는 것을 경험합니다.

하지만 바울은 이것이 끝이라고 생각하지 않습니다. 그다음 단계가 있는데, 이렇게 이방인들이 복음을 듣고 구원을 받고 하나님의 은혜를 누리는 것을 보고 유대인들이 시기하고 각성을 하게 된다는 것입니다. "우리가 먼저 하나님의 말씀을 받았는데 우리가 그 뜻을 제대로 알지 못해서 예수 그리스도를 거부하는 바람에 저 이방인들이 하나님의 은혜를 누리게 되는구나." 하고 시기하고 분발해서 유대인들도 하나님 앞으로 나아오게 되리라는 것입니다.

여기서 바울은 유대인과 이방인들 서로가 경쟁관계가 아니라 내가 잘되면 너도 잘되고 네가 잘되면 나도 잘되는 그런 은혜의 순환관계에 있음을 보여주고 있습니다. 유대인과 이방인의 관계가 제로섬 게임의 관계가 아니라 서로 윈윈하는 관계라고 가르쳐줍니다.

오늘 본문에 두 종류의 감람나무가 등장합니다. 하나는 참감람나무이고, 다른 하나는 돌감람나무입니다. 참감람나무는 일반적으로 재배되는 감람나무를 말하고, 돌감람나무는 야생에서 자라는 감람나무를 말합니다. 사람들이 재배하는 감람나무는 개량이 된 것이기에 열매를 많이 맺지만 야생 감람나무는 열매가 잘 맺히지 않습니다. 바울은 이 두 감람나무를 예로 들면서 유대인과 이방인들의 구원의 신비를 가르쳐줍니다.

여기서 하나님은 농부가 되시고 하나님의 백성들은 하나님이 기르시는 참감람나무의 가지들입니다. 가지들은 뿌리로부터 영양을 공급받습니다. 뿌리는 하나님의 은혜를 상징하고, 구체적으로는 구약 시대에 하나님이 이스라엘의 믿음의 조상들에게 베푸신 은혜와 구원의 언약을 상징합니다. 그러므로 이 나무의 원가지는 이스라엘 백성, 즉 유대인들이라고 할 수 있을 것입니다. 그런데 정작 이 사람들이 하나님의 구원의 언약의 성취를 위해 이 땅에 오신 예수 그리스도를 받아들이지 않았습니다. 그래서 바울은 원가지가 꺾여 나갔다고 표현합니다. 그리고 그 자리에 원래 참감람나무의 가지가 아니던 이방인들이 접붙임을 받고 구원을 받게 되었다고 비유하고 있습니다.

접붙임을 받으면 뿌리로부터 올라오는 진액을 받아서 생명을 얻게 됩니다. 앞에서 말씀드린 것처럼 뿌리는 이스라엘의 믿음의 조상들에게 하나님이 주신 구원의 약속과 은혜를 의미합니다. 우리가 아브라함을 믿음의 조상이라고 부르는 것처럼, 아브라함과 이삭과 야곱과 같은 이스라엘의 조상들은 육신으로는 우리와 상관이 없는 사람들이지만 하나님이 우리를 은혜로 구원하셔서 하나님의 은혜의 나무에 접붙임을 받게 하셨고, 그래서 그들의 믿음의 유산을 이방인인 우리가 상속하게 하셨고 하나님이 약속하신 영원한 축복을 누리게 하셨습니다.

오늘 본문에서 바울은 유대인과 이방인의 구원에 대해서 두 가지를 강조합니다. 첫째는 하나님이 원가지인 이스라엘 백성들을 꺾어버리신 것을 보면서, 유대인들은 버림을 받았으니 이제 이방인들의 시대가 왔다고 자만할 것이 아니라고 합니다. 원가지도 꺾으실 수 있는 하나님이라면 접붙임을 받은 가지라고 꺾지 못하실 이유가 없음을 기억하고 겸손해야 합니다.

구약 시대에도 하나님의 은혜를 입은 사람은 믿음의 사람들이었습니다. 어떤 자격이나 조건을 갖추어서도 아니고 자신의 노력이나 공로로 인정을 받은 것도 아닙니다. 아무런 자격이 없는 사람들에게 값없이 주시는 은혜를 믿고 의지한 사람들이 전적인 하나님의 은혜로 하나님의 백성이 되어 구원에 이르게 되었습니다. 진정한 믿음 없이 자기 자신을 의지하고 자랑하던 사람들은 잘려 나가고, 겸손하게 하나님의 은혜를 구하며 진정한 믿음을 가진 사람들은 누구든지 접붙임을 받습니다.

그런데 바울은 오늘 본문에서 또 한 가지 중요한 메시지를 전합니다. 바울은 23절에서 지금 유대인들이 꺾여 나간 것이 끝이 아니라고 이야기합니다. 언제든지, 누구든지 하나님의 은혜를 구하며 믿음 안에 거하면 다시 접붙임을 받게 될 것입니다. 그들을 접붙이는 것, 다른 말로 하면 그들을 구원하고 하나님의 백성으로 삼으시는 것은 그들 자신의 자격이나 능력에 의한 것이 아니라 전적으로 하나님의 은혜이며 하나님의 능력에 의한 것이기 때문입니다.

그래서 24절에서 바울은 원가지라고 할 수 있는 유대인들을 다시 접붙이는 것이 하나님께는 그야말로 아무 일도 아니라고 가르쳐줍니다. 원가지가 아닌 다른 나무의 가지도 접붙이는데 원가지를 접붙이는 것은 더 쉽다는 의미입니다. 물론 여기서 바울은 유대인들이 어떤 특권을 가지고 있다고 말하지 않습니다. 원가지가 아닌 이방인들도 접붙임을 받을 수 있는데 유대인이라고 다시 접붙임을 받는 것에는 아무런 문제가 없다고 강조하는 것입니다.

하나님의 은혜의 풍성하심을 믿고 경험하는 그리스도인들은 다른 성도, 다른 사람과의 관계에서도 넉넉히 베풀 수 있습니다. 인색할 이유가 없습니다. 하나님은 우리의 풍성함을 통해 다른 사람들을 채우시고 또 그들의 풍성함과 은혜를 통해 우리를 채우시고 성장하고 성숙하게 하시기 때문입니다. 내가 가진 것을 움켜쥐고 빼앗기지 않으려고 하고 내가 이 세상의 제로섬 게임에서 성공하기 위해서 예수의 능력을 빌려오는 것은 신앙이 아닙니다. 하나님의 뜻은 모든 사람이 하나님의 은혜를 알고, 구원에 이르게 되고, 더 풍성한 삶을 살게 하는 것임을 알고, 하나님의 은혜를 함께 누림으로 배가 되며, 30배, 60배, 100배가 되는 놀라운 역사를 함께 경험하는 것입니다.

하나님은 이 세상을 제로섬의 경쟁으로 몰아가는 분이 아니라 풍성하신 사랑으로 채우시며 윈윈하게 만들고 세워주시는 분입니다. 그 사랑 안에서 우리는 은혜를 받았고, 우리 같은 사람도 구원을 받았습니다. 이 세상에서 하나님의 풍성하신 사랑을 전하고, 우리에게 주신 것을 함께 나누며, 이 세상을 사랑으로 도전하고, 하나님의 은혜가 필요한 모든 사람을 향해 나아가는 은혜가 모든 성도님에게 함께하시기를 축원합니다.

김명윤

제15장

은혜와 응답

로마서 12:1-2

[1] 그러므로 형제들아 내가 하나님의 모든 자비하심으로 너희를 권하노니 너희 몸을 하나님
이 기뻐하시는 거룩한 산 제물로 드리라 이는 너희가 드릴 영적 예배니라 [2] 너희는 이 세대
를 본받지 말고 오직 마음을 새롭게 함으로 변화를 받아 하나님의 선하시고 기뻐하시고 온
전하신 뜻이 무엇인지 분별하도록 하라

본문 해설: 옛 관점과 새 관점

바울은 로마서 본문의 이 마지막 대단원에서 초점을 교육에서 권면으로, 직설법에서 명령법으로 바꾼다. 예수 그리스도를 주님으로 믿는다는 것은 동시에 그의 뜻에 순종하겠다는 약속을 의미한다.(참조. 롬 1:5와 16:26의 '믿음의 순종') 따라서 더글라스 무는 변화된 삶을 살라는 '명령'은 우리가 복음을 받아들인 뒤에 선택할 수 있는 '제2단계'가 아니라 복음에 대한 우리의 첫 응답 자체에 뿌리를 내리고 있다고 말한다. 다시 말하면 11장에서 12장으로의 이행은 신학으로부터 실천으로의 이행이 아니라 복음의 직설법을 더 강조하는 것으로부터 복음의 명령법을 더 강조하는 것으로의 이

행이다. 하나님이 우리에게 주신 것으로부터 우리가 하나님께 드려야 할 것으로의 이행이다. 또한 우리가 하나님께 드려야 할 것이 하나님이 은혜로 계속해서 마련해주시지 않고는 독립적으로 생산될 수 있는 것은 아니라는 것을 단서로 덧붙여야 한다.

1절에서 '권하다'(exhort)는 '요청하다'(request)와 '명령하다'(command)의 중간쯤에 있는 의미로서, 하나님의 진리를 중보하는 전도자의 권위를 갖고 하는 권면이다. 권면의 근거는 하나님의 긍휼이다. 즉 하나님의 긍휼에 대한 응답으로서 순종을 권고한다. 우리의 응답은 우리의 전인격을 하나님께 제물로 드리는 것이어야 한다. 하나님은 우리에게 우리 자신의 전 인격을 요구하신다. 즉 하나님은 우리에게 이 세상을 살면서 하나님을 섬기는 일에 헌신할 것을 요구하신다. 이것이 "하나님이 기뻐하시는" 제물이다.

"영적 예배"에서 '영적'으로 번역된 헬라어는 '로기켄'으로서 '로기코스'를 말한다. 로기코스 예배는 '하나님의 이성적이고 신령한 피조물로서의 인간에게 적합한'이라는 의미에서 신령한(spiritual) 또는 이성적인(reasonable) 예배를 가리킨다. 더글라스 무는 영역본 성서(TEV)의 예를 따라 '참된 예배'(true worship)로 번역할 것을 제안한다. 바울은 예배를 '영성화하지' 않고 그 범위를 삶의 모든 차원으로 확장한다. "그리스도인의 예배는 신성한 자리에서, 신성한 때에, 신성한 행위 등에서 실행되는 것으로 이루어지지 않는다. 그것은 다른 이방인들의 영역에서 육신의 실존을 제물로 드리는 것이다."(케제만)

E. P. 샌더스는 그리스도인들이 유대교를 행위 지향적인 종교로 부정적으로 이해해온 것은 1세기 유대교 텍스트와 후기 랍비 문헌을 올바로 이해하지 못했기 때문이라고 본다. 샌더스는 포로기 이후의 유대교가 하나님의 은혜에 의한 언약 개념을 상실하고 그것을 공로주의적 율법주의로 대체했다는 견해를 거부한다. 샌더스는 예루살렘에 제2성전이 존재하던 기

원전 516년부터 기원후 70년까지의 제2성전기 자료들이 은혜에 기초한 언약 구조를 증명한다고 주장한다. 여기서 순종의 행위는 언약 안에서 자신의 지위를 유지하게 해주는 것이지 하나님의 은혜를 얻어내는 것이 아니다. 다시 말하면 율법의 순종은 언약 안으로 '들어가는' 수단이 아니라 언약 안에 '머무는' 수단이다.

샌더스는 유대교의 특징을 '언약적 율법주의'라는 개념으로 표현하는데 그 주요 내용은 다음과 같다. (1) 하나님은 이스라엘을 선택하셨다. (2) 그리고 율법을 주셨다. (3) 율법은 선택을 유지하신다는 하나님의 약속과 (4) 순종에 대한 요구사항이다. (5) 하나님은 순종에는 보상하시고 불순종에는 벌을 내리신다. (6) 율법은 속죄의 수단을 제공하며, (7) 속죄는 언약적 관계의 유지 또는 재수립을 가져온다. (8) 순종, 속죄, 그리고 하나님의 자비로 언약 안에 머무는 모든 자는 구원을 받는다. 여기서 하나님의 선택과 최종적 구원은 인간의 성취가 아닌 하나님의 은혜에 의한 것이다. 샌더스는 은혜와 행위가 잘 균형 잡힌 이러한 언약적 율법주의가 예수와 바울 시대의 유대교의 참모습이며, 따라서 초기 유대교를 율법적인 행위의 의를 추구하는 종교로 이해하는 관점은 잘못된 것이라고 본다.

율법의 본래 정신은 율법을 잘 지킴으로써 하나님의 백성이 되는 것이 아니다. 율법의 본래 정신은 하나님의 은혜로 구원을 받은 하나님의 백성이 그 은혜에 대한 응답으로 하나님의 백성답게 살아야 한다는 것이다. 이런 의미에서 은혜와 율법은 대립적인 관계에 있지 않다. 예수께서는 "내가 율법이나 선지자를 폐하러 온 줄로 생각하지 말라 폐하러 온 것이 아니요 완전하게 하려 함이라 진실로 너희에게 이르노니 천지가 없어지기 전에는 율법의 일점 일획도 결코 없어지지 아니하고 다 이루리라"(마 5:17-18)라고 말씀하셨다. 우리는 이 말씀의 의미를 올바로 깨달아야 한다. 율법이 은혜에 기초하고 있듯이 은혜는 율법을 요구한다.

존 바클레이는 『바울과 선물』에서 성서에 나타나는 은혜 개념을 분석했다. 그는 호혜적 관계를 기대하는 고대의 선물과 아무런 되돌아옴도 기대하지 않는 현대의 '순수한' 선물을 구별한다. 그는 고대 사회에서 대개 선물은 응답을 기대하지 않는 것이 아님을 보여주는 증거들을 제시한다. 선물은 타자에 의해 유발되지 않는다는 의미에서는 무상(free)이다. 그러나 하나님의 은혜의 선물은 상호적 순환 운동의 시작으로 여겨진다는 의미에서, 단지 무상이 아니다. 고대 사회에서 선물은 다양한 종류의 사회적 유대를 만들기 위한 것이었다. 선물의 수혜자는 자신이 그 선물에 응답해야 할 도덕적, 사회적 의무를 지니게 된다고 이해했다.

바클레이는 샌더스처럼 은혜가 구약성서의 모든 곳에서 발견된다고 생각한다. 그리고 그는 '행위 종교'가 하나님의 은혜 안으로 들어가는 길을 인간 스스로 만들어내야 하는 종교를 의미한다면 초기 유대교는 '행위 종교'가 아니며, 은혜가 응답을 선행하는 언약적 율법주의가 유대교에 대한 올바른 이해라는 샌더스의 주장에 동의한다. 바클레이는 갈라디아서와 로마서를 중심으로 은혜에 대한 바울의 이해를 분석한다. 갈라디아서에서 은혜와 관련한 바울의 주된 관심은 비상응성이다. 비상응성이란 우리에게 아무런 자격이나 공로가 없는데도 하나님의 은혜가 주어짐을 의미한다. 그러나 비상응성은 응답 자체를 생각하지 않고 은혜가 주어짐을 의미하지는 않는다.

다른 유대인들은 하나님의 은혜가 인간의 응답을 요구한다고 생각한 반면에, 바울은 은혜를 응답을 요구하지 않는 일방적인 선물로 생각했다는 주장은 잘못된 것이다. 바울은 하나님이 은혜에 대한 인간의 응답을 기대하신다는 사실을 분명히 했다. 로마서 6-8장은 은혜를 받은 신자들이 그 은혜에 응답해야 함을 보여준다. 바울은 특히 로마서 6:15-19에서 "순종의 종으로 의에 이르느니라"라고 말하면서, "마음으로 순종하여", "너희 지체를 의에게 종으로 내주어 거룩함에 이르라"라고 말한다. 이 말은 하나님의 은혜에 응답하는 우리의 모습이 어떠해야 하는지를 잘 보여준다. 그것은 순종함을 통해 의에 이르고, 의를 실천하는 삶을 통해 거룩함에 이르러야 한다는 것이다. 선물은 의무를 동반한다. 바클레이는 종교개혁자들이 은혜가 대상의 가치와 관계없이 선물로 주어진다는 사실을 강조한 것은 옳다고 보았다. 그러나 그는 루터가 하나님의 은혜를 일방적으로 주어지기만 하는 것으로 이해한 것은 바울의 사상과 다른 것이라고 본다.

하나님의 은혜의 목적은 인간 실존을 회복하고 인간을 그 은혜에 상응하는 예배자로 만드는 데 있다. 하나님의 은혜는 우리의 의지를 제한하거나 강요하지 않는다. 바울은 우리 안에서의 하나님의 일하심이 우리 자신의 주체적 의지를 만들어낼 것을 기대한다. 바울은 다음과 같이 말한다. "그러므로 나의 사랑하는 자들아 너희가 나 있을 때뿐 아니라 더욱 지금 나 없을 때에도 항상 복종하여 두렵고 떨림으로 너희 구원을 이루라 너희 안에서 행하시는 이는 하나님이시니 자기의 기쁘신 뜻을 위하여 너희에게 소원을 두고 행하게 하시나니."(빌 2:12-13) 바울은 하나님이 우리에게 소원을 두고 행하게 하시며, 우리는 우리의 구원을 이루어가야 한다고 말한다. 하나님의 초월적 자유는 우리의 자유를 속박하지 않는다. 하나님의 주체성과 우리의 주체성은 제로섬 게임처럼 한쪽이 증대되면 다른 쪽은 축소되는 것이 아니다. 하나님이 의로 여기신 아브라함의 의는 단지 하나님으로부터 전가된 의가 아니다. 하나님이 의로 여기신 아브라함의 의는 바로 하나님을 믿고 신뢰하는 아브라함 자신의 신실한 태도를 의미한다.

바울에게 하나님의 은혜는 주도적이며 비상응적이다. 즉 대상의 가치와 관계없이 은혜가 주어진다. 그러나 바울에게서 은혜는 최소한의 감사와 사랑의 응답을 기대한다. 그리고 그 감사와 사랑의 응답에는 상급이 주어진다. 신약성서는 여러 곳에서 선한 행위에 대한 상급에 대해 말한다.(물론 구원은 상급으로 간주되지 않는다.) 고린도전서 3장에서 바울은 그리스도의 터 위에 보석과 같은 것으로 세운 사람은 그 공적으로 상급을 받고, 지푸라기 같은 것으로 세운 사람은 불 가운데를 통과하는 구원만을 받을 것이라고 말한다. 여기서 바울은 공적으로 상급을 받는다고 말한다. 따라서 공로와 구별되는 종말론적 상급에 대한 새로운 신학적 이해가 요구된다. 최후의 심판에서 구원 자체는 공로에 의해 획득되는 보상이 아니다. 그러나 최후의 심판은 인간의 행위에 대한 평가와 선한 행위에 대한 상급을 포함한다. 우리를 의롭게 하시는 하나님의 은혜의 목적은 우리의 자아가 새롭게 변화되어 거룩하게 행함으로써 심판 날에 하나님으로부터 그에 대한 상급을 받도록 하는 것이다.

설교 본문

우리 인간은 오직 하나님의 은혜로 구원을 받습니다. 구원은 결코 우리 자신의 행위가 만들어내는 공로에 의해서가 아니라 전적으로 하나님의 은혜에 의해 선물로 주어집니다. 인간을 구원하시는 이 하나님의 은혜가 결정적으로 나타난 곳이 예수의 십자가입니다. 십자가에서 예수는 우리의 모든 죄를 대신 지시고 죄에 대한 심판을 대신 받으셨습니다. 하나님은 예수로 하여금 우리가 받아야 할 심판을 대신 받고 죽게 하심으로써 인간을 심판하시고 동시에 구원하셨습니다. 종교개혁자들은 예수께서 우리 죄를 대신 지고 죽임을 당함으로써 우리에게는 하나님의 의와 생명을 주신 것을 '행복한 교환'(happy exchange)이라고 불렀습니다.

하나님의 구원의 은혜는 값없이 선물로 주어집니다. 하나님의 은혜가 값이 없다는 것은 그 은혜가 값싸다는 것이 아니라 반대로 값을 매길 수 없을 정도로 값비싸다는 의미입니다. 영어로 말하면 '값이 없다'(priceless)는 말은 '인벨류어블'(invaluable)과 동의어입니다. 즉 어떤 값도 매길 수 없을 정도로 값비싸다는 말입니다. 예수의 십자가는 우리를 향한 하나님의 무한하신 사랑의 궁극적 표현으로서, 이 십자가를 통해 주어지는 하나님의 구원은 그 무엇과도 비교할 수 없이 값비싼 놀라운 은혜입니다.

그런데 여기서 우리가 꼭 기억해야 할 사실이 있습니다. 그것은 하나님의 은혜가 값없이 주어지지만, 상업적인 의미에서의 '공짜'(free)는 아니라는 사실입니다. 상거래에서는 값을 치르든지 또는 값을 치르지 않고 공짜로 재화를 주고받으면 그것으로 거래 당사자의 관계는 끝납니다. 그러나 하나님과 인간의 관계는 이와 같은 상업적인 거래 관계와는 다릅니다. 우리가 하나님의 은혜를 선물로 값없이 받으면 그것으로 하나님과 우리의 관계가 끝나는 것이 아니라 이제 시작되는 것입니다. 하나님은 우리에게 은혜를 베푸실 때, 그 은혜에 상응하는 우리의 응답을 요구하십니다.

구약성서는 행위로 의롭게 됨을 요구하는 율법의 책이고, 신약성서는 하나님의 은혜에 의해 믿음으로 의롭게 됨을 선포하는 복음의 책이라는 이분법은 잘못된 것입니다. 구약성서에서도 하나님의 은혜와 믿음이 우선적입니다. 본래 갈대아 우르(지금의 이라크)에 살던 아브라함을 부르신 것은 전적으로 하나님의 은혜에 의한 것이었습니다. 성서는 '아브라함이 하나님을 믿으므로 하나님께서 이를 그의 의로 여기셨다.'(창 15:6, 약 2:23)고 말씀합니다. 애굽에서 종살이하던 이스라엘 민족이 애굽으로부터 구원받은 것은 철저하게 하나님의 은혜에 의한 것이었습니다. 하나님은 이스라엘 민족을 구원해내시고 그들을 하나님의 백성으로 삼으셨습니다. 이스라엘 민족이 출애굽을 하고 하나님의 백성이 된 것은 전적으로 하나님의 은혜에 의한 것이었습니다.

그런데 여기가 이야기의 끝이 아니라 진짜 이야기는 이제부터 시작입니다. 하나님과 아브라함, 그리고 아브라함의 후손인 이스라엘 민족 사이의 언약의 역사 이야기가 시작됩니다. 하나님의 은혜로 구원을 받고 하나님의 백성이 된 이스라엘 민족은 이제부터 하나님의 백성답게 살아야 합니다. 하나님이 이스라엘과 맺으신 계약에 신실하신 것처럼 이스라엘도 계약에 신실해야 합니다. 하나님은 이스라엘 민족이 하나님의 백성으로서 어떻게 살아야 할지를 십계명을 통해 말씀하셨습니다. 물론 이스라엘 민족이 십계명을 지켜야 하나님의 백성이 되는 것은 아닙니다. 그들은 이미 하나님의 은혜로 하나님의 백성이 되었습니다. 그러나 그들이 하나님의 백성이 된 이상 이제 그들은 하나님의 백성답게 살아야 합니다. 그들은 이제 결코 하나님의 백성이 되기 이전의 삶으로 돌아갈 수 없으며, 돌아가서도 안 됩니다. 그들은 거룩한 하나님처럼 거룩한 백성이 되어야 하며, 하나님의 계명을 준수해야 합니다.

구약성서의 역사서는 이른바 신명기 사관에 의해 기록되었습니다. 신명기 사관에 따르면, 하나님의 백성으로서의 이스라엘이 하나님의 말씀을 잘 준행하면 복을 받고, 말씀에 불순종하면 저주를 받습니다. 신명기, 사무엘, 열왕기, 역대기 같은 역사서들은 이 신명기 사관에 의해 기록되었습니다. 이 신명기 사관은 특히 신명기 28장에 가장 잘 나타납니다. 신명기 28장은 순종하여 받는 복과 불순종하여 받는 저주를 잘 보여줍니다. 순종하여 받는 복은 28:1-6에 나타납니다. 여기서 복을 받는 조건은 "네 하나님 여호와의 말씀을 삼가 듣고 내가 오늘 네게 명령하는 그의 모든 명령을 지켜 행하면"이란 조건절에 잘 나타납니다. 다른 한편 불순종하여 받는 저주는 20-22절에 나타납니다. 여기서 저주가 내리는 조건은 "악을 행하여 하나님을 잊는 것"입니다. 이제 하나님의 백성이 되었기 때문에, 하나님의 말씀을 잘 듣고 그 명령을 지켜 행하면 복을 받고 하나님을 잊고 악을 행하면 저주를 받는다는 것입니다.

이와 같은 신명기 사관에 근거해서 구약성서 저자는 이스라엘이 앗수르와 바벨론에 의해 멸망한 것은 그들이 하나님을 잊고 악을 행했기 때문이라고 기록했습니다. 구약성서의 역사서들은 이와 같은 신명기 사관 안에서 기록된 이스라엘 민족의 역사책입니다. 하나님은 값없이 우리를 하나님의 백성으로 불러주시고 구원의 은혜를 베풀어주십니다. 그러나 하나님의 은혜를 값없이 받은 인간이 그 하나님의 은혜를 싸구려 은혜로 만들지 않기 위해서는 그 은혜에 상응하는 삶을 살아야 합니다. 하나님의 은혜에 상응하는 삶은 하나님의 말씀과 명령을 따라 행하는 삶을 말합니다. 하나님은 우리가 이러한 삶을 살 때 더 큰 은혜와 복을 내려주시고, 우리가 이러한 삶을 살지 못할 때 징계하시고 심판하십니다. 이것은 단지 구약성서뿐만 아니라 신·구약성서 전체를 관통하는 일관된 메시지입니다.

본문 로마서 12:1에서 바울은 "그러므로… 너희 몸을 하나님이 기뻐하시는 거룩한 산 제물로 드리라 이는 너희가 드릴 영적 예배니라"라고 권면합니다. 여기서 "그러므로"는 12:1 이하의 권면이 1-11장의 하나님의 은혜에 확고히 뿌리를 두고 있음을 보여줍니다. 더글라스 무는 변화된 삶을 살라는 '명령'은 우리가 복음을 받아들인 뒤에 선택할 수 있는 '제2단계'가 아니라 복음에 대한 우리의 첫 응답 자체에 뿌리를 내리고 있다고 말합니다. 다시 말하면 11장에서 12장으로의 이행은 신학으로부터 실천으로의 이행이 아니라 복음의 직설법으로부터 복음의 명령법으로의 이행입니다. 권면의 근거는 하나님의 은혜입니다. 즉 바울은 하나님의 은혜에 대한 응답으로서 순종을 권고합니다. 우리의 응답은 우리의 전인격을 하나님께 제물로 드리는 것이어야 합니다. 바울은 예배를 '영성화하지' 않고, 그 범위를 삶의 모든 차원으로 확장합니다. 즉 하나님은 우리가 이 세상에서 변화된 삶을 살 것을 요구하십니다. 이것이 "하나님이 기뻐하시는" 제물입니다.

마태복음 18:21-35에는 용서를 주제로 한 예수의 이야기가 나옵니다. 어떤 종이 자기 주인(임금)에게 1만 달란트(수십조 원) 빚을 탕감받았는데 자기에게 100데나리온(100만 원)의 빚을 진 동료의 빚을 탕감해주지 않고 옥에 가두었습니다. 이 소식을 들은 주인이 노하여 그를 다시 잡아다가 옥에 가두었다는 이야기입니다. 이 이야기에서 주인은 다음과 같이 말합니다. "악한 종아 네가 빌기에 내가 네 빚을 전부 탕감하여 주었거늘 내가 너를 불쌍히 여김과 같이 너도 네 동료를 불쌍히 여김이 마땅하지 아니하냐." 그리고 예수께서는 결론적으로 이렇게 말씀하십니다. "너희가 각각 마음으로부터 형제를 용서하지 아니하면 나의 하늘 아버지께서도 너희에게 이와 같이 하시리라." 이 이야기를 통해 예수께서 하시는 말씀은 이것입니다. 하나님은 우리에게 은혜를 베풀어주셔서 우리 죄를 용서하시고 우리를 구원해주셨습니다. 그러므로 우리도 우리 이웃의 죄를 용서해주어야 합니다. 우리가 이웃의 죄를 용서해주지 않으면 하나님도 우리의 죄를 다시 물으시고 심판하실 것입니다. 하나님의 은혜는 값없이 거저 주어지지만, 우리는 그 은혜에 상응하는 삶을 반드시 살아야 한다는 것입니다.

하나님의 은혜에 상응하는 삶이란 어떤 것입니까? 신명기서는 하나님의 말씀을 듣고 그 명령을 지켜 행하라고 말합니다. 여기서 하나님의 말씀과 명령이란 십계명과 십계명에 기초한 율법을 의미합니다. 따라서 하나님의 은혜에 상응하는 삶이란 율법을 잘 준행하는 삶입니다. 그러면 이것은 율법주의를 의미합니까? 그렇지 않습니다. 하나님의 은혜에 대한 응답으로서 율법을 잘 지켜 행하는 삶은 율법주의와 구별됩니다. 하나님의 은혜에 대한 응답으로서 율법을 행하는 삶과 율법주의는 어떻게 구별됩니까?

율법주의란 율법적 행위가 구원의 조건이 된다는 주장입니다. 율법주의는 율법적 행위를 통해 자신이 의로움을 입증함으로써 하나님 앞에서 의롭다고 인정받고자 하는 태도를 의미합니다. 율법주의자의 특징은 자신이 의로운 행위를 통해 하나님으로부터 의롭다고 인정받을 수 있을 만큼 의로운 존재라는 자기인식에 있습니다. 한마디로 율법주의자는 자기 의에 사로잡혀 있습니다. 또 율법주의는 겉으로 드러난 행위를 중요시합니다. 내면에는 어떤 악한 동기가 있다고 해도 겉으로 드러난 행동을 통해 율법의 조항들을 잘 준수하면 의롭게 된다고 생각합니다. 예수 당시의 유대교 종교지도자들이 이와 같은 율법주의적인 자기 의와 위선에 빠져 있었습니다. 예수께서는 이들의 율법주의적 자기 의와 위선을 통렬하게 책망하셨습니다.

우리는 우리 자신의 행위가 아니라 전적으로 하나님의 은혜에 의해 믿음으로 말미암아 구원을 받습니다. 그러나 이것은 우리에게 더 이상 율법이 필요 없게 됨을 의미하지는 않습니다. 예수께서는 자신이 율법을 폐하러 온 것이 아니라 완전하게 하러 왔다고 말씀하셨습니다. "내가 율법이나 선지자를 폐하러 온 줄로 생각하지 말라 폐하러 온 것이 아니요 완전하게 하려 함이라 진실로 너희에게 이르노니 천지가 없어지기 전에는 율법의 일점 일획도 결코 없어지지 아니하고 다 이루리라."(마 5:17-18) 칼뱅은 율법이 믿는 자를 위해 필요하다는 사실을 "율법의 제3의 용법"이란 개념으로 표현했습니다.

그러나 하나님의 은혜에 대한 믿음의 응답으로 율법을 준행하는 사람은 율법주의자와 같지 않습니다. 그에게는 자기 의가 없습니다. 그는 자신이 의로운 행위를 통해 하나님으로부터 의롭다고 인정받을 수 있을 만큼 의로운 존재라고 생각하지 않습니다. 그리고 그는 자신이 의로운 행위를 통해 의롭다고 인정을 받는 것에는 관심이 없습니다. 왜냐하면 자신의 허물과 죄에도 불구하고 하나님의 은혜로 이미 의롭다고 인정함을 받았기 때문입니다. 루터의 표현을 빌리면, 우리는 죄인이면서 동시에 의인입니다.

우리 그리스도인이 율법을 행하는 동기는 단 하나입니다. 그것은 우리가 이미 하나님의 은혜를 입었기 때문입니다. 우리 행동의 유일한 동기는 하나님의 은혜에 대한 감사입니다. 우리가 우리에게 100데나리온을 빚진 동료의 빚을 탕감해줄 수 있는 까닭은 우리가 하나님으로부터 1만 달란트보다 더 큰 구원의 은혜를 받았기 때문입니다. 율법을 지키는 우리의 행위가 하나님의 은혜에 감사함으로 응답하는 행위가 아니라 우리 자신의 의를 드러내려는 행위가 될 때, 그리고 내면에서 우러나오는 감사의 마음을 상실하고 겉으로 드러나는 행위에 치중할 때 그 행위는 율법주의적 행위로 전락합니다.

율법주의자의 문제는 그가 자신을 의롭다고 여기며 자기 의를 추구하는 교만한 인간이라는 사실에만 있는 것이 아닙니다. 근본적인 문제는 그가 하나님의 은혜를 망각하고 그 은혜에 대한 감사를 잃어버린 데 있습니다. 하나님의 은혜에 대한 감사의 마음을 잃어버릴 때, 우리는 우리 자신의 의를 드러내고자 하게 됩니다. 이것이 율법주의적 인간의 근본적인 문제입니다. 하나님의 은혜에 대한 감사의 마음을 잃어버리고 자신의 의를 드러내고자 하는 것이 율법주의의 본질이라면, 이러한 율법주의적 인간은 유대교에만 있지 않고 기독교 안에도 있고, 그리고 바로 우리 가운데에도 얼마든지 있을 수 있습니다.

하나님의 은혜를 받은 하나님의 자녀는 은혜의 원리를 따라 살아야 합니다. 은혜의 원리란 무엇입니까? 은혜의 원리란 주인이 종의 빚 1만 달란트를 거저 탕감해준 것처럼 종도 동료의 빚 100데나리온을 거저 탕감해주는 것입니다. 은혜의 원리란 내가 은혜를 입은 것처럼 나도 다른 사람에게 은혜를 베푸는 것입니다. 은혜의 원리란 내가 이웃에게 사랑을 베풀 때 그것을 내 의나 공로로 여기지 않고, 그러한 행동이 하나님의 그 큰 은혜에 만분의 일이라도 보답하기 위한 지극히 당연한 행동이라고 여기는 것입니다.

이 시간 우리는 하나님의 그 크신 은혜를 입었으면서도 이웃에게 은혜를 베풀지 못하는 우리 자신의 모습을 회개하지 않을 수 없습니다. 하나님의 은혜에 대한 감사와 감격을 상실한 채 우리 자신의 의와 세상적인 자기 자랑을 추구하는 우리 자신의 모습을 회개하지 않을 수 없습니다. 참으로 감사한 것은, 우리가 진정으로 회개하고 다시 하나님의 뜻대로 행하기 위해 최선의 노력을 다한다면, 하나님은 우리가 육신의 연약함으로 인해 때때로 실패하고 우리의 열매가 매우 초라할지라도 오히려 우리의 연약함을 불쌍히 여기시고 긍휼과 자비를 베풀어주신다는 사실입니다. 성령께서 우리를 다시 일으켜 주시고, 우리가 더 좋은 열매를 맺을 수 있도록 새로운 힘과 용기를 주십니다. 그러므로 바울은 말합니다. "너희 안에서 착한 일을

시작하신 이가 그리스도 예수의 날까지 이루실 줄을 우리는 확신하노라."(빌 1:6)

성령께서 우리 마음속에 하나님의 은혜에 대한 감사와 감격이 새로워지게 해주시기를 기도합니다. 성령께서 우리 안에 하나님의 크신 은혜에 만분의 일이라도 보답하고자 하는 마음을 새롭게 하시고 또한 능력을 주시기를 기도합니다. 그리하여 하나님으로부터 은혜를 받은 대로 이웃에게 값없이 베풀고 용서하고 나누는 삶을 삶으로써 풍성한 열매를 맺는 우리 모두가 되기를 기도합니다.

윤철호

제16장

예수로 물들다

로마서 13:11-14

[11] 또한 너희가 이 시기를 알거니와 자다가 깰 때가 벌써 되었으니 이는 이제 우리의 구원이
처음 믿을 때보다 가까웠음이라 [12] 밤이 깊고 낮이 가까웠으니 그러므로 우리가 어둠의 일을
벗고 빛의 갑옷을 입자 [13] 낮에와 같이 단정히 행하고 방탕하거나 술 취하지 말며 음란하거
나 호색하지 말며 다투거나 시기하지 말고 [14] 오직 주 예수 그리스도로 옷 입고 정욕을 위하
여 육신의 일을 도모하지 말라

본문 해설: 새 관점

전통적으로 개혁교회는 로마서의 핵심 주제를 이신칭의(Justification by faith, 롬 1:16-17)로 여기며, 로마서를 1-11장(신학, Indicative)과 12-16장(윤리, Imperative)으로 구분하여 읽어왔다. 하지만 톰 라이트는 로마서 주석에서 로마서의 핵심 주제인 이신칭의에는 이미 그 핵심 요소로서 이신교제(Fellowship by faith)가 포함되어 있으며, 그런 의미에서 로마서의 핵심 주제는 단순히 이신칭의가 아니라 메시아 예수를 믿음으로써 의롭게 된 모든 유대인과 이방인이 함께 모여 유일하신 참 하나님께 온전한 예배를 드

리는 것임을 보여주었다. 그리고 이 핵심 주제는 로마서 1-11장의 핵심 주제일 뿐만 아니라 로마서 12-16장의 주요한 실천적인 주제임을 강조한다. 이렇게 우리가 라이트의 주석을 따라가다 보면, 사도 바울이 로마서 1:3-4에서 시작한 메시아 예수의 복음의 메아리가 로마서의 각 장마다 우뚝 솟아오른 다양하고 아름다운 봉우리를 스쳐 지나면서 다양한 화음과 변주로 증폭되어 마침내 15:7-13의 웅장한 전 세계적인 연합찬양대(메시아 예수를 주로 믿는 모든 유대인과 이방인으로 결성된 연합찬양대)의 찬양을 통해 절정에 이르는 것을 보게 된다.

그렇다면 로마서 12:1-15:13은 전통적인 방식으로 단순히 이신칭의 신학에 대한 윤리적 첨언이 될 수 없다. 오히려 로마서 12:1-15:13에서는 로마서 1-11장에서 메아리쳐 울려오던 메시아 예수의 복음이 더욱 집약되고 요약되는 방식으로 삶의 다양한 실천적인 현장에 적용됨으로써 메시아 예수의 복음이 더욱 웅장해지고 명확해지고 절정에 다다르고 있음을 알게 된다.

라이트에 따르면 로마서 12:1-15:13은 거의 동일한 분량의 두 단락, 12:1-13:14(35)와 14:1-15:13(36)으로 구분되는데, 첫 단락은 좀 더 일반적인 사안에 적용되는 복음의 교훈을 제공하고, 두 번째 단락은 좀 더 특정한 사안에 적용되는 복음의 구체적인 교훈을 제시한다. 좀 더 구체적으로 12:1-2(서론), 12:3-13(다양한 은사를 통한 교회 안의 연합), 12:14-21(외부인에 대한 교회의 삶), 13:1-7(권력자들을 향한 책임), 13:8-10(최우선되는 사랑), 13:11-14(동터오는 하나님의 날에 비추어 살기), 14:1-15:13(관습과 민족적 정체성의 장벽을 넘어 생명과 예배의 연합을 이루라는 하나님의 요청)으로 구분된다.

여기서 우리는 위의 본문(롬 13:11-14)이 메시아 예수의 복음이 적용되는 일반적인 삶의 현장(롬 12:1-13:10)과 특수하고 구체적인 삶의 현장(롬 14:1-15:13)을 이어주는 매우 중심적인 자리에 위치하고 있음을 알게 된다. 이것은 사도 바울의 종말론에 대한 이 짧은 진술이 뜬금없이 갑자기 등장한 진술이 아니라(그래서 독립된 진술로 주석할 수 있는 것이 아니라), 12:1-13:10과 14:1-15:13의 모든 교훈과 명령을 떠받들어주는 근본적인 토대와 같은 역할을 하고 있음을 알게 해준다.(이는 우리로 하여금 위의 본문을 롬 12-16장 전체를 어우르는 진술로 주석하도록 한다.) 진실로 메시아 예수의 부활로 인하여 우리 삶에 이미 하나님의 새로운 창조가 시작되었으며, 우리는 현시대에 적합한 방식이 아니라 동터오는 하나님의 새로운 시대에 적합한 방식으로 행동해야만 한다.

라이트에 따르면 바울은 자신의 독자들이 지금이 어느 때인지를 이미 알고 있던 것으로 추정한다.(11절) 바울은 그의 독자들이 날이 완전히 밝기 전에 일어나기를 기대하며 바로 지금이 일어날 때라고 주장한다. 그 이유는 이제 '우리의 구원'이 처음 믿었을 때보다 더 가까웠기 때문이다. 또한 바울은 13:12에서 밤이 거의 끝나가고 동이 터오고 있다고 선언한 후, 이제 밤의 활동을 멈추고 낮에 적합한 '무기들'을 입어야 할 시간이라고 결론짓는다. 그리고 바울은 13:13에서 갈라디아서의 창조주에 반역한 인류의 특징인 '육체의 일'을 염두에 둔다. 방탕한 파티와 거나한 술잔치, 성적인 음란과 방탕함. 이 행위들은 말 그대로 어두워진 밤에 행하는 행위이며, 바울의 비유적인 의미에서는 옛 세대에 속한 행위이다. 이제 바울은 13:14에서 이러한 '육체의 일' 대신 "주 예수 그리스도로 옷 입고, 인간 본성의 타락하고 반역적인 측면에서 비롯된 욕망을 어떻게 충족시킬지에 대해서 생각하지 마라."라고 명령한다.(NIV) 나중에 죽겠지만 다시 부활할 '몸'(body)은 이미 현재에 봉사와 예배를 통해 하나님께 드려져야 하지만(롬 12:2) '육신'(flesh)은 죽을 것이며, '육신'의 '정욕'은 장려되지도 않을뿐더러 용인될 수조차 없다.(롬 7:4-6) 이런 의미에서 '육신'의 유혹에 대한 궁극의 안전장치는 바로 '메시아 예수'로 '옷 입는' 것이다. 특별히 바울은 "주 예수 그리스도로 옷 입으라"라고 말함으로써 예수의 주권에 우리의 이목을 집중시킨다. 이 주권은 악의 세력을 다스리는 주권이기에, 주 예수 그리스도는 12절의 '빛의 무기'가 인격화된 존재라고 할 수 있다. 바울은 세례 때에 이미 '그리스도를 옷 입은' 이들을 향해 말함으로써(갈 3:27) 그들에게 만물의 주님이신 예수의 현존과 능력이 모든 악에 맞서 그들의 방어막이 되도록 호소하라고 촉구한다.

결국 이상과 같은 종말론적인 인식 속에서 오직 주 예수 그리스도로 옷 입겠다는 종말론적인 결단만이 우리 마음에 변화를 일으키며(롬 12:2), 각자 받은 은사로 섬김으로써 공동체의 연합을 이루고(롬 12:3-13), 외인들을 사랑으로 섬기되 원수마저도 축복함으로써 악을 선으로 이기며(롬 12:14-21), 율법의 완성인 완전한 사랑을 실천하고(롬 13:8-10), 그리스도인 공동체 내부의 다양한 형태의 갈등을 극복하고 연합하게 하며(롬 14:1-23), 모든 형태의 관습과 민족적 정체성의 장벽을 뛰어넘어 이방인들을 환대할 수 있게 하여 유일하신 하나님을 향한 전 세계적인 연합찬양대의 감사의 찬양이 울려퍼지게 할 수 있다.(롬 15:1-13)

설교 본문

오늘 본문 말씀은 "또한 너희가 이 시기를 알거니와"라는 문장으로 시작합니다. 여기서 '이 시기'로 번역된 '카이로스'(Καιρός)는 단순한 연대기적인 시간을 의미하지 않습니다. 당시 헬라인들은 '위기 속에 있는 특정한 기회'를 의미하기 위해 이 단어를 사용했고, 유대인들은 '하나님의 약속이 성취되는 결정적인 시간'을 의미하기 위해 이 단어를 사용했습니다. 그러니까 사도 바울은 로마의 성도들에게 "너희는 바로 지금이 하나님의 약속이 성취되고 있는 매우 특별한 순간임을 잘 알고 있다."라고 말하는 것입니다.

그렇다면 로마의 성도들이 잘 알고 있던 바로 그 순간은 과연 어떤 순간일까요? 우리는 이 순간을 살펴보기 위해 우선 로마의 성도들이 살고 있던 로마 세계를 잠시 생각해봐야 합니다. 당시 로마제국은 황제의 주권 아래서 수많은 민족을 강제로 병합하여 역사상 가장 큰 대제국을 건설하고 있었습니다. 한 민족 한 국가가 아니었습니다. 역사상 유례를 찾을 수 없을 정도로, 다양한 인종이 다양한 문화를 지닌 채 로마 황제의 군사력과 법과 통치 아래 강제로 병합되었습니다. 로마 황제의 주권 아래 병합된 전 세계적인 제국은 스스로를 '평화의 화신'(Pax Romana)으로 자칭하며 황제를 주님(Lord)으로 숭배할 것을 강요했습니다. 하지만 황제가 가져온 평화는 참 평화가 아니었습니다. 전쟁과 정복과 폭력과 살인과 강간과 착취와 억압이라는 벽돌들 위에 세워진 거짓 평화였습니다.

그런데 바로 이 거짓 평화 한가운데에 하나님이 약속하신 참 평화의 나라가 세워지고 있었습니다. 메시아 예수의 신실한 삶과 죽음과 부활을 통해, 하나님이 친히 통치하시는 하나님의 나라가 로마제국 한가운데에서 이미 시작된 것입니다. 메시아 예수를 주님(Lord)으로 고백하며, 메시아 예수의 말씀에 순종하며 살아가기 원하는 모든 이들은 인종과 문화와 성별과 신분의 장벽을 뛰어넘어 하나님의 백성으로 연합되었고, 진정한 의미에서 평화로운 전 세계적인 다민족 국가를 형성했던 것입니다. 그리고 무엇보다 메시아 예수의 주권 아래서 정의와 사랑이 통치하는 전 세계적인 참된 평화의 나라가 로마 황제의 주권 아래서 강요된 거짓 평화의 제국을 완전히 전복시키고 있던 것입니다.

그래서 이 시기는 로마의 성도들에게는 실로 엄청난 위기의 순간이 아닐 수 없었습니다. 로마 황제의 거짓 평화를 전복하는 이 행위야말로 황제의 주권에 정면으로 도전하는 일이었기 때문입니다. 또한 이러한 도전은 당연히 순교를 동반한 엄청난 박해를 예고했기 때문입니다. 그런데 동시에 이 시기는 로마의 성도들에게 실로 엄청난 기회의 순간이 아닐 수 없었습니다. 왜냐하면 하나님이 메시아 예수를 통해 자신의 약속을 신실하게 성취하셨다면, 앞으로 남아 있는 종말에 속한 약속, 즉 "옛 창조 세계가 끝장나고 완전히 새로운 창조 세계가 시작되며, 황제의 거짓 평화가 끝장나고 메시아의 참 평화의 시대가 영원히 완성되는" 종말의 약속 또한 곧 성취하실 것이라는 사실이 너무나도 분명했기 때문입니다. 무엇보다 그 종말의 순간에 있을 것으로 기대되던 "죽은 자들의 부활이 메시아 예수의 부활을 통해 선취(先取)되었을 때" 모든 날의 끝이자 영원한 날들의 시작인 바로 그 순간이 이미 우리 삶에서 시작되었다는 사실을 확신할 수 있었기 때문입니다. 그래서 로마 성도들은 "아직은 밤에 속한 옛 창조 세계에 살고 있지만, 이미 먼저 메시아 예수 안에서 환한 대낮에 속한 새로운 창조 세계에서 살아갈 수 있는 위대한 기회"를 볼 수 있었고, 황제의 박해라는 '위기' 한가운데 영원한 삶이라는 위대한 '기회'를 포착할 수 있었습니다.

그렇다면 사랑하는 성도 여러분! 지금 우리가 살아가고 있는 현시대는 어떤 시기입니까? 지금 우리 주변을 돌아보면 사방에서 위기를 알리는 경보음이 켜지고, 암울한 미래를 예측하고 있지는 않습니까? 지구온난화와 환경재난, 전쟁과 전염병, 정치적 불안과 경제적 불평등, 삼중고(고물가, 고금리, 고환율)로 인한 장기적인 경기침체 등 수많은 위험요소가 우리 삶을 위기로 몰아가고 있습니다. 무엇보다 코로나19 이후로 교회를 향한 한국 사회의 적대감과 무신론적 세계관의 위협적인 도전은 성도들의 삶을 이중의 위기로 내몰고 있습니다.

얼마 전 초등학교 교사인 권사님의 경험담을 듣게 되었습니다. 요즘 학교 현장은 교회에 대한 적대감으로 인해 학생이나 교사가 '교회에 다니는 것을 드러내지 못하는 분위기'라고 합니다. 그래서 어느 날 권사님이 반 학생들에게 질문했답니다. "지금 교회에 다니는 친구들 손 한번 들어보세요." 그랬더니 단 두 명의 학생만이 겨우 손을 들었답니다. 곧이어 권사님이 "그럼, 할머니가 교회에 다니는 친구들 한번 손 들어보세요."라고 요청했더니 무려 열 명의 학생이 손을 들었답니다. 그러니까 할머니 세대가 교회 다니는 가정은 열 가정인데, 손주 세대가 교회에 다니는 가정은 단 두 가정뿐이라는 말입니다. 이 이야기는 한국교회의 현주소를 잘 보여주고 있습니다. 할머니는 교회에 잘 다니는데 손주들이 교회에 다니지 않는다면 손주들의 부모들이 교회에 나오지 않는다는 말입니다. 다시 말해 조부모의 신앙이 부모 세대인 3040세대에 전수되지 않아 부모 세대가 교회를 이탈하고, 그 결과 손주 세대인 교회학교 학생들이 교회에서 사라지는 일이 발생하고 있는 것이지요.

이는 다양한 리서치 기관에서 조사한 통계자료에서도 확인됩니다. 목회데이터연구소의 통계자료에 따르면 2023년 하반기 기준 코로나19 이후 장년 성도들의 예배 회복률은 전국 평균 86%인 데 반해 교회학교는 79%에 미치지 못하고 있습니다. 더욱이 이중 3040세대는 절반 이상(50.4%)이 현장예배를 드리지 않고 있으며, 49.7%가 10년 후 자신의 신앙 상태에 대해 "기독교 신앙은 유지하지만, 교회에는 잘 안 나갈 것 같다."라고 대답했답니다. 더욱 충격적인 것은 저명한 미래학자인 최윤식 박사에 따르면 현재 진행 중인 3040세대와 그 자녀 세대의 이탈률을 그대로 적용하면 2050년경에는 한국교회 성도들의 숫자가 402만 4,931명(29.3%의 가나안성도 포함)으로 2015년 대비 절반으로 줄어들고, 2070년경이 되면 186만 5,535명(전체 인구의 6.67%)으로 줄면서 이단에 추월당한다고 합니다. 이에 반해 한국 사회에서 무신론자 비율이 80.14%로 증가하면서 한국 사회가 이단과 무신론자들에게 완전히 점령당한 세계가 될 수도 있다고 말합니다. 정말로 상상하기도 싫은 매우 끔찍한 미래가 아닐 수가 없습니다. 이는 지난 30-40년 동안 우리 문화의 전반에 걸쳐 무신론적 세계관으로 무장된 전사들이 교회와 성도들을 무차별적으로 공격하면서 지금의 3040세대가 소리 소문도 없이 하나둘씩 교회를 이탈하고 있기 때문입니다. 그래서 따지고 보면 현재의 한국교회의 위기는 2,000년 전 로마의 성도들의 맞이한 위기와 별반 다르지 않습니다. 왜냐하면 로마의 황제가 자신의 주권을 주장하며 성도들을 위협하던 위기가 오늘날에는 무신론적·과학적 세계관으로 무장된 무신론자들이 3040세대와 그 자녀 세대를 위협하고 있기 때문입니다.

그렇다면 여러분! 우리도 로마의 성도들처럼 '이런 총체적인 위기 한 가운데서도' 우리를 구원하시고, 치유하시고, 자신의 약속을 성취하시는 하나님의 그 위대한 순간, 즉 위기에 놓인 그 위대한 기회의 순간, 카이로스를 발견할 수 있을까요? 발견할 수 있다면 과연 그 기회는 어떻게 우리 삶에 찾아올 수 있을까요?

첫째로, 사도 바울은 절체절명의 위기의 순간에 위대한 기회를 포착하기 위해선 우리 모두가 참으로 깨어나야 한다고 말합니다. "너희가 이 시기를 알거니와 자다가 깰 때가 벌써 되었으니 이는 이제 우리의 구원이 처음 믿을 때보다 가까웠음이라 밤이 깊고 낮이 가까웠으니." 여기서 사도 바울은 "너희가 이 시기를 알거니와 자다가 깰 때가 되었으니"라고 말하면서, '카이로스'와 '자다가 깰 때'를 동일시합니다. 즉 하나님의 약속이 성취되는 위대한 기회의 순간은 바로 '자다가 깨는 순간'이라는 말입니다. 그리고 이어서 이 순간을 더욱 자세히 설명하는데, 이는 이제 우리의 구원이 가까웠기 때문이고 밤이 깊고 낮이 가까웠기 때문이라는 의미입니다. 그러니까 이것을 정리하면 "낮으로 상징되는 우리의 완전한 구원의 순간이 매우 가까이 왔기 때문에, 지금 이 순간이 바로 자다가 깰 순간이고, 하나님의 약속이 성취되는 기회의 순간, 즉 카이로스"라는 말입니다.

사랑하는 성도 여러분! 하나님이 약속하신 완전한 구원의 순간이 매우 가까이 왔습니다. 옛 세계가 사라지고, 완전히 새로운 세계가 창조되는 위대한 순간이 매우 가까이 왔습니다. 죄와 죽음과 어둠의 시대가 완전히 물러가고, 의와 영원한 생명과 빛으로 충만한 하나님의 나라가 매우 가까이 왔습니다. 다시 말씀드리지만 이 순간은 연대기적인 시간 속에 있지 않습니다. 그러니까 어떤 연속되는 역사적인 사건들의 맨 마지막에 있는 또 하나의 사건으로서 그 순간이 지나면 과거의 순간으로 사라져버리는 허무한 시간이 아닙니다. 독일의 신학자 위르겐 몰트만(Jürgen Moltmann)이 매우 잘 설명했듯이, 이 순간은 모든 시간의 끝이자 영원한 시간의 시작으로서 종말론적인 순간입니다. 완전히 새로운 차원의 순간입니다. 그것도 메시아 예수의 부활로 인해 우리 삶 가운데, 연대기적으로 흘러가는 시간 속에, 그 무상한 시간의 벽을 부수고 들어와 하나님의 새로운 창조의 역사를 시작하는 순간입니다. 그래서 이 순간에 가깝게 서 있기는 2,000년 전 로마의 성도들이나 2023년의 한국교회의 성도들이나 마찬가지일 수밖에 없습니다. 즉 2,000년 전 로마의 성도들에게 역사하신 하나님의 새로운 창조의 그 능력은 2023년의 한국교회 성도들에게도 동일하게 역사하고 있다는 말씀입니다.

그렇기 때문에 우리는 '깨어나야 합니다.' 허무의 잠에서 '깨어나야 합니다.' 교회는 다니고 있지만, 혹은 신앙을 가지고 있다고 생각은 하지만, 실제적으로 하나님의 새로운 창조의 세계를 믿지도 기대하지도 않고, 바로 지금 우리 시대에, 21세기 최첨단 과학적인 세계관에, 대한민국의 정치, 경제, 사회, 문화 모든 영역에서 전적으로 새로운 창조의 능력으로 역사하는 하나님을 믿지도 기대하지도 않고, 세상의 어둠 속에서, 세상의 것들만 바라보고 살아가는 영적인 잠에서 하루속히 '깨어나야 합니다.'

그렇다면 여러분! 우리는 어떻게 깨어날 수 있습니까? 저는 오직 말씀과 기도를 통해서만 깨어날 수 있다고 믿습니다. 지난 수천 년의 교회의 역사를 면밀히 살펴보십시오. 교회가 말씀과 기도에 전념할 때, 교회는 비로소 영적인 어두운 잠에서 깨어나 '놀라운 영적인 대각성'(The Great Awakening)을 경험할 수 있었습니다. 말씀을 읽고 묵상하십시오. 뜨겁게 기도하고 하나님을 찾으십시오. 그러면 반드시 살아 계신 하나님을 경험하게 될 것입니다. 하나님의 위대한 능력을 경험하게 될 것입니다. 하나님이 열어주시는 새로운 가능성과 잠재력이 깨어나고, 산재한 시대적인 문제와 위기를 돌파해 나갈 수 있는 놀라운 지혜와 은사가 임할 것입니다.

요즘 세대를 '종교적이지는 않지만 매우 영적인 세대'라고 부릅니다. 또한 요즘 트렌드를 '하이테크(high-tech) 하이터치(high-touch)'라고 부르기도 합니다. 무신론적 세계관은 한계가 매우 자명합니다. 이는 사람들이 물질만으로는 만족할 수가 없기 때문입니다. 정신적이며 영적인 존재인 인간은 영적인 터치가 필요하기 때문입니다. 한국교회가 말씀과 성령으로 깨어나 이 시대의 이러한 영적인 필요에 응답한다면, 교회를 이탈했던 3040 세대와 그 자녀들이 교회로 돌아올 뿐만 아니라 다음 세대의 놀라운 부흥이 일어나게 될 것입니다. 이를 위해 사도 바울의 권면대로, 말씀과 기도로 영적인 잠에서 깨어나는 성도들이 되시길 주님의 이름으로 축원합니다.

둘째로, 사도 바울은 절체절명의 위기의 순간에 위대한 기회를 포착하기 위해서는 우리 모두가 "주 예수로 온전하게 물들어야 한다."라고 말합니다. "그러므로 우리가 어둠의 일을 벗고 빛의 갑옷을 입자 낮에와 같이 단정히 행하고 방탕하거나 술 취하지 말며 음란하거나 호색하지 말며 다투거나 시기하지 말고 오직 주 예수 그리스도로 옷 입고 정욕을 위하여 육신의 일을 도모하지 말라."

사도 바울은 로마의 성도들에게 "어둠의 일을 벗고, 빛의 갑옷을 입자."라고 권면합니다. 여기서 '갑옷'으로 번역된 '오플라'(ὅπλα)는 본래 '군사적인 장비'를 의미하기 때문에 갑옷뿐만 아니라 '군사적인 행동에 필요한 모든 무기체계들'을 포괄합니다. 그래서 본문의 의미를 좀 더 살려보면 "어둠의 일을 벗고, 빛의 갑옷을 입고 빛의 무기들로 무장하자."가 될 수 있습니다.

그렇다면 왜 사도 바울은 로마의 성도들에게 빛의 갑옷을 입고 빛의 무기들로 무장하라고 권면했습니까? 그것은 이미 말씀드린 대로 로마의 황제를 주로 섬기는 세계관과 전면적으로 전쟁을 치러야 했기 때문입니다. 로마의 황제를 주님으로 섬기지 않고, 오직 예수 그리스도만을 주님으로 섬기는 성도들을 로마의 황제가 두고 볼 이유가 없었습니다. 로마제국 내에서 황제의 삶의 방식을 따르지 않고 예수 그리스도의 삶의 방식을 따르는 성도들을 로마의 충성스러운 시민들이 참아줄 수가 없었습니다. 당연히 대대적인 박해가 일어날 것이고, 삶의 모든 측면에서 전면적인 공격이 진행될 수밖에 없었을 것입니다. 그래서 반드시 종말론적인 순간을 살아가는 성도들은 적의 공격으로부터 자신을 보호할 수 있는 갑옷이 필요했고, 삶의 모든 영역에서 구축된 적의 견고한 진지를 무너뜨리고 하나님의 나라를 건설할 수 있는 강력한 무기들로 무장할 필요가 있었습니다.

이것은 우리 시대에도 마찬가지입니다. 오늘날 신앙인들은 이 시대를 점령한 무신론적 세계관과 전면적으로 전쟁을 치르고 있습니다. 과학의 영역에서, 문화의 영역에서, 정치의 영역에서, 경제의 영역에서, 그야말로 사회의 모든 영역에서 총성 없는 치열한 영적인 전쟁을 벌이고 있습니다. 이러할 때 우리 성도들이 적의 공격으로부터 자신을 보호할 수 있는 빛의 갑옷을 입지 않는다면 위험천만한 상황에 노출될 것이고, 또한 적의 견고한 진지를 무너뜨릴 수 있는 강력한 빛의 무기들로 무장하지 않는다면 아무런 승리를 거둘 수 없는 무익한 삶을 살 수밖에 없을 것입니다. 정말로 그 어느 때보다 우리 성도들은 "빛의 갑옷을 입고, 빛의 무기들로 무장하고 있어야만 합니다."

그렇다면 구체적으로 빛의 갑옷을 입고 빛의 무기들로 무장한다는 말은 무엇입니까? 사도 바울은 이어지는 14절에서 그것은 "오직 주 예수 그리스도로 옷 입는 것"이라고 말합니다. 그리고 갈라디아서 3:27에서는 "누구든지 그리스도와 합하기 위하여 세례를 받은 자는 그리스도로 옷 입었느니라"라고 말하면서, 세례를 받은 성도들이야말로 주 예수 그리스도로 옷을 입은 것이고, 빛의 갑옷을 입고 빛의 무기들로 무장한 것이라고 말합니다. 여기서 '세례'(βαπτίζω)는 물에 깊이 잠기는 것을 의미합니다. 물에 깊이 잠기면 물에 온전히 물들게 됩니다. 이는 빨강색 물에 잠기면 빨갛게

물들고, 초록색 물에 잠기면 초록색으로 물드는 것과 같습니다. 우리가 믿음으로 그리스도와 연합하여 세례를 받았다면 우리는 그리스도의 삶과 존재에 깊이 잠겨서 그리스도의 삶과 존재에 온전히 물들 수밖에 없습니다.

그러므로 사랑하는 성도 여러분, 성령으로 세례를 받으십시오. 날마다 성령으로 충만해지고 또 충만해지십시오. 예수의 영이신 성령으로 충만해지면 우리는 예수와 온전히 연합하게 되고, 그 결과 예수의 삶으로 온전히 물들게 될 것입니다. 예수로 온전히 물들게 되면 예수처럼 말하고 예수처럼 행동하고 예수처럼 사랑하고 예수처럼 섬기는 삶을 살아갈 수 있게 될 것입니다. 그리고 이렇게 예수로 온전히 물든 삶은 기독교 신앙에 매우 적대적인 이 시대 한가운데서 우리의 신앙을 지켜주는 빛의 갑옷이 될 것이며, 또한 하나님을 대적하여 일어난 모든 무신론적 도전을 격파하고 이 땅에 하나님의 나라를 건설할 수 있는 강력한 무기가 될 것입니다.

바라기는 우리 모두 영적으로 깨어나 말씀과 성령으로 충만해지고 예수의 삶으로 온전히 물들어서 우리 삶을 총체적으로 위협하는 위기 앞에서도 불안해하거나 두려워하지 않고, 오히려 하나님의 약속이 성취되는 위대한 기회를 포착할 수 있기를 간절히 바랍니다. 그래서 무엇보다 이 시대의 무신론적 세계관의 위협적인 도전 앞에서 기독교 신앙의 진리를 효과적으로 변증하고, 우리 삶의 모든 영역에서 하나님 나라의 정의의 질서를 회복하고, 생명의 문화를 확장해가는 은혜가 넘치기를 주님의 이름으로 간절히 축원합니다.

김필균

제17장

우리가 소망해야 할 하나님의 나라

로마서 14:17-18

17 하나님의 나라는 먹는 것과 마시는 것이 아니요 오직 성령 안에 있는 의와 평강과 희락이
라 18 이로써 그리스도를 섬기는 자는 하나님을 기쁘시게 하며 사람에게도 칭찬을 받느니라

본문 해설

위 본문은 '일치를 위한 호소'(롬 14:1-15:13)라는 주제로 분류되는 단락에 속해 있다. 이 단락에서 바울은 서로에 대한 이해와 용납을 강조한다. 이러한 바울의 의도는 다음과 같은 진술들로 확인된다. "서로 비판하지 말고"(14:13), "우리가 화평의 일과 서로 덕을 세우는 일을 힘쓰나니"(14:19), "인내와 위로의 하나님이 너희로 그리스도 예수를 본받아 서로 뜻이 같게 하여 주사"(15:5). 이러한 권면은 로마교회 안에 있는 두 종류의 집단을 향한다. 하나는 "믿음이 연약한 자들"이요, 다른 하나는 "믿음이 강한 자들"이다. 이 두 집단을 분리하는 문제는 다음 세 가지일 것으로 추정된다. (1) 음식 섭취의 문제에서 거리낌이 없는 '강한' 자들과 채소만 먹는 '연약한' 자들(롬 14:2), (2) 이날과 저날을 구별하지 않고 동일하게 여기는 '강한' 자들

과 이날과 저날을 구별하여 특정한 날을 낫게 여기는 '연약한' 자들(롬 14:5), (3) 포도주를 마시는 '강한' 자들과 포도주를 마시지 않는 '연약한' 자들(롬 14:21)이다.

위에서 말한 세 가지 내용에 대한 종교적 동기를 확정적으로 말하기 어렵다는 점에서, 로마서 14장에서 언급된 믿음이 강한 자들과 믿음이 약한 자들의 구별이 실제적인 상황을 반영하는 것이 아니라는 견해도 있다. 바울이 자신이 전달하고자 하는 교훈을 위한 이론적인 설정일 뿐이라는 것이다. 그러나 더글라스 무는 로마서 14장의 진술이 실제적인 상황을 반영한다는 입장을 취한다. 고린도전서 8-10장에 언급된 내용과 많은 연결점이 있다는 사실에서 로마교회의 상황을 반영한다고 보기 어렵다는 견해에 대해서도 두 본문 간의 차이가 분명하게 나타난다는 점을 들어 반대 입장을 취한다. 그는 유대인들이 때때로 신들에게 헌주하는 이교도들의 관행으로 포도주가 더럽혀졌을지 모른다는 우려로 금주를 하기도 했고, 1세기 많은 유대인이 안식일이나 종교적 축일만이 아니라 매주 금식하는 날과 기도하는 날을 정해서 지키기도 했다고 말한다.

그렇다면 이 두 집단의 차이는 어디에서 비롯된 것일까? 명확한 설명을 내놓기 어렵기는 하지만 여러 가지 정황을 고려하면서 나름대로 추론되는 바를 제시한다. 더글라스 무는 두 집단의 차이가 모세의 율법에 대한 해석과 적용에서 비롯되었다고 보고, 믿음이 '연약한' 자들은 모세의 율법에 충실하려고 한 '소수파 유대 그리스도인들'이었다고 말한다. 그는 자신이 그렇게 추론하는 이유를 다음 네 가지로 말한다.(1110-11) 첫째, '연약한' 자들과 '강한' 자들 사이의 다툼이 유대인과 이방인의 차이에서 비롯되었다는 풍부한 증거가 있으며, 둘째, 공동체 안의 '연약한' 자들을 이해하고 용납하라는 바울의 호소는 그들이 복음에 반하는 견해를 퍼뜨리고 있지는 않았다는 것을 분명히 하며, 셋째, 바울이 '우상의 제물'을 언급하지 않는 점(참조. 고전 8:1)과 특별한 날들을 지키는 것과 포도주를 마시지 않는 것에 관해 언급하는 점은 로마에서의 다툼이 우상숭배의 상에 오른 음식 문제에 국한될 개연성이 없게 만들며, 넷째, 바울이 '연약한' 자들에게 귀속시킨 관행은 모세의 율법에서 나오는 요건을 지키려는 마음의 결과로 설명될 수 있다는 것이다.

이러한 두 집단의 분석에 대해서 톰 라이트의 입장은 다르다. 그는 "로마교회의 분열에는 유대인과 이방인 사이의 긴장이 분명 존재했지만, 정확히 이 분열이 인종을 따르는 분리선을 따라 생긴 것 같지는 않다."라고 추측한다. 그 이유는 유대 그리스도인 중에도 '강한 자와 약한 자'가 있었고, 이방인 그리스도인 중에도 '강한 자와 약한 자'가 있었기 때문이다. 이러한 사실은 다음과 같은 본문을 관찰함으로써 추론할 수 있다. 로마서 14:1-15:6에서는 "유대인과 이방인" 혹은 "할례자와 무할례자"와 같은 표현이 등장하지 않고 오직 '강한 자와 약한 자'의 구도에서 교회의 갈등이 설명되다가 15:7-13에서야 비로소 "할례자"(롬 15:8)와 "이방인"(롬 10:9)에 대한 언급이 나타난다는 점이다. 따라서 믿음이 "연약한 자들"을 유대 그리스도인들이라는 인종적인 관점에서 파악하기보다는 유대 율법에 대한 해석의 차이에 비롯된 것이라고 보아야 한다는 입장을 피력한다. 결론적으로 믿음이 '연약한 자들'은 '유대인들'이라는 인종적 구분의 관점보다는 '모세의 율법에 충실하고자 했던' 그리스도인들을 가리킨다는 율법 해석적 관점을 반영한다고 말할 수 있다.

여기에서 더 중요한 것은 차이에 대한 규명보다는 두 집단 간의 화평과 용납이다. 바울은 두 집단이 서로 용납하기를 권면한다. "먹는 자는 먹지 않는 자를 업신여기지 말고, 먹지 않는 자는 먹는 자를 비판하지 말라"(롬 15:3)라고 말한다. 왜냐하면 하나님이 그를 받으셨기 때문이다. 먹는 자나 먹지 않는 자나 모두 하나님이 용납하신 사람들이다. 그들을 세우시는 분이 하나님이기 때문에 사람들이 그들을 넘어지게 할 수 없다는 것이다.(롬 15:4) 날을 중히 여기는 자나 중히 여기지 않는 자 모두 주를 위하여 그렇게 행동하고, 먹는 자나 먹지 않는 자도 모두 주를 위하여 그렇게 행동하기 때문에 누구도 비난하거나 업신여겨서는 안 된다는 사실을 힘주어 말한다.(롬 15:6) 따라서 그리스도께서 그를 위해 대신 죽으신 형제를 음식으로 망하게 해서는 안 된다고 말한다.(롬 15:15) 거기에는 형제에 대한 사랑이 없다는 이유에서이다.

이러한 갈등 상황에 대한 진단과 해결방안에 대한 권면에 이어서 바울은 '하나님의 나라'가 어떤 것인지를 말한다. "하나님의 나라는 먹는 것과 마시는 것이 아니요 오직 성령 안에 있는 의와 평강과 희락이라 이로써 그리스도를 섬기는 자는 하나님을 기쁘시게 하며 사람에게도 칭찬을 받느니라."(롬 14:17-18) 이 말은 '하나님 나라'의 '가치'가 무엇이며 우리가 소망해야 할 '하나님 나라'의 '구체적 현실'이 어떠한지를 명확히 보여준다. 이어서 바울은 이러한 하나님 나라의 '가치'를 위해서 자신이 가지고 있는 자유도 기꺼이 포기할 수 있어야 함을 강조한다. 만물이 다 깨끗해서 먹는 것에 거리낌이 없는 사람도 그러한 것에 거리낌을 가지고 있는 형제를 위해서라만 고기도 먹지 않고 포도주도 마시지 않을 수 있어야 한다고 말한다.(롬 15:20-21) 이것이 화평과 덕을 세우는 일이며, 하나님의 사업을 무너지게 하지 않고 '의와 평강과 희락'이 있는 하나님의 나라를 세우는 일이다.

설교 본문

신앙생활을 하면서 분명히 알아야 할 여러 개념이 있습니다. 그중에서도 '하나님의 나라'는 매우 중요합니다. 이 땅의 삶을 위해서도 그리고 죽음 이후의 삶을 위해서도 '하나님의 나라'를 바르게 이해하는 것은 매우 중요합니다. 오늘은 신·구약성서에 있는 '하나님의 나라'와 관련된 본문을 살핌으로써 우리가 소망해야 할 '하나님의 나라'가 무엇인지 알아보도록 하겠습니다.

'하나님의 나라'를 이해할 때 가장 많이 언급되는 개념이 '천국' 또는 '하늘나라'입니다. 이 두 개념은 동의어로 쓰일 수 있는데 한국교회에서는 '하나님의 나라'보다는 '천국'이라는 개념이 더 많이 알려져 있지 않나 생각합니다. 사실 '천국'이라는 개념은 특별히 마태복음에서 자주 쓰이는 전문용어입니다. 두 개념이 동의어로 쓰인 가장 대표적인 예가 마태복음 4:17과 마가복음 1:14-15입니다.

> 마 4:17 이때부터 예수께서 비로소 전파하여 이르시되 회개하라 '천국'이 가까이 왔느니라 하시더라
>
> 막 1:15 이르시되 때가 찼고 '하나님의 나라'가 가까이 왔으니 회개하고 복음을 믿으라 하시더라

두 본문의 비교를 통해서 우리는 '하나님의 나라'와 '천국'이 동의어로 쓰였고, '천국'이 '하나님의 나라'라는 말 대신 사용된 것임을 알 수 있습니다. '천국'이라는 용어는 마태복음에 주로 나타나는 용어인데, 왜 마태는 이 용어를 선호했을까요? 이것은 하나님을 직접 언급하지 않으려는 마태의 의도가 반영된 것이라고 이해합니다. '하나님'을 너무 중요하게 생각하다 보니 하나님의 이름만이 아니라 '하나님'이라는 말조차 쓰는 것을 조심스러워했다는 것입니다. 그래서 하나님이 계신 곳인 '하늘'을 통해 하나님을 표현하려고 했다는 것입니다. 그러므로 '천국'이라는 용어를 통해 깨달아야 할 사실은 '하나님의 나라'가 '하늘'에 있다는 사실이 아니라는 것입니다. 도리어 '하늘'이 '하나님' 대신 사용된 낱말이라는 사실을 통해 '하나님'의 나라가 어떤 나라인가를 보여주고자 한 것이라는 사실입니다.

그렇다면 '하나님의 나라'를 이해할 때 우리가 알아야 할 사실은 무엇일까요?

1. 하나님의 나라는 '하나님의 통치'를 의미합니다

우리가 '하나님의 나라'를 생각할 때 '하늘에 있는 나라'나 '하늘에 있는 처소'라는 이해처럼 '하늘'이라는 물리적인 장소를 먼저 생각하면 곤란하다는 것입니다. '하늘'은 하나님을 대신하는 말이고, 궁극적으로 '하늘'이 가리키는 바는 '하나님'이라는 사실입니다. 그러므로 여기에서 강조되어야 할 것은 '하나님'입니다. 장소가 어디든 상관없이 그것이 누구의 나라인지가 중요하다는 것입니다. 그래서 다음과 같은 말을 할 수 있습니다. 다음 내용에 괄호넣기를 한다면 어떤 말이 들어가야 할까요?

> '하나님의 나라'는 경계가 있는 (　　)나 (　　)가 아니라 하나님이 왕으로 온 세상을 다스리시는 (　　)의 (　　)를 의미한다.

괄호에는 각각 영토, 국가, 하나님, 통치(gevernance)가 들어가야 한다. 하나님의 나라에서 가장 중요한 것은 '하나님'의 다스림, '하나님'의 통치입니다. 물리적인 장소로서의 영토나 국가가 아니라 '하나님'의 통치가 있느냐 없느냐가 '하나님의 나라'를 결정한다는 사실입니다. 구약성서에서 이러한 사실을 잘 알 수 있게 하는 본문이 시편 114:1-2입니다.

> '이스라엘'이 애굽에서 나오며 '야곱'의 집안이 언어가 다른 민족에게서 나올 때에 유다는 여호와의 '성소'가 되고 이스라엘은 그의 '영토'가 되었도다 (시 114:1-2)

이 말씀을 통해 알 수 있는 사실은 이스라엘의 구원 사건은 '통치권의 이동'을 의미한다는 사실입니다. 이스라엘의 구원은 파라오의 지배에서 여호와 하나님의 지배로 바뀌는 것에 진정한 의미가 있습니다. 이스라엘이 애굽에서 나오고 야곱의 집안이 다른 민족에게서 나왔다는 것은 탈출과 해방을 의미합니다. 파라오의 지배권에서 벗어났다는 의미입니다. 그러고 나서 유다와 이스라엘은 여호와의 성소가 되고 그의 영토가 되었다고 말합니다. 유다와 이스라엘이 하나님이 거하시는 거룩한 장소요 하나님이 다스리는 영토가 되었다는 것입니다. 그러므로 '하나님 나라'의 성립 여부는 그 나라의 통치권이 누구에게 있느냐에 달려 있습니다. 하나님의 통치가 이루어지느냐, 그렇지 않느냐에 따라 하나님의 나라가 이루어지는지, 그렇지 않은지가 결정된다는 사실입니다.

이러한 사실은 출애굽기 15:17-18을 통해서도 확인할 수 있습니다. 이것은 홍해에서의 구원 사건을 경험한 다음 모세와 이스라엘 백성이 부른 노래의 마지막 부분입니다.

> 주께서 백성을 인도하사 그들을 주의 기업의 산에 '심으시리이다' 여호와여 이는 주의 처소를 삼으시려고 예비하신 것이라 주여 이것이 주의 손으로 세우신 성소로소이다 여호와께서 영원무궁하도록 '다스리시도다' 하였더라(출 15:17-18)

마지막 구절이 출애굽의 의미를 잘 보여주고 있습니다. 주의 기업의 산에 심긴 나무로서의 이스라엘을 "여호와께서 영원무궁하도록 다스리시도다"라고 노래합니다. 이것은 구원의 백성 이스라엘이 젖과 꿀이 흐르는 가나안 땅에서 사는 삶의 의미가 무엇인지를 보여줍니다. 그것은 구원의 백성으로서 '하나님 나라'의 삶을 산다는 사실입니다.

사도 바울은 이러한 하나님 나라의 삶이 그리스도인의 구원 사건에도 동일하게 적용됨을 알게 합니다.

> 그가 우리를 '흑암'의 '권세'에서 건져내사 그의 사랑의 '아들'의 '나라'로 옮

기셨으니 그 아들 안에서 우리가 속량 곧 죄 사함을 얻었도다(골 1:13-14)

그리스도인들이 경험하는 구원이란 무엇일까요? 그것은 흑암의 권세로부터 벗어나 아들의 나라로 옮겨진 것입니다. 이것은 통치권의 이동을 말합니다. 통치의 주체가 '흑암'에서 '아들'로 바뀐 것입니다. 이것은 그리스도인의 삶이 죄에 종노릇하는 삶이 아니라 그리스도가 우리를 다스리시며 우리 삶의 주인 되는 삶임을 말해주고 있습니다.

2. 하나님의 나라는 지역이나 땅과 같은 물리적 공간보다는 사람을 통해서 그리고 사람 안에서 이루어집니다

시편 114편에 언급된 '유다'와 '이스라엘'은 동의어로서 나라나 영토만을 의미하지 않고 '하나님의 백성'을 의미하기도 합니다. 그러니까 하나님이 거하시고 하나님의 통치가 이루어지는 하나님의 나라는 건물이나 땅만이 아니라 하나님의 백성 안에서 이루어지는 것임을 알 수 있습니다. 하나님의 백성 자신이 하나님 나라의 대상이요, 하나님 나라의 구체적 현실이라는 것입니다.

우리가 국가의 3요소 하면 '영토, 국민, 주권'을 말합니다. 모두가 다 중요하지만, 이 가운데 가장 중요한 것은 사람일 것입니다. 영토와 주권이 있어도 사람이 없으면 아무런 의미가 없기 때문입니다. 마찬가지입니다. 하나님의 나라에서도 다스림의 대상이 되는 '사람'이 없다면 아무런 의미가 없을 것입니다. 그래서 하나님의 나라를 이해할 때 중요한 것이 사람입니다. 하나님의 통치가 실현되는 장소로서의 의미는 어떤 물리적인 공간이나 장소가 아니라 사람에게 있습니다. 그래서 예수도 바리새인들의 질문에 이렇게 답변하셨습니다.

하나님의 나라는 볼 수 있게 임하는 것이 아니요 또 여기 있다 저기 있다고 도 못하리니 하나님의 나라는 '너희' 안에 있느니라(눅 17:20-21)

하나님의 나라가 '너희' 안에 있다는 말이 어떤 의미일까요? 그것은 하나님의 나라가 죽어서만 가는 곳이 아니라는 것입니다. 이 땅에 살면서 이루어야 할 나라인데, 그것이 이루어져야 할 곳 가운데 가장 중요한 곳이 '우리' 자신임을 말해주고 있습니다. 우리 자신이 하나님의 나라가 되어야 한다는 말입니다. 이것은 앞서 말씀드린 통치권의 이동과도 연결됩니다. 흑암의 권세에서 벗어나 사랑하는 아들의 나라로 옮겨진 하나님의 통치가 이루어져야 할 곳은 우선 우리 자신입니다. 그뿐 아니라 '너희'라는 말에는 개인이 아니라 공동체의 의미도 담겨 있습니다. 하나님의 나라가 임하고 이루어져야 할 곳이 '나' 개인만이 아니라 내가 속해 있는 '우리'라는 공동체라는 것입니다.

하나님의 나라가 우리 안에 이루어지기를 소망합니다. 더 나아가 이미 우리 안에 임해 있는 하나님의 나라를 발견할 수 있기를 바랍니다. 하나님의 나라가 우선적으로 이루어지고 임해야 할 곳이 나와 우리임을 깨닫고, 나와 우리 안에 이루어지고 이루어질 하나님의 나라를 소망하며 하나님의 통치가 확인되고 고백되는 '하나님 나라'의 삶을 살아가기를 소망합니다.

3. 이러한 특성을 가진 하나님 나라의 가치가 무엇인지 말해줍니다

오늘 본문 말씀은 하나님 나라의 가치가 무엇인지 말해주고 있습니다. 다시 말하면 하나님 나라의 현실이 어떻게 나타나는지 보여줍니다.

로마서 14장은 믿음이 강한 자와 약한 자에 대해서 말하고 있습니다. 바울은 로마교회에 있는 두 부류의 사람들에 대해서 말합니다. 한 부류는 고기를 먹지 않고 포도주를 마시지 않는 사람들이었고, 다른 부류는 고기를 먹고 포도주를 마시는 사람들이었습니다. 한 부류는 날짜를 중요하게 생각하고 특정한 날짜나 절기에 민감한 사람들이었고, 다른 부류는 어느 특정한 날을 강조하기보다는 모든 날이 소중하다고 생각한 사람들이었습니다. 여러분은 어떤 사람들이 믿음이 강한 자이고, 어떤 사람들이 믿음이 약한 자라고 생각하십니까? 이 질문에 답하기 위해서는 로마교회 당시의 상황을 이해해야 합니다.

로마교회에서 사람들이 어떤 것을 먹고 어떤 것은 먹지 말아야 하느냐 하는 문제가 대두된 것은 당시 시장에서 파는 고기 등의 음식이 이방 제의에 사용되어 부정하게 된 것일 가능성이 많았기 때문입니다. 모세의 정결법을 철저하게 따른다면 이런 것들은 먹어서는 안 되었고, 이런 것들을 먹고 마심으로 자신의 몸을 더럽혀서는 안 되었습니다. 그리고 날짜에 대해서도 매우 민감하게 반응할 수도 있었습니다. 어떤 특정한 절기를 중요시하여 그날을 특별하게 지키기도 하고, 어떤 특정한 날을 금식하거나 기도하는 날로 정해 구별하기도 하였습니다. 바울은 이렇게 행동하는 사람들을 "믿음이 연약한 자들"이라고 말합니다.

그 반대로 만물이 깨끗하기 때문에 무엇이든 먹을 수 있다고 생각하는 사람들이 있었습니다.(참조. 딤전 4:4-5) 이들에게는 포도주를 마시는 것도 문제가 되지 않았습니다. 이 사람들은 날짜에 대한 이해에서도 어떤 특정한 날이 아니라 모든 날이 다 소중하며, 그렇기 때문에 어떤 특정한 날을 중요시하기보다는 모든 날을 중요하게 여겼습니다. 바울은 이런 사람들을 "믿음이 강한 자들"이라고 표현합니다.

그런데 문제는 이 두 부류 사람들이 서로에 대해서 매우 비판적이었다는 데에 있습니다. 서로가 업신여기며 비판하기를 서슴지 않았습니다. 이러한 갈등의 상황을 염두에 두면서 바울은 이렇게 말합니다.

먹는 자는 먹지 않는 자를 업신여기지 말고 먹지 않는 자는 먹는 자를 비판하지 말라 이는 하나님이 그를 받으셨음이라(롬 14:3)

서로를 용납하라고 말합니다. 왜냐하면 이 사람들을 모두 하나님이 받으셨기 때문입니다. 또한 5-6절에서도 비슷한 말을 합니다.

어떤 사람은 이 날을 저 날보다 낫게 여기고 어떤 사람은 모든 날을 같게 여기나니 각각 자기 마음으로 확정할지니라 날을 중히 여기는 자도 주를 위하여 중히 여기고 먹는 자도 주를 위하여 먹으니 이는 하나님께 감사함이요 먹지 않는 자도 주를 위하여 먹지 아니하며 하나님께 감사하느니라(롬 14:5-6)

어떤 날을 중하게 여기는 사람도 주를 위하여 하는 것이고, 먹는 자나 먹지 않는 자가 모두 주를 위하여 하는 것이라고 말합니다. 그러니 서로 싸울 것이 없다는 것입니다. 모두가 주를 위하여 하는 일이기 때문입니다. 만약 서로를 용납하지 못하고 반목하고 싸운다면 그것은 사랑으로 행하지 않기 때문이라고 말합니다. 그리고 음식으로 그리스도께서 대신 죽으신 형제를 망하게 하지 말라고 말합니다.(롬 14:15) 이러한 맥락에서 바울은 오늘 본문 말씀을 하고 있습니다.

하나님의 나라는 먹는 것과 마시는 것이 아니요 오직 성령 안에 있는 '의'와 '평강'과 '희락'이라 이로써 그리스도를 섬기는 자는 하나님을 기쁘시게 하며 사람에게도 칭찬을 받느니라(롬 14:17-18)

'의와 평강과 희락'이 하나님 나라의 구체적 모습이요 하나님 나라의 가치입니다. 먹느냐 먹지 않느냐, 마시느냐 마시지 않느냐보다 더 중요한 것이 있다는 말입니다. 그것은 하나님의 의를 이루고, 하나님이 주시는 평강과 희락을 누릴 수 있어야 한다는 것입니다. 이것을 이루어야 하나님 나라의 삶을 사는 것이고, 의와 평강과 희락을 누릴 수 있어야 하나님의 나라가 임한 것이라고 말할 수 있습니다.

하나님의 '의'는 하나님의 '구원'과 동일시될 수 있는 말입니다.(참조. 롬 1:16-17) 하나님 나라의 삶에는 하나님이 주시는 의가 있어야 하며, 그러한 의를 이루는 삶을 살아야 하나님 나라의 삶을 사는 것임을 일깨워줍니다. 또한 우리 안에 하나님이 허락하신 샬롬과 기쁨이 있어야 하나님의 나라가 이루어진 것이라고 말합니다. 이러한 의와 평강과 희락이 없으면 하나님의 나라가 이루어질 수 없습니다.

우리 안에 하나님이 주시는 의와 평강과 희락이 있습니까? 혹시 먹고 마시는 문제로, 아니 어느 특정한 날을 지키고 안 지키는 문제로 다투거나 갈등하지는 않습니까? 이러한 입장 차이로 공동체에 균열이 없기를 바랍니다. 의와 평강과 희락을 잃어버리는 일이 없기를 바랍니다. 이어서 바울은 다음과 같이 말합니다.

> 그러므로 우리가 '화평'의 일과 서로 '덕'을 세우는 일을 힘쓰나니 음식으로 말미암아 하나님의 사업을 무너지게 하지 말라 만물이 다 깨끗하되 거리낌으로 먹는 사람에게는 악한 것이라 고기도 먹지 아니하고 포도주도 마시지 아니하고 무엇이든지 네 형제로 거리끼게 하는 일을 아니함이 아름다우니라(롬 14:19-21)

바울은 여기에서 화평과 덕을 세울 수 있는 길을 제시합니다. 그것은 믿음이 강한 자가 믿음이 약한 자를 배려하는 것입니다. 만물이 다 깨끗하여 다 먹을 수 있지만, 형제에게 거리낌을 주지 않도록 고기도 먹지 않고 포도주도 마시지 않을 수 있다고 말하고 있습니다. 하나님 나라의 삶을 살기 위해서 무엇이 필요한지를 보여주는 말씀입니다. 믿음이 연약한 형제를 위해서 내가 가지고 있는 '자유'를 포기할 수 있다는 것입니다. 이러한 포기와 배려를 통해 화평과 덕을 세우고 '의'와 '평강'과 '희락'이 있는 하나님의 나라를 이루게 됩니다. 우리 모두에게 이러한 하나님 나라의 '가치'가 실현되고, 그러한 가치를 위해 살아감으로 '하나님의 나라'가 이루어지는 삶을 살아가게 되기를 소망합니다.

하경택

제18장

복음의 삼자 관계

로마서 15:5-7, 14-16, 22-29

5 이제 인내와 위로의 하나님이 너희로 그리스도 예수를 본받아 서로 뜻이 같게 하여 주사
6 한마음과 한 입으로 하나님 곧 우리 주 예수 그리스도의 아버지께 영광을 돌리게 하려 하
노라 7 그러므로 그리스도께서 우리를 받아 하나님께 영광을 돌리심과 같이 너희도 서로
받으라 … 14 내 형제들아 너희가 스스로 선함이 가득하고 모든 지식이 차서 능히 서로 권
하는 자임을 나도 확신하노라 15 그러나 내가 너희로 다시 생각나게 하려고 하나님께서 내
게 주신 은혜로 말미암아 더욱 담대히 대략 너희에게 썼노니 16 이 은혜는 곧 나로 이방인
을 위하여 그리스도 예수의 일꾼이 되어 하나님의 복음의 제사장 직분을 하게 하사 이방인
을 제물로 드리는 것이 성령 안에서 거룩하게 되어 받으실 만하게 하려 하심이라 … 22 그
러므로 또한 내가 너희에게 가려 하던 것이 여러 번 막혔더니 23 이제는 이 지방에 일할 곳
이 없고 또 여러 해 전부터 언제든지 서바나로 갈 때에 너희에게 가기를 바라고 있었으니
24 이는 지나가는 길에 너희를 보고 먼저 너희와 사귐으로 얼마간 기쁨을 가진 후에 너희
가 그리로 보내주기를 바람이라 25 그러나 이제는 내가 성도를 섬기는 일로 예루살렘에 가
노니 26 이는 마게도냐와 아가야 사람들이 예루살렘 성도 중 가난한 자들을 위하여 기쁘게
얼마를 연보하였음이라 27 저희가 기뻐서 하였거니와 또한 저희는 그들에게 빚진 자니 만
일 이방인들이 그들의 영적인 것을 나눠 가졌으면 육적인 것으로 그들을 섬기는 것이 마땅
하니라 28 그러므로 내가 이 일을 마치고 이 열매를 그들에게 확증한 후에 너희에게 들렀

다가 서바나로 가리라 29 내가 너희에게 나아갈 때에 그리스도의 충만한 복을 가지고 갈 줄을 아노라

본문 해설

당시 로마교회의 그리스도인들은 어려운 문제를 직면하고 있었다. 왜냐하면 로마교회에서 우위를 점하고 있던 이방인 출신의 그리스도인들과 열세이던 유대인 출신의 그리스도인들이 갈등을 극복하고 복음 안에서 하나가 되어야 했기 때문이다. 그래서 바울은 먼저 재정적 어려움을 겪고 있던 예루살렘교회를 돕기 위해 이방인 교회들로부터 헌금을 걷어 선물을 준비한다.

그런데 1세기의 고대 근동 지역에서 선물이란 특정 관계를 형성하기 위해서 대단히 합리적으로 주고받는 것이었다. 즉 고대인들은 상호 간의 유익을 주고받는 분명한 의도와 목적을 가지고 선물을 활용했던 것이다. 만일 A라는 사람이 B에게 선물을 했다면 B는 그 선물에 상응하는 보답을 해야 했다.

그와 같은 문화적 배경을 토대로 바울은 이방교회에서 걷는 헌금이라는 선물을 예루살렘교회에 전달함으로 두 교회가 화목하게 되기를 바랐다. 더 나아가 바울은 예루살렘교회와 이방인 교회들의 연합 소식을 가지고, 로마교회에 가서 그곳의 유대인 그리스도인들과 이방인 그리스도인들이 복음 안에서 하나 되도록 하려는 소망을 가졌다. 그렇게 유대인들 교회와 이방인들 교회를 하나 되게 하는 지향성을 갖도록 하는 매개가 바로 헌금이라는 선물이었다.

사실 로마서 전체를 관통하는 주제를 선물이라고 할 수 있다. 로마서는 우리 모든 그리스도인이 하나님으로부터 예수 그리스도라는 놀라운 선

물을 받았다고 증거한다. 그런데 우리는 하나님의 아들을 선물로 받을 만한 사람들이 못 된다. 1세기의 관점에서 보면 대단히 잘못 한 선물이다. 왜냐하면 우리는 그 선물을 받은 것에 보답할 길이 없기 때문이다. 이처럼 선물과 선물을 받을 만한 사람의 턱없는 격차를 존 바클레이는 '은혜의 비상응성'이라고 했다. 선물을 받을 만한 사람에게 선물을 주어야 마땅한데 선물을 받을 만하지 못한 사람에게 엄청난 선물이 주어진 것이다. 그런데 그렇게 하나님의 사랑의 빚을 지고 하나님과 이웃을 사랑하고자 하는 지향성을 갖고 살아가는 것이 바로 우리 그리스도인들의 정체성이다.

우리는 로마서 15장에서 바울이 하나님, 예루살렘교회, 이방인 교회를 복음의 삼자관계로 설정하고 헌금이라는 선물을 통해 예루살렘교회와 이방인 교회의 하나 됨을 엮어내고 있는 것을 볼 수 있다. 현대를 살아가는 우리 그리스도인들 역시 하나님과 교회, 세상이라는 삼자 관계를 맺고 있다. 하나님께 복음이라는 선물을 받은 우리는 그 감사한 마음을 하나님께 그리고 세상에 어떻게 전할 수 있을까?

설교 본문

1. 지향성

세상에 존재하는 모든 생명체는 하나같이 지향성을 가지고 있습니다. 그래서 새들은 공중으로 날아오르려고 하고, 식물은 꽃을 피우려고 합니다. 마르틴 루터는 우리 영혼에 지향성이 있는데 타락한 우리의 영혼은 하나님이 기뻐하시지 않는 것을 향해 구부러져 있다고 했습니다. 우리 그리스도인들은 하나님께 예배를 드리며 은혜를 받을 때마다 영혼의 지향성을 다시금 하나님께로 향하게 됩니다.

로마서 15장은 사도 바울이 로마에 있는 그리스도인들에게 쓴 편지를 마무리하는 대목입니다. 그런데 바울은 편지를 그냥 마치지 않고 로마의 그리스도인들에게 지향성을 만들어주고 있습니다. 한번 생각해보십시오. 지금 사도 바울은 16장에 달하는 편지로 수많은 권면과 책망과 경고를 하지 않았습니까? 우리가 누군가에게 권면을 많이 받는다면, 내가 잘했다는 느낌보다는 내가 뭘 잘못했나 하는 생각이 들게 마련입니다. 그래서 바울은 다음과 같은 말로 격려하고 있습니다. 15:14 말씀을 표준새번역으로 읽어드리겠습니다. "나의 형제자매 여러분, 나는, 여러분 마음에 선함이 가득하고, 온갖 지식이 넘쳐서, 서로 권면할 능력이 있음을 확신합니다."

로마서는 사도 바울의 서신 중 가장 신학적이고 체계적인 글입니다. 이 로마서만 있어도 예수를 구주로 영접하는 데 아무런 지장이 없다고 할 정도의 훌륭한 교리서인데 이 편지의 마지막 부분에서 그는 "너희가 너무나 부족하고 모르는 게 많기 때문에 내가 이렇게 자세하게 썼다."가 아니라 "여러분은 약한 자에게 상처 주지 않는 선함이 가득하고, 연약한 자들의 믿음을 붙잡아줄 수 있는 능력이 있는 분들입니다."라고 칭찬하고 있습니다. 그러면 이 편지를 읽은 로마의 그리스도인들이 어떻게 하고 싶었겠습니까? '아, 바울의 말처럼 우리가 정말 그렇게 해야겠다.' 하는 지향성을 갖게 되지 않았을까요?

2. 헌금: 화목케 하는 선물

놀라운 것은 바울이 단지 로마에 있는 그리스도인들 간의 관계만 격려하는 것이 아니라 그 범위를 확장시켰다는 데 있습니다. 바울이 로마서를 집필한 목적은 그가 스페인으로 선교여행을 가는 데 로마교회의 지원이 필요했기 때문입니다. 그런데 로마교회는 유대인 출신의 그리스도인과 이방인 출신의 그리스도인으로 나누어져 갈등하고 있는 상황이었습니다. 이 양쪽 진영을 화해시켜야 그들이 바울의 선교를 도울 수 있기 때문에 로마서를 보내어 "여러분이 복음을 들었다면 그에 합당한 평화의 관계를 맺어야 하지 않겠습니까?"라고 권면한 것이 바로 로마서입니다.

그러나 그 이전의 로마교회뿐만 아니라 본부라고 할 수 있는 예루살렘교회와 그 밖의 이방인 출신의 교회들은 정작 하나 되고 있지 못한 상황이었습니다. 예루살렘교회는 유대인 출신의 그리스도인들이 만든 교회입니다. 그런데 유대인들은 이방인들에게 우월감을 갖는 경향이 있었고, 이방인들은 그런 유대인들을 못마땅하게 여겼습니다.

그러면 사도 바울은 이 두 부류의 교회들이 서로 '화목한 관계'의 지향성을 갖도록 하기 위해서 어떻게 했을까요? 마침 예루살렘교회는 재정적으로 어려움을 겪고 있었습니다. 그래서 바울은 선교 여행을 다니며 "우리의 형제 예루살렘교회가 재정적으로 어려우니 우리가 힘을 모아 도와주면 어떨까요?"라고 권면하며 이방인 교회들에게 헌금을 걷었습니다. 그리고 예루살렘교회에 헌금을 전해주려고 했던 것입니다. 그러면 그 헌금을 전해 받은 예루살렘교회 성도들은 어떤 지향성을 갖게 될까요? 바울은 예루살렘교회의 유대인들이 이방인 교회들에게 고마운 마음을 갖고, 그 결과 이 두 교회가 하나가 되기를 바랐습니다. 그리고 바울은 예루살렘교회와 이방인 교회들의 연합 소식을 가지고 로마교회에 가서 지금 본부인 예루살렘의 유대인들과 이방인들이 화평케 되었노라고 더욱 설득력 있게 로마교회를 하나 되게 하려는 소망을 갖고 있었습니다. 그렇게 유대인들 교회와 이방인들 교회를 하나 되게 하는 지향성을 갖도록 하는 매개가 바로 헌금이라는 선물이었습니다.

3. 선물의 신학

여러분은 누군가에게 선물을 하거나, 선물을 받아보신 일이 있습니까? 아마 앞으로도 우리가 살아가는 내내 선물을 주고받는 일은 계속 있을 겁니다. 생일 선물, 입학, 졸업 선물, 결혼기념일 선물, 명절 선물, 스승의 날 선물, 크리스마스 선물 등 우리는 1년 내내 선물을 주고받습니다. 그런데 이 선물이라는 것은 관계를 형성하고 돈독히 하는 데 대단히 중요한 역할을 합니다.

우리는 선물에 대해 아무 계산 없이 순전히 상대방에 대한 호의로 주고받는 것이라는 통념을 가지고 있는데요, 1세기 고대 근동 지역에서는 관계를 형성하는 데 분명한 목적과 의도를 가지고 선물을 주고받았습니다. 가령 내가 누군가에게 선물을 한다는 것은 반드시 상대방의 반응과 응답을 요구하면서 관계를 형성하기 위한 목적이 있었습니다. 어떻게 보면 오늘날의 뇌물과도 같은 개념입니다. 그러나 뇌물이 부당하게 주고받는 것이라면, 1세기의 선물이란 특정 관계를 형성하기 위해서 대단히 합리적으로 주고받는 것이었습니다. 예를 들어 김 집사님이 박 권사님에게 선물을 했다면 박 권사님은 반드시 김 집사님에게 보답을 해야 했습니다. 그리고 박 권사님이 김 집사님에게 보답을 했다면 그것은 집사님이 권사님으로 인해 명예를 얻든가, 아니면 적어도 선물로 인한 유익이 있어야 했습니다.

사도 바울 당시에는 이렇게 선물로 서로에게 유익을 주는 관계 형성을 대단히 중요한 매개로 여겼습니다. 그래서 만일 A라는 사람이 B에게 선물을 했는데 B가 그 선물에 상응하는 보답을 할 수 없다면 그런 선물은 아주 잘못된 선물로 간주되었습니다. 이 부분이 오늘날과 대단히 다른 점인데요, 저는 1세기의 선물 개념이 아직은 현대에도 남아 있다고 생각합니다. 오늘날에도 결혼예식 때 축의금을 받지 않습니까? 만일 내가 친구의 자녀가 결혼할 때 축의금을 냈다면, 나의 자녀들이 결혼할 때 그 친구가 축하하러 와서 축의금을 내주길 바랍니다. 안 그랬다가는 아주 예의에 어긋나는 경우로 생각합니다.

'선물'은 로마서 전체를 관통하는 주제라고 할 수 있습니다. 로마서는 우리 모든 그리스도인이 하나님으로부터 예수 그리스도라는 놀라운 선물을 받았다고 말씀합니다. 그런데 우리는 하나님의 아들을 선물로 받을 만한 사람들이 되지 못합니다. 1세기의 관점에서 보면 이것은 아주 잘못 한 선물인 셈입니다. 왜냐하면 우리는 받은 그 선물에 보답할 길이 없기 때문입니다. 이처럼 선물과 선물을 받을 만한 사람의 턱없는 격차를 존 바클레이는 '은혜의 비상응성'이라고 했습니다. 선물을 받을 만한 사람에게 선물을 주어야 마땅한데 선물을 받을 만하지 못한 사람에게 엄청난 선물이 주어진 것입니다. 그런데 그것이 바로 우리 그리스도인의 정체성입니다.

그래서일까요, 우리는 은혜를 받으면 하나님께 '죄송함'과 '감사함'이라는 두 가지 정서를 갖게 됩니다. 그런데 인간의 죄 된 성향은 '감사함'보다는 '죄송함'을 더 많이 취하는 것 같습니다. 그렇게 죄송한 마음을 지나치게 키워가다 보면 그것은 '하나님 사랑'이 아닌 '나 자신을 사랑함'이 되고, 더 나아가 자신의 '의'가 될 수도 있습니다. 하나님께 죄송한 마음은 죄를 미워하는 지점까지는 유익하지만 스스로 위축되고, 자신을 포기하며, 더 나아가 사명을 감당할 수 없게 만들고 맙니다. 그래서 악한 영들은 은혜를 받는 중에도 우리의 회개를 정죄감과 자책감으로 왜곡시키곤 합니다.

그러면 하나님은 우리가 어떻게 하기를 원하실까요? 은혜를 받을수록 죄송해하며 뒤로 물러가 위축되기를 원하실까요? 아니면 감사함을 더 크게 가지고, 부족함에도 불구하고 우리 자신을 하나님께 더욱 봉헌하는 것을 원하실까요? 틀림없이 후자일 겁니다.

따라서 우리 그리스도인들의 삶이란, 하나님의 아들을 통해 구원을 선물 받은 만큼 감사함으로 그 선물에 합당한 삶을 살아가는 것입니다. 우리가 하나님의 말씀에 순종하는 것은 하기 싫은 것을 억지로 하는 의무가 아니라 하나님의 아들을 선물받은 사람으로서 감사한 마음으로 기꺼이 응답하는 것입니다. 그래서 사도 바울이 적은 오늘 본문에서 은혜에 대한 죄송함은 볼 수 없고 감사의 지향성만이 가득합니다.

필자가 시무하는 교회에 믿음 좋은 성도님 한 분이 이름은 밝히지 않고 교회 이름으로 때마다 도봉구 일대 관공서에 선물을 돌린 일이 있습니다. 여름이면 경찰서와 소방서에 수박을, 추석 때면 과일을 선물했습니다. 이 성도님이 관공서에 선물을 돌리신 이유가 있었습니다. 하나님이 이 성도님께 '어떤 선물'을 주셨고, 그는 하나님께 받은 선물로 인해 그 감사한 마음을 이웃 섬기는 것으로 표현했던 것입니다. 그러자 선물을 받은 관공서의 직원들이 교회에 감사 인사를 전해오셨습니다. 하나님의 선물로 인해 한 성도님에게 감사의 지향이 생겨났고 그것을 표현한 결과 하나님의 나라가 확장된 것입니다.

오늘 본문을 자세히 보면, 사도 바울은 단순히 이방 교회들이 거둔 헌금을 예루살렘교회에 전달해주는 데 그치지 않았습니다. 더 나아가 하나님, 예루살렘교회, 이방인 교회 삼자관계로 설정하고 있습니다. 먼저는 하나님이 복음이라는 선물을 유대인들에게 주셨습니다. 사도 바울 역시 유대인으로서 복음을 전해 들은 사람입니다. 그다음으로 유대인들이 그 복음을 이방인들에게 전했습니다. 이방인들은 복음을 전해 듣고 감사해서 하나님께 예물을 드립니다. 그 예물은 하나님께 드려지는 데 그치지 않고 예루살렘의 가난한 성도들에게 전해집니다. 사도 바울은 이렇게 은혜의 삼자관계를 설정하고, 복음이라는 선물로 하나님 안에서 예루살렘교회와 이방인 교회의 하나 됨을 엮어내고 있습니다. 이처럼 로마서 15장은 하나님 나라의 원리에 대해 말씀하고 있습니다.

4. 하나님 나라: 복음의 삼각 지대의 확장

여러분, 여러분의 삶은 어떻게 구축되어 있습니까? 하나님께 은혜를 받은 다음 감사한 마음으로 성도들과 교제하며 이웃들에게 사랑을 나누고 베풀고 계신가요? 아니면 하나님께 은혜를 받았음에도 불구하고 별다른 섬김이나 나눔의 모습을 보이지 않고 계신가요? 하나님 나라를 산다는 것은 사랑의 빚을 지고 사는 것을 의미합니다. 하나님과 이웃과 나, 복음의 삼자관계를 살아가면서 하나님께 받은 은혜를 이웃에게 나누고, 그 이웃은 교회와 하나님께 감사하고, 감사로 영화롭게 되신 하나님은 또다시 우리에게 은혜를 베푸시는 그 역동성을 살아간다면 우리의 일상은 진정 하나님의 나라가 될 것입니다.

로마서 13:8은 말합니다. "피차 사랑의 빚 외에는 아무에게든지 아무 빚도 지지 말라 남을 사랑하는 자는 율법을 다 이루었느니라."

성도 여러분, 우리의 영혼은 무엇을 지향하고 있습니까? 하나님이 주신 선물을 하나하나 헤아려보시기 바랍니다. 그리고 그에 대한 감사의 지향성을 회복하고, 하나님의 사랑에 반응하고 응답하며 누군가에게 하나님의 선물이 되어보십시다. 이 복음의 '삼각형'이 깨졌기 때문에 우리가 지금 행복하지 않은 것은 아닐까요? 다시금 이 복음의 삼자관계를 회복하고, 하나님의 선물에 감사하며, 우리 삶이 다시 누군가에게 선물이 된다면 그 복음의 삼각지대가 우리 삶이 되어 하나님의 나라를 살게 될 것입니다.

정재상

제19장

문안하라

로마서 16:1-27

1 내가 겐그레아 교회의 일꾼으로 있는 우리 자매 뵈뵈를 너희에게 추천하노니 2 너희는 주
안에서 성도들의 합당한 예절로 그를 영접하고 무엇이든지 그에게 소용되는 바를 도와 줄지
니 이는 그가 여러 사람과 나의 보호자가 되었음이라 3 너희는 그리스도 예수 안에서 나의
동역자들인 브리스가와 아굴라에게 문안하라 4 그들은 내 목숨을 위하여 자기들의 목까지도
내놓았나니 나뿐 아니라 이방인의 모든 교회도 그들에게 감사하느니라 5 또 저의 집에 있는
교회에도 문안하라 내가 사랑하는 에배네도에게 문안하라 그는 아시아에서 그리스도께 처
음 맺은 열매니라 6 너희를 위하여 많이 수고한 마리아에게 문안하라 7 내 친척이요 나와 함
께 갇혔던 안드로니고와 유니아에게 문안하라 그들은 사도들에게 존중히 여겨지고 또한 나
보다 먼저 그리스도 안에 있는 자라 8 또 주 안에서 내 사랑하는 암블리아에게 문안하라 9 그
리스도 안에서 우리의 동역자인 우르바노와 나의 사랑하는 스다구에게 문안하라 10 그리스
도 안에서 인정함을 받은 아벨레에게 문안하라 아리스도불로의 권속에게 문안하라 11 내 친
척 헤로디온에게 문안하라 나깃수의 가족 중 주 안에 있는 자들에게 문안하라 12 주 안에서
수고한 드루배나와 드루보사에게 문안하라 주 안에서 많이 수고하고 사랑하는 버시에게 문
안하라 13 주 안에서 택하심을 입은 루포와 그의 어머니에게 문안하라 그의 어머니는 곧 내
어머니니라 14 아순그리도와 블레곤과 허메와 바드로바와 허마와 및 그들과 함께 있는 형제
들에게 문안하라 15 빌롤로고와 율리아와 또 네레오와 그의 자매와 올름바와 그들과 함께 있

는 모든 성도에게 문안하라 [16]너희가 거룩하게 입맞춤으로 서로 문안하라 그리스도의 모든
교회가 다 너희에게 문안하느니라 [17]형제들아 내가 너희를 권하노니 너희가 배운 교훈을 거
슬러 분쟁을 일으키거나 거치게 하는 자들을 살피고 그들에게서 떠나라 [18]이같은 자들은 우
리 주 그리스도를 섬기지 아니하고 다만 자기들의 배만 섬기나니 교활한 말과 아첨하는 말
로 순진한 자들의 마음을 미혹하느니라 [19]너희의 순종함이 모든 사람에게 들리는지라 그러
므로 내가 너희로 말미암아 기뻐하노니 너희가 선한 데 지혜롭고 악한 데 미련하기를 원하
노라 [20]평강의 하나님께서 속히 사탄을 너희 발 아래에서 상하게 하시리라 우리 주 예수의
은혜가 너희에게 있을지어다 [21]나의 동역자 디모데와 나의 친척 누기오와 야손과 소시바더
가 너희에게 문안하느니라 [22]이 편지를 기록하는 나 더디오도 주 안에서 너희에게 문안하노
라 [23]나와 온 교회를 돌보아 주는 가이오도 너희에게 문안하고 이 성의 재무관 에라스도와
형제 구아도도 너희에게 문안하느니라 [24](없음) [25]나의 복음과 예수 그리스도를 전파함은
영세 전부터 감추어졌다가 [26]이제는 나타내신 바 되었으며 영원하신 하나님의 명을 따라 선
지자들의 글로 말미암아 모든 민족이 믿어 순종하게 하시려고 알게 하신 바 그 신비의 계시
를 따라 된 것이니 이 복음으로 너희를 능히 견고하게 하실 [27]지혜로우신 하나님께 예수 그
리스도로 말미암아 영광이 세세무궁하도록 있을지어다 아멘

본문 해설

다른 편지들에 비해 로마서에는 특별히 더 많은 개인적 인사가 기록되어 있다. 바울은 무슨 이유로 그 많은 사람을 언급했을까? 바울은 아마도 그가 알고 있던 가정교회 모두를 간절히 언급하려고 했을 것이다. 뵈뵈(롬 16:1-2)는 자유로운 여행이 가능한 여성 사업가였을 것이다. 그녀는 지도자의 위치에 있었고, 바울도 그녀를 존경했고 또한 로마교회도 그렇게 하기를 기대했다. 바울은 그녀가 그 자신을 포함한 많은 사람의 '후원자'가 되어주었다는 사실을 언급하며 추천의 말을 덧붙인다. 브리스가와 아굴라

(롬 16:3-5)는 바울의 가까운 친구들이었고, 모두 천막을 제작했다. 이제 그들은 클라디우스의 칙령으로 떠나야 했던 로마로 되돌아가려 한다. 바울은 그들의 집을 '가정교회들' 가운데 처음으로 언급한다.

그 뒤로 이어지는 이름들은 교회의 인종 구성을 반영할 가능성이 높은 것으로 알려져 있다. 브리스가와 아굴라는 안드로니고, 유니아, 헤로디온과 함께 유대인이었을 것이다. 마리아도 그러하다. 안드로니고와 유니아(롬 16:7)는 바울의 친척으로 그와 함께 감옥에 갇혔던 이들이다. 그들은 바울보다 먼저 '그리스도 안에' 있는 자들로서 소아시아로 혹은 동부 지중해 훨씬 너머로 복음이 들어오기 전에 이미 그리스도인이었음을 가리킨다. 그들은 '사도들 가운데 주목할 만한' 이들로 소개된다. 그 둘 모두 부활의 증인이라는 의미일 것이다.

암블리아, 우르바노, 스다구, 아벨레에 대한 인사(롬 16:8-10)는 간단하다. 아리스도불로의 가족 혹은 가정은 아마도 또 하나의 가정교회였을 것이다.(롬 16:10) 이 말에 함축된 의미는 아리스도불로가 그 가정교회의 일원이라는 것이 아니라 아마도 한 무리의 신자들이 그의 가정 내부에서 성장해간 것으로 보인다. 드로배나와 드루보사(롬 16:12)는 버시(16:12)와 함께 여성이다. 루포(16:13)는 흔한 이름이지만, 구레네 시몬(막 15:21)의 아들이었을 것이다.

바울은 또 다른 다섯 명과 "그들과 함께 있는 가족"에게 문안하는데(14절) 아마도 또 다른 가정교회였을 것이다. 또한 두 명의 남성과 한 쌍의 여성을 포함하여 다섯 명에게 문안한다.(롬 16:15) 올름바와 함께 그들은 또 다른 가정교회가 모이는 가정이었다. 16절은 서로 이미 일반화되어 있던 인사, 즉 '평화의 입맞춤' 혹은 '거룩한 입맞춤'으로 문안하라고 명령한다. 그리스도인의 교제는 반드시 실제로 구현되어야 한다. '메시아의 모든 교회'가 전하는 전체적인 인사로 이 목록은 마무리된다.(롬 16:16)

우리는 이 목록으로부터, 그리고 그 내용으로부터 교회 전체의 규모를 추측할 수 있다. 로마교회의 전체 인원은 대략 30명과 100명 사이일 것이다. 구성원 중 다수는 로마 토박이가 아니어서 특정 지역 안의 이주민 공동체에서 살았을 가능성이 매우 높다. 또 이 교회 안에서는 남자와 여자가 동등하게 지도자 역할을 감당했다. 또 이 교회에서는 가정들이 예배 공동체의 기초를 형성했다. 다시 말해서 엄청난 잠재력과 거대한 위험성을 동시에 가진 공동체, 생명력이 넘치면서도 연약한 공동체의 모습을 우리는 발견한다.

바울은 기본적인 기독교의 가르침에 위배되는 사람들을 경계하라고 경고한다. 그들은 '우리 주 메시아'를 섬기지 않고 '그들 자신의 배'를 섬길 뿐이다. 이 말은 당시 강한 비판을 담은 언어였고, 신앙을 부인하거나 거부한다는 의미로 쓰였다. 그리고 바울은 일련의 사고를 축복으로 마무리한다. 하나님이 예수 그리스도 안에서 아담의 죄와 그 죄에 수반된 결과에 승리를 거두셨다는 이전 설명 때문에, 여기서 바울은 창세기에 약속된 그 승리가 그들의 것이 될 것이며, 그 승리가 곧 올 것이라고 약속한다. "우리 주 예수의 은혜가 너희에게 있을지어다"라는 인사는 마무리 송영과 마찬가지로 필사자들의 전승을 보면 위치가 앞뒤로 왔다 갔다 한다.

로마서를 기본적으로 이신칭의에 관한 주장으로 이해하는 사람들은 그 주제를 언급하지 않는 요약문과 송영(롬 16:25-27) 앞에서 주저하는 모습을 보인다. 바울은 보통 이와 같은 형식으로 송영을 표현하지 않는다. 하지만 그렇다고 이것이 바울의 저작이 아니라고 볼 수는 없다. 바울은 분명히 예수 중심적인 유일신론자(롬 10:9-13)이다. 따라서 이 송영은 바울에게 어울린다. 이 송영의 틀을 잡는 것은 처음의 다섯 단어와 마지막 일곱 단어이다. 하나님의 '능력'은 이 편지에서 중요한 주제이고, 바울은 로마의 그리스도인들을 방문할 때 그 목적은 영적인 선물을 나눠주어 그들을 강건하게 하는 데 있다고 선언했다.(롬 1:11) 바울은 자신이 선포하는 하나님이 '나의' 복음 전파를 통해서 이 일을 능히 하실 수 있다고 확신하며 로마로 향한 것이다. 이 복음의 핵심에 자리 잡고 있는 것은 메시아 예수에 관한 선포이다.

이 복음 선포는 왕 예수에 관한 소식으로, 하나님의 오랜 비밀이 그 베일을 벗는 것이다. 바울은 그의 저작에서 하나님의 신비가 계시되었다는 사실을 주요 주제로 상정했으며, 로마서에서도 동일한 내용을 기록했다. 감추어진 하나님의 계획인 이 신비가 이제 그 베일을 벗었고, 선지자들의 글을 통해서 모든 민족에게 알려졌다. 그 계시는 영원하신 하나님의 명령을 따라 발생했다. 바울이 처음부터 말했듯이 그 계시의 목적은 믿음의 순종을 불러일으키는 것이다.

이 모든 내용은 궁극적으로 예수 그리스도에 관한 복음 선포의 중요성을 설명하기 위함이다. 이 복음은 모든 사람이 예수 안에서 영원하신 하나님의 영원한 계획이 드러남을 보게 하며, 또한 감사와 순종으로 표현되는 충성심과 신뢰로 화답하게 한다. 그리고 하나님은 바로 이 복음으로 어린 교회를 강건하게 하실 수 있다. 마지막 27절은 철저하게 유대 관점에서 표현된 한 하나님과 주이신 메시아 예수 사이를 자유자재로 오간다. "유일하신 지혜로우신 하나님께 예수 그리스도를 통하여, 그에게 영원히 영광이 있기를! 아멘." '그에게'는 하나님을 가리키는가, 아니면 예수 그리스도를 가리키는가? 나는 바울의 대답이 둘 다일 것이라고 생각한다. 그리고 당연히 그것은 곧 '아멘'의 의미이기도 하다.

설교 본문

1. 로마교회

로마교회는 어떤 교회였을까요? 이 편지가 쓰일 당시 로마에 있던 그리스도인은 30명에서 100명 정도로 추산합니다. 로마교회는 큰 건물 형태를 띠고 있지 않았습니다. 우리가 흔히 '가정교회'라고 부르는 바로 그 형태입니다. 오늘 본문에서도 그 흔적을 찾아볼 수 있는데요. 여러 이름 중에는 노예 신분, 가사 노동을 하는 사람들의 이름도 거론되고 있습니다.

그런데 교인의 구성원이 다소 복잡합니다. 유대계 그리스도인과 이방인 그리스도인(비유대인 그리스도인)이 섞여 있었기 때문입니다. 기원후 40년대에 로마로 유대계 그리스도인들이 이주해 옵니다. 이제 로마에도 기독교가 들어오게 된 겁니다. 그렇게 되자 기존에 있던 유대인들과 이들 사이에 꽤 심각한 소요가 일어납니다. 그래서 기원후 49년에 글라디우스 황제는 유대인들을 로마에서 추방하는 칙령을 내립니다. 이때 추방당한 사람들 중에 브리스길라와 아굴라 부부가 있습니다. 그러다 네로 황제가 즉위하면서 이 추방령이 해제됩니다. 추방당한 사람들이 다시 돌아오지요. 그때 들어온 사람들 중에 비유대계 그리스도인이 다수 있었습니다. 그래서 50년대 중반부터는 로마시의 그리스도 교회의 인적 구성은 이방계 그리스도인이 다수를 차지하고 유대계 그리스도인이 소수를 차지합니다.

바로 이 점을 우리가 염두에 둬야 오늘 본문의 내용이 실감나게 들어옵니다. 무슨 말이냐면 유대계 그리스도인과 비유대계 그리스도인이 섞여 있었고, 이들은 긴장과 갈등 관계 속에 있었다는 사실입니다. 바로 그러한 정황을 염두에 두고 바울은 로마서를 기록했습니다.

2. 문안하라

여러분이 이방인 그리스도인이었다고 한번 생각해보십시오. 글라디우스 황제의 유대인 추방령이 시행되는 것을 보면서 어떤 생각을 했을까요? '로마 황제가 정치적 차원에서 유대인들을 추방했다는 것은 하나님도 그 일을 인정한 것 아닌가?'라고 생각하지 않았을까요? 그들은 어쩌면 '이제 이

미움받는 유대인들은 하나님의 언약에서 제외된 것이 아닐까?'라고 생각했을지도 모릅니다. 그런데 추방령이 철회되자 그 유대인들이 다시 로마로 들어옵니다. 이제 다시 유대계 그리스도인과 비유대계 그리스도인들은 공존에 대해 고민할 수밖에 없는 상황에 처해진 겁니다. 모두 예수 그리스도 안에서 하나님을 믿고 있지만 '음식과 관련된 전통의 차이 등을 어떻게 해결할 수 있을 것인가?' 하는 어려운 문제에 직면해야 했습니다.

바로 이러한 문제를 염두에 두면서 바울은 다른 편지들과 달리 마지막 부분에 여러 사람을 소개하며 인사글을 적어놓았습니다. 그리고 단락마다 가장 많이 메아리치고 있는 말이 바로 "문안하라"입니다. 가장 먼저 3절에 등장합니다. "너희는 그리스도 예수 안에서 나의 동역자들인 브리스가와 아굴라에게 문안하라 그들은 내 목숨을 위하여 자기들의 목까지도 내놓았나니 나뿐 아니라 이방인의 모든 교회도 그들에게 감사하느니라."

브리스가와 아굴라는 본래 유대인입니다. 그들도 글라디우스의 추방령으로 쫓겨났다가 네로 황제 때 다시 들어왔습니다. 그런데 눈여겨볼 대목은 바로 그러한 유대계 그리스도인인 브리스가와 아굴라 부부가 이방인의 교회로부터 존경을 받고 있다는 사실입니다. 그들이 무슨 일을 해서 이방인 그리스도인들에게 인정을 받았는지는 알 수 없지만, 바울은 다시 로마로 들어온 그들을 문안하길 바란다고 적고 있습니다. 그런가 하면 여기 나열된 이름 중에는 에베소 출신이 제법 있습니다. 다시 말해서 유대계 그리스도인뿐 아니라 이방인 그리스도인들도 바울이 언급하고 있다는 것입니다.

이것은 무엇을 말합니까? 바울이 유대계 그리스도인과 비유대계·이방인 그리스도인들을 서로 연결짓고 있다는 뜻입니다. 그들 사이에 가교가 되어주고 있습니다. 사실 '문안하다'로 번역된 헬라어 '아스파조마이'라는 단어 자체가 그러합니다. 접두어 '아'는 '하나 됨', '스파조마이'는 '이끌다'라는 의미입니다. 그러니까 '아스파조마이', 곧 '문안하다'는 '하나 되게 이끌다'라는 의미라고 볼 수 있지요. 그 '문안하라'가 로마서 16장에 상당히 많이 나오고 있습니다. 그만큼 바울은 유대계 그리스도인과 비유대계 그리스도인들이 하나로 연합하길 바라는 마음에서 이 편지를 쓴 것입니다.

3. 복음으로 능히 견고하게 하실 하나님

바울이 유대계 그리스도인과 비유대계 그리스도인을 어떻게 이어주고 있습니까? 그는 예수 그리스도의 복음을 제시합니다. 그들의 출신이 어떠하든 예수 그리스도의 복음이 그들을 하나 되게 했다는 겁니다. 그는 로마서 1장부터 이것을 분명히 하며 시작합니다. "이 복음은 하나님이 선지자들을 통하여 그의 아들에 관하여 성경에 미리 약속하신 것이라 그의 아들에 관하여 말하면 육신으로는 다윗의 혈통에서 나셨고 성결의 영으로는 죽은 자들 가운데서 부활하사 능력으로 하나님의 아들로 선포되셨으니 곧 우리 주 예수 그리스도시니라."(롬 1:2-4)

뭐라고 말합니까? 복음이 곧 하나님의 아들을 가리킨다고 말합니다. 그리고 이 아들이 육신으로는 '다윗의 혈통'에서 났다고 밝힙니다. 이것은 유대인들을 염두에 둔 표현이기도 합니다. 정통 유대인들은 메시아가 다윗의 혈통에서 날 것이라고 믿었기 때문입니다.

그런데 1:5에서 뭐라고 합니까? "그로 말미암아 우리가 은혜와 사도의 직분을 받아 그의 이름을 위하여 모든 이방인 중에서 믿어 순종하게 하나니." 그 복음으로 말미암아, 즉 예수 그리스도로 말미암아 그의 이름을 위하여 모든 이방인 중에서 믿어 순종하게 한다고 합니다. 다윗의 혈통, 유대인들만의 메시아로 끝나버릴 예수 그리스도 같지만, 그렇지 않다는 말입니다. 예수 그리스도는 이방인 중에서도 선포되어야 할 복음이라는 이야기입니다. 이렇듯 바울은 처음부터 유대계 그리스도인과 이방인 그리스도인들을 하나로 세워가기를 의도하고 있습니다.

로마서 3:24입니다. “그리스도 예수 안에 있는 속량으로 말미암아 하나님의 은혜로 값없이 의롭다 하심을 얻은 자 되었느니라.” 유대계 그리스도인이건 비유대계 그리스도인이건 이들은 모두 죄를 범하고 하나님의 영광에 이르지 못할 사람들이었지만, 그리스도 예수 안에 있는 속량으로 인해 하나님의 은혜로 값없이 의롭다 하심을 얻은 자가 되었다는 점에서 모두 똑같다는 말입니다. 그들은 서로 다르다고, 서로 자기가 옳다고 여기지만 모두 똑같이 죄인이고, 또한 모두 똑같이 하나님의 은혜로 의롭다 하심을 얻은 자가 되었다는 것이지요.

그래서 오늘 본문에서 바울은 하나님을 어떻게 부르고 있습니까? 26절과 27절입니다. “이제는 나타내신 바 되었으며 영원하신 하나님의 명을 따라 선지자들의 글로 말미암아 모든 민족이 믿어 순종하게 하시려고 알게 하신 바 그 신비의 계시를 따라 된 것이니 이 복음으로 너희를 능히 견고하게 하실 지혜로우신 하나님께 예수 그리스도로 말미암아 영광이 세세무궁하도록 있을지어다 아멘.” 어떤 하나님인가요? 로마서에서 강조하고 있는 하나님의 모습은 “복음으로 너희를 능히 견고하게 하실 지혜로우신 하나님”입니다. 말씀드린 것처럼 로마교회는 견고하지 못합니다. 100명 정도인 교회 안에 여러 분열과 갈등과 긴장이 숨겨져 있었습니다. 바울은 그 교회를 통해서 예루살렘교회에 도움을 주고 싶고, 또 로마교회를 스페인 선교의 교두보로 삼고자 하지만 지금 로마교회는 그럴 형편이 전혀 못 됩니다. 하지만 바울은 하나님의 복음, 예수 그리스도 안에서 그 교회를 하나 되게 하시려는 하나님의 소망을 발견했고, 지금 그것을 로마 교인들에게 전하고 있습니다.

여러분은 이 말씀을 어떻게 들으십니까? 로마교회를 향한 바울의 염려와 소망이 그저 2,000년 전, 그 땅에서의 일로만 들리십니까? 저는 때때로 우리 교인들을 보면서 참 놀랄 때가 있습니다. 주방, 카페 할 것 없이 여러 권사님, 장로님, 집사님들이 모여서 섬기고 계십니다. 성격, 배경, 직업

이 다 다른 분들이 그 일을 행하시는 걸 보면서 예수 그리스도의 복음의 능력을 떠올릴 수밖에 없습니다. 대체 예수 그리스도의 복음이 뭐길래, 성도로 부름을 받았다는 것이 무엇이길래 이런 놀라운 일들이 일어나고 있습니까?

또 한편 이런 생각도 한 번씩 해봅니다. 모든 것이 다 좋은 것만은 아니겠다. 제각기 다른 사람들이 모여 있는데 어떻게 좋은 일, 웃을 일만 있겠는가. 사람이 힘든 건 일 때문이 아니라 사람 때문인 것도 분명한 사실입니다. 공동체는 분명히 놀라운 은혜의 현장이기도 하지만, 또 한편 무거운 짐처럼 여겨질 때도 있습니다. 그런 점에서 오늘 이 로마서의 마지막 장에서 바울이 나열한 한 사람, 한 사람의 이름이 이제는 새롭게 다가옵니다. 서로 다른 전통, 서로 다른 신념체계를 가진 그들이 모였을 때 서로 감내해야 했던 여러 일이 눈에 보이는 듯합니다. 그리고 그런 그들에게 "문안하라"라고 전하는 바울의 심정 또한 얼마나 복잡했을까 싶기도 합니다.

4. 너희도 서로 받으라

'문안하다'라는 단어가 '하나 되게 이끌다'라는 뜻이라고 했는데요, 그런 점에서 문안한다는 건 '연합해간다'는 의미이기도 합니다. 그렇다면 어떻게 공동체 안에서 연합을 이뤄갈 수 있을까요? 그것 역시 바울이 처음부터 줄곧 외치고 있는 복음, 예수 그리스도 안에서 가능한 일입니다. 로마서 15:5-7입니다. "이제 인내와 위로의 하나님이 너희로 그리스도 예수를 본받아 서로 뜻이 같게 하여 주사 한마음과 한 입으로 하나님 곧 우리 주 예수 그리스도의 아버지께 영광을 돌리게 하려 하노라 그러므로 그리스도께서 우리를 받아 하나님께 영광을 돌리심과 같이 너희도 서로 받으라." 여기 보시면, 한마음과 한 입으로 하나님께 영광을 돌리게 하신다고 했는데, 그 일은 예수를 본받아야 가능한 일이라고 하지요. 그렇다면 예수 그리스도께서 하신 일이 무엇입니까? "그리스도께서 우리를 받아"라고 했습니다. 그리스도께서 우리를 받으셨다는 것은 우리를 버리지 않고, 우리를 외면하지 않고, 그분께서 우리를 용납해주셨다는 말입니다. 우리는 바로 그것을 본받아야 합니다. 우리가 성도라고 말할 수 있는 것은 우리를 받아주신 예수가 계시기 때문이며, 우리 역시 그 은혜를 받았으니 서로 받아주어야 한다는 의미입니다.

여러분, 이 말씀을 곰곰이 생각해보십시오. 우리가 서로 받아주느냐, 그렇지 않느냐 하는 것은 예수가 우리를 받아주신 일을 우리가 감사하게 생각하고 있는지, 그렇지 않은지를 드러냅니다. 우리가 하나님의 은혜를 신뢰하고 진정 기뻐한다면 그 기쁨과 감사의 믿음은 공동체의 지체들을 용납해주는 것으로 드러나야 합니다. "그리스도께서 우리를 받으신 것처럼 너희도 서로 받으라!" 이 간결한 문장은 그야말로 깊고 대단한 진리를 포함하고 있습니다. 그 누구도 이 진리에서 벗어날 수 없습니다. 내가 예수께 용납받았음을 감사히 여기는 자라면 말입니다.

바울은 15:14에서 로마 교인들을 "내 형제들아"라고 부릅니다. 분명 이들은 여전히 서로 반목하고 갈등하고 있지만 말입니다. 그런데 따지고 보면 바울 자신이야말로 어떤 점에서는 로마교회의 이중적인 구성과 깊은 관련이 있습니다. 잘 아시다시피 바울은 뼛속까지 유대인이면서도 로마 시민권을 가진 자였습니다. 그리스도인을 모두 잡아들이는 일에 열심인 사람이었죠. 그랬던 그가 부활하신 예수 그리스도를 만나고, 그가 오직 은혜로 하나님께 용납받은 경험을 한 후에는 이방인들을 찾아 예수 그리스도의 복음을 전하는 삶을 살아갑니다. 그러나 이 역시 회심한 그 자신을 받아준 사도 공동체, 즉 유대계 그리스도인들의 믿음과 도움이 없었다면 쉽지 않았을 겁니다. 그는 공동체 안에서 용납받는다는 것이 무엇인지 비로소 알았을 것입니다.

5. 우리가 누구인가

우리는 오늘 이 로마서의 마지막 장에서 우리가 누구인가에 대해 다시 물을 수밖에 없습니다. 우리는 본래 누군가를 받아줄 수 없는 사람들이었습니다. 왜냐하면 우리는 죄의 저주를 받아 죽음에 처할 운명에 있었기 때문입니다. 그러나 우리는 예수 그리스도 안에서 죄의 저주를 당하지 않고 새로운 생명을 받아 하나님의 자녀라는 놀라운 신분을 얻었습니다. 우리 삶은 전혀 그렇지 않은데 하나님은 우리를 성도, 주님의 거룩한 무리라는 새로운 이름을 주셨습니다.

여러분, 우리가 이 일을 은혜라 생각한다면, 정말 감사히 여긴다면 우리는 그 은혜에 서로 용납하는 일로 응답해야 할 것입니다. 서로 문안하지 않고, 서로 하나로 이끌어가지 않고서는 그 어떤 일도 할 수 없습니다. 그러나 나 자신이 하나님의 자녀이며, 성도이며, 은혜로 의롭다 함을 입은 자라는 사실을 믿는다면, 그리고 그 일이 그야말로 하나님의 놀라운 은혜의 사건이며, 하나님이 은혜로 의인 삼은 교회를 통해 이 땅에 선한 일들을 이뤄가기 원하신다는 것을 믿는다면, 우리는 하나님 안에서 나와 생각과 견해가 다른 이들까지도 용납하는 일을 포기할 수 없습니다.

혹 우리 안에 생각의 차이로 인해 관계에 어려움이 있습니까? 혹 어떤 오해로 인해 불신의 벽이 서 있습니까? 다시 복음을 들으시고, 복음을 수용하십시오. 우리가 그리스도 안에서 용납받았듯이, 우리도 서로 받으라고 하시는 하나님의 부름이 지금도 계속되고 있음을 기억하시기 바랍니다. 그 음성을 듣고 순종하는 것이 우리가 살 길입니다. 우리 사이를 고발하고 서로의 허물을 들추어내고자 하는 사탄(고발하는 자)을 평강의 하나님이 우리 발아래 상하게 하실 것입니다.(롬 16:20) 선한 데 지혜롭고 악한 데 미련하기를 자청하는 믿음을 하나님이 우리 안에 부어주실 것입니다.(롬 16:19)

문안하십시오. 하나가 되어가십시오. 서로 받아주십시오. 그들은 여러분의 동역자들입니다. 그들을 문안하십시오. 그들은 나보다 먼저 그리스도 안에 있는 자들입니다. 그들을 문안하십시오. 그들 역시 나와 마찬가지로 그리스도 안에서 용납받은 자들입니다. 문안하십시오. 그들 또한 우리 자신과 같이 그리스도 안에서 택하심을 입은 자들입니다. 문안하십시오. 그들 역시 여러분을 문안하며 교회의 참된 머리가 그리스도이심을 드러낼 것입니다.

복음으로 우리를 능히 견고하게 하실 지혜로우신 하나님이 예수 그리스도 안에서 다시 저와 여러분을 통해서 선하고 복된 일을 이뤄가실 것입니다.

전경보

집필자

김디모데

한남대학교 기독교학과에서 신학을 시작하였고(B.A.), 장로회신학대학교에서 목회자로 훈련받았으며(M.Div.), Luther Seminary에서 칼 바르트와 하나님의 선교를 공부하였다.(M.Th.) 장로회신학대학교 일반대학원에서 윤철호 교수의 지도로 "관계적 삼위일체론에 기초한 하나님의 선교와 교회의 선교"로 박사학위를 취득했다.(Ph.D.) 길가에교회, 부천동광교회, 잠실교회를 섬겼고, 현재 과테말라한인교회 담임목사로 섬기고 있다.

김명윤

서울대학교 서양사학과를 졸업하고(B.A.), 장로회신학대학교 신학대학원에서 신학을(M.Div.), 한국학중앙연구원 한국학대학원에서 종교학을 공부했다.(Ph.D.) 현재 현대교회 담임목사로 사역하고 있다. 저서로 『잊혀진 우리 이야기, 아시아 기독교 역사』(공저, 대장간), 번역서로 『광장에 선 기독교』(IVP), 『사람의 권력 하나님의 권력』(IVP)이 있다.

김상윤

서울대학교 서양사학과(B.A.), 장로회신학대학교(M.Div.), 듀크대학교(Th.M.), 버클리연합신학대학원에서 종교개혁사(성서주석사)를 공부하였고(Ph.D.), 현재 뉴라이프교회 담임목사로 있다.

김선종

연세대학교(B.A.), 장로회신학대학교(M.Div., Th.M.), 프랑스 스트라스부르대학교(Dr. en théol.)에서 신학을 공부했다. 호남신학대학교 구약학 교수로 봉직했으며, 현재 정읍중앙교회 담임목사이다. *Se reposer pour la terre, se reposer pour Dieu*(BZAW) 등 4권의 저서와 1권의 번역서가 있으며, *Foi et Vie*, *NT*, *RB*, *VT*, *ZAW* 등의 국내외 전문 학술지에 50여 편의 논문을 발표했다.

김필균

장로회신학대학교에서 신학을 전공하고 목회자로 훈련받았으며(Th.B., Th.M., M.Div.), 장로회신학대학교 일반대학원에서 "위르겐 몰트만과 데이비드 그리핀의 신정론 비교를 통한 관계적 신정론의 모색"으로 박사학위를 취득했다.(Ph.D.) 원주제일교회, 덕산교회를 섬겼고, 현재 주안교회 교육국 총괄목사로 섬기고 있다.

김혜자

장로회신학대학교 신학대학원(M.Div.), 일반대학원에서 윤철호 교수의 지도로 "한반도의 평화통일에 관한 연구: 기독교 현실주의를 중심으로"로 박사학위를 취득했다.(Th.M., Ph.D.) 시흥교회, 드림교회, 영주교회를 섬겼고, 현재 여전도회전국연합회 교육국장으로 재직하고 있다.

박형국

서울대학교(B.A.), 장로회신학대학교 신학대학원과 대학원(M.Div., Th.M.), 에모리대학교(Th.M.), 그리고 드루대학교 신학대학원에서 종교학과 철학과 신학을 공부했고(M.Phil., Ph.D.), 현재 한일장신대학교 조직신학 교수로 재직하고 있다. 『바르트와 해체 시대』(키아츠) 외 다수의 저서와 논문을 저술했다.

안유경

성균관대학교에서 사회복지학을 전공하였고(B.A.), 장로회신학대학교(M.Div.), 장로회신학대학교(Th.M.), 뮌헨대학교에서 조직신학을 전공하였다.(Dr. theol.) 현재 정릉교회에서 부목사로 섬기고 있다.

안윤기

서울대학교에서 철학(B.A., M.A.)을, 장로회신학대학교에서 신학을 공부했으며(M.Div.), 독일 튀빙겐대학교에서 철학박사 학위를 취득했다.(Ph.D.) 현재 장로회신학대학교에서 교양학/철학 교수로 재직하고 있다. 주요 논문으로는 "근대미학과 경건주의", "원죄와 근본악", "칸트 철학은 반종교적인가?" 등이 있다.

윤철호

장로회신학대학교(Th.B., M.Div.), 프린스턴신학교(Th.M.), 노스웨스턴대학교(Ph.D.)에서 신학을 공부하고 30년간 장로회신학대학교 조직신학 교수로 봉직했으며, 현재 동 대학교 명예교수이자 미래신학연구소 대표이다. *A Compendium of Christian Theology* 등 15권의 저서와 7권의 번역서, 그리고 7권의 책임편집 및 공저를 저술했으며, 국내외 전문 학술지에 100여 편의 논문을 발표했다.

전경보

성균관대학교에서 사학과 신문방송학을 전공하고, 장로회신학대학교에서 신대원 과정과 일반대학원 조직신학 석사과정과 박사과정을 마쳤다. 학위논문은 "과학 시대의 새로운 자연 이해를 통한 기독교 자연신학 모색"이고, 번역서 『자연의 역사성』(종문화사)이 있다. 현재 문화교회를 섬기고 있다.

전근호

서울대학교 법대를 졸업한 후 장로회신학대학교(M.Div.), 프린스턴신학교(Th.M.), 보스턴대학교에서 신학을 공부하고(Th.D.), 현재 예본교회 담임목사로 섬기고 있다. 장로회신학대학교 강사로서 "복음주의 신학 연구"를 강의해왔으며, 저서로 『내게 오직 하나 사랑이 있다면』(홍성사)이 있다.

정재상

장로회신학대학교(M.Div., 조직신학 Th.M., 영성신학 Th.M. in min.)와 서강대학교(Ph.D. cand.)에서 공부하였다. 현재 높은뜻정의교회를 담임하고 있으며, 장로회신학대학교 겸임교수이다.

천세종

장로회신학대학교(Th.B., M.Div.), 유니온신학교(교환학생), 듀크대학교(Th.M.), 그리고 밴더빌트대학교에서 신학을 공부했으며(M.A., Ph.D.), 장로회신학대학교 조교수와 삼덕교회 담임목사를 거쳐 현재 새창조교회의 담임목사, 연세대학교 객원교수로 섬기고 있다. *Paul's New Creation: Vision for a New World and Community*(Lexington Books)를 비롯해서 4권의 저서와 5권의 공저가 있고, 11편의 논문을 학술지에 발표했다.

하경택

서강대학교 영어영문학과를 졸업하고(B.A.), 장로회신학대학교 신학대학원(M.Div., Th.M.)에서 수학한 후 독일 보훔대학교에서 구약학 전공으로 신학박사학위를 받았다.(Dr. theol.) 그 후 서울장신대학교 교수로 지내다가(2004-10) 현재 장로회신학대학교 구약학 교수로 재직하고 있다. 저서로 『욥기』가 있고, 번역서로 『구약성서 연구방법론』, 『구약정경개론』이 있으며, 국내 전문 학술지에 다수의 논문을 발표했다.